정답 모아보기

제1회 실전모의고사

제1과목 국어

01	③	06	③	11	①	16	②	21	③
02	④	07	②	12	③	17	④	22	③
03	②	08	①	13	④	18	②	23	③
04	④	09	④	14	④	19	④	24	③
05	②	10	③	15	④	20	③	25	④

제2과목 행정법

01	②	06	③	11	①	16	②	21	④
02	④	07	②	12	④	17	②	22	②
03	④	08	①	13	②	18	②	23	①
04	④	09	②	14	①	19	④	24	④
05	①	10	③	15	④	20	③	25	③

제3과목 행정학

01	④	06	③	11	①	16	④	21	②
02	①	07	②	12	②	17	②	22	③
03	③	08	④	13	③	18	③	23	③
04	④	09	③	14	①	19	④	24	③
05	②	10	④	15	④	20	④	25	①

제2회 실전모의고사

제1과목 국어

01	②	06	②	11	①	16	①	21	①
02	④	07	②	12	①	17	②	22	③
03	④	08	②	13	③	18	③	23	③
04	②	09	④	14	④	19	②	24	④
05	③	10	③	15	①	20	①	25	②

제2과목 행정법

01	③	06	①	11	③	16	③	21	④
02	②	07	②	12	①	17	③	22	②
03	①	08	④	13	④	18	④	23	③
04	②	09	④	14	②	19	①	24	①
05	②	10	②	15	④	20	④	25	③

제3과목 행정학

01	④	06	②	11	②	16	②	21	③
02	①	07	②	12	③	17	③	22	②
03	①	08	④	13	②	18	②	23	②
04	③	09	④	14	①	19	③	24	①
05	②	10	④	15	④	20	①	25	④

제3회 실전모의고사

제1과목 국어

01	④	06	③	11	③	16	④	21	①
02	③	07	③	12	④	17	②	22	②
03	②	08	③	13	③	18	③	23	④
04	①	09	③	14	①	19	④	24	①
05	④	10	①	15	③	20	③	25	③

제2과목 행정법

01	④	06	④	11	②	16	③	21	①
02	③	07	④	12	④	17	④	22	①
03	②	08	③	13	④	18	②	23	①
04	③	09	③	14	②	19	③	24	②
05	④	10	④	15	④	20	①	25	①

제3과목 행정학

01	①	06	④	11	④	16	③	21	③
02	②	07	①	12	④	17	②	22	①
03	②	08	③	13	③	18	①	23	④
04	④	09	④	14	④	19	③	24	②
05	③	10	①	15	③	20	③	25	②

제4회 실전모의고사

제1과목 국어

01	③	06	②	11	①	16	③	21	③
02	④	07	①	12	④	17	①	22	③
03	③	08	③	13	②	18	④	23	②
04	③	09	②	14	④	19	④	24	③
05	②	10	④	15	①	20	②	25	④

제2과목 행정법

01	①	06	③	11	④	16	①	21	②
02	①	07	②	12	③	17	④	22	①
03	①	08	④	13	②	18	②	23	④
04	④	09	②	14	②	19	①	24	②
05	④	10	④	15	②	20	④	25	④

제3과목 행정학

01	①	06	③	11	②	16	③	21	②
02	④	07	②	12	④	17	④	22	②
03	③	08	④	13	④	18	④	23	④
04	②	09	③	14	①	19	②	24	①
05	③	10	④	15	④	20	④	25	①

제5회 실전모의고사

제1과목 국어

01	①	06	①	11	④	16	②	21	③
02	②	07	②	12	③	17	④	22	③
03	②	08	④	13	②	18	②	23	④
04	④	09	④	14	④	19	④	24	②
05	④	10	②	15	③	20	①	25	②

제2과목 행정법

01	①	06	④	11	③	16	②	21	①
02	④	07	②	12	④	17	②	22	②
03	②	08	③	13	②	18	②	23	④
04	④	09	④	14	②	19	③	24	③
05	②	10	②	15	③	20	④	25	④

제3과목 행정학

01	③	06	④	11	④	16	③	21	③
02	②	07	①	12	③	17	④	22	④
03	②	08	②	13	④	18	②	23	②
04	③	09	④	14	④	19	②	24	④
05	④	10	④	15	③	20	④	25	④

해커스군무원

행정직
FINAL
봉투모의고사 국어+행정법+행정학

약점 보완 해설집

🎓 해커스군무원

해커스군무원
행정직
FINAL
봉투모의고사 국어+행정법+행정학

개정 4판 1쇄 발행 2024년 4월 19일

지은이	해커스 군무원시험연구소 편저
펴낸곳	해커스패스
펴낸이	해커스군무원 출판팀

주소	서울특별시 강남구 강남대로 428 해커스군무원
고객센터	1588-4055
교재 관련 문의	gosi@hackerspass.com
	해커스군무원 사이트(army.Hackers.com) 교재 Q&A 게시판
	카카오톡 플러스 친구 [해커스공무원 노량진캠퍼스]
학원 강의 및 동영상강의	army.Hackers.com

ISBN	979-11-6999-603-7 (13350)
Serial Number	04-01-01

군무원 1위,
해커스군무원(army.Hackers.com)
해커스군무원

- 해커스군무원 학원 및 인강(교재 내 인강 할인쿠폰 수록)
- 해커스군무원 스타강사의 과목별 무료 특강
- 정확한 성적 분석으로 약점 극복이 가능한 합격예측 온라인 모의고사(교재 내 응시권 및 해설강의 수강권 수록)
- OMR 답안지(PDF)

공무원 교육 1위,
해커스공무원(gosi.Hackers.com)
해커스공무원

- 내 점수와 석차를 확인하는 모바일 자동 채점 및 성적 분석 서비스
- 필수어휘와 사자성어를 편리하게 학습할 수 있는 해커스 매일국어 어플

: 목차

▶ 셀프 체크

권장 풀이 시간	75분(OMR 표기 시간 포함)
실제 풀이 시간	___시 ___분 ~ ___시 ___분
맞힌 답의 개수	___개 / 75개

제1회 실전모의고사
모바일 자동 채점 + 성적 분석 서비스
바로 가기(gosi.Hackers.com)

QR코드를 이용하여 해커스공무원의
'모바일 자동 채점 + 성적 분석 서비스'로 바로 접속하세요!
* 해커스공무원 사이트의 가입자에 한해 이용 가능합니다.

▶ 정답

제1과목 국어

01	③	06	③	11	①	16	②	21	③
02	④	07	②	12	③	17	④	22	③
03	②	08	①	13	④	18	②	23	③
04	④	09	④	14	④	19	④	24	③
05	②	10	②	15	④	20	③	25	④

제2과목 행정법

01	②	06	③	11	①	16	②	21	④
02	④	07	②	12	④	17	③	22	②
03	④	08	①	13	③	18	②	23	①
04	②	09	②	14	①	19	②	24	④
05	①	10	②	15	①	20	③	25	③

제3과목 행정학

01	④	06	③	11	①	16	④	21	②
02	①	07	②	12	②	17	③	22	③
03	③	08	④	13	③	18	③	23	③
04	②	09	①	14	②	19	①	24	②
05	②	10	④	15	④	20	④	25	②

▶ 취약 단원 분석표

제1과목 국어

단원	맞힌 답의 개수
어법	/ 7
비문학	/ 8
문학	/ 5
어휘	/ 4
혼합	/ 1
TOTAL	/ 25

제2과목 행정법

단원	맞힌 답의 개수
Ⅰ 일반론	/ 5
Ⅱ 행정작용	/ 6
Ⅲ 행정과정	/ 3
Ⅳ 실효성 확보수단	/ 2
Ⅴ 손해전보	/ 2
Ⅵ 행정쟁송	/ 4
Ⅶ 행정법각론	/ 3
TOTAL	/ 25

제3과목 행정학

단원	맞힌 답의 개수
Ⅰ 행정학 총설	/ 7
Ⅱ 정책학	/ 4
Ⅲ 행정조직론	/ 3
Ⅳ 인사행정론	/ 5
Ⅴ 재무행정론	/ 3
Ⅵ 지식정보화 사회와 환류론	/ 1
Ⅶ 지방행정론	/ 2
TOTAL	/ 25

제1과목 국어

01 비문학 독서 정답 ③

정답 설명

③ 독서는 글과 독자의 배경지식이 서로 상호 작용을 하면서 역동적인 사고가 일어나는 행위이므로 독서의 특성으로 적절하지 않은 것은 ③ 이다.

오답 분석

① 독서는 독자가 단순히 글을 통해 지식을 획득하는 것뿐만 아니라, 새로운 지식을 창출하게 하는 행위이다.

② 독서는 글쓴이와 독자가 글을 매개로 하여 소통할 수 있게 하는 사회적인 의사소통 행위이다.

④ 독서는 독자가 가진 배경지식을 활용하여 스스로 의미를 재구성할 수 있게 하는 능동적인 의미 구성 행위이다.

이것도 알면 합격!

독서의 특성

1. 지식 창출 행위
   : 인간은 독서를 통해 지식과 정보를 공유하고, 이를 바탕으로 사회와 문명을 유지·발달시킴

2. 적극적인 의미 구성 행위
   : 독서란 글 내용을 수동적으로 해독하는 과정이 아닌, 적극적으로 의미를 재구성하는 능동적인 행위임

3. 사회적 의사소통 행위
   : 독서란 글을 매개로 글쓴이와 독자가 대화하는 의사사통 행위임

4. 글과 독자의 상호 작용 행위
   : 독서는 읽기의 모든 과정에서 글과 독자의 배경지식이 상호 작용하는 역동적인 사고 과정임

02 비문학 세부 내용 파악 정답 ④

정답 설명

④ 3문단을 통해 경유는 가솔린보다 많은 탄소 원자가 길게 연결되어 있음을 알 수 있다.

오답 분석

① 2문단을 통해 디젤 엔진이 가솔린 엔진보다 압축 비율이 높음을 알 수 있으므로 적절하지 않다.

② 1문단을 통해 노킹 현상은 기화된 가솔린에 큰 압력이 가해질 때 발생함을 알 수 있으므로 적절하지 않다.

③ 3문단을 통해 디젤 엔진이 가솔린 엔진보다 연비가 더 좋음을 알 수 있으므로 적절하지 않다.

03 어휘 속담 정답 ②

정답 설명

② '입도 염치 믿고 산다'는 '염치없이 게걸스럽게 먹는 사람'을 비유적으로 이르는 말이다. 따라서 속담의 뜻을 잘못 풀이한 것은 ②이다. 참고로, '말만 잘하면 아무리 힘든 일이라도 할 수 있음'을 비유적으로 이르는 말은 '입만 있으면 서울 이 서방 집도 찾아간다'이다.

04 비문학+어휘 내용 추론, 한자어의 표기 정답 ④

정답 설명

④ 빈칸에 알맞은 단어는 각각 ㉠ '廢止(폐지)', ㉡ '展開(전개)'이다.

㉠ 廢止: 일제가 1930년대 후반에 학교 교육에서 조선어를 금했다는 것을 설명하고 있으므로 ㉠에는 '廢止(폐지)'가 들어가는 것이 적절하다.

· 廢止(폐지: 폐할/버릴 폐, 그칠 지): 실시해 오던 제도나 법규, 일 등을 그만두거나 없앰

㉡ 展開: 앞 문장에서 국어를 지키기 위한 노력이 일어났음을 설명하고 있으므로, 문맥상 이에 뜻있는 사람들이 여러 활동을 시작하였다는 의미의 단어를 사용해야 한다. 따라서 ㉡에는 '展開(전개)'가 들어가는 것이 적절하다.

· 展開(전개: 펼 전, 열 개): 1. 열리어 나타남 2. 시작하여 벌임 3. 내용을 진전시켜 펴 나감

오답 분석

㉠ 閉止(폐지: 닫을 폐, 그칠 지): 어떤 작용이나 기능이 그침

㉡ 再開(재개: 두 재, 열 개): 어떤 활동이나 회의 등을 한동안 중단했다가 다시 시작함

05 어법 말소리 (국어의 음운 체계) 정답 ②

정답 설명

② '파열음'이면서 '여린입천장소리'인 것은 'ㄱ, ㄲ, ㅋ'이므로 답은 ② 'ㅋ'이다.

오답 분석

① 'ㅂ'은 파열음이면서 입술소리이다.

③ 'ㅈ'은 파찰음이면서 센입천장소리이다.

④ 'ㅆ'은 마찰음이면서 혀끝소리이다.

국어의 자음 체계

조음 방법 \ 조음 위치		양순음	치조음	경구개음	연구개음	후음
안울림소리	파열음 예사소리	ㅂ	ㄷ		ㄱ	
	파열음 된소리	ㅃ	ㄸ		ㄲ	
	파열음 거센소리	ㅍ	ㅌ		ㅋ	
	파찰음 예사소리			ㅈ		
	파찰음 된소리			ㅉ		
	파찰음 거센소리			ㅊ		
	마찰음 예사소리		ㅅ			ㅎ
	마찰음 된소리		ㅆ			
울림소리	비음	ㅁ	ㄴ		ㅇ	
	유음		ㄹ			

06 　문학　시어의 의미　　　　정답 ③

③ 제시된 작품에서 '벼'는 겉으로는 나약해 보이나 공동체가 될 때 강인한 '민중'을 상징한다. 3연에 드러난 '벼'의 모습을 통해 자신의 감정을 억제하고 삶의 순리를 지키며 사는 민중의 속성을 확인할 수 있으나, 이를 '순종적'이라고 볼 수는 없다. 오히려 '저의 가슴도 더운 줄을 안다'를 통해, 내면에는 저항 의식을 가진 존재이나 감정을 조절할 줄 아는 민중의 어질고 현명한 속성을 확인할 수 있다. 따라서 답은 ③ '순종적인 내면'이다.

① 2연의 추수할 때가 되어 소리 없이 떠나가는 벼의 모습과 4연의 떠나가면서도 넓은 사랑을 바치는 벼의 모습을 통해, 민중의 이타적인 자기희생 정신을 확인할 수 있다.

② 2연의 서로의 몸을 묶어 더 튼튼해지는 벼의 모습과 4연의 쓰러져도 다시 일어서는 벼의 모습을 통해, 민중의 강인한 생명력을 확인할 수 있다.

④ 1연의 서로 어우러져 기대고 사는 벼의 모습을 통해, 민중의 공동체적 유대감을 확인할 수 있다.

🎖 이것도 알면 **합격!**

이성부, '벼'

1. 주제
   민중의 강인한 생명력과 공동체적 유대감에 대한 예찬

2. 시어의 상징적 의미

벼	민중, 민중의 공동체 의식
햇살	벼의 생존을 위협하는 고난과 시련
피	자유와 평등을 위해 민중들이 흘린 희생
넉넉한 힘	희생을 통해 이룬 민중의 연대 의식과 힘

07 　문학　화자의 정서 및 태도　　　　정답 ②

② ⓐ의 '피'는 오랜 세월 동안 자유와 평등을 위해 민중들이 흘린 희생을 의미한다. 따라서 ⓐ는 민중의 희생정신이 깃든 자유와 평등의 세계를 그리워한다는 의미이며, 이에 해당하는 정서로 가장 적절한 것은 ② '염원'이다.

08 　문학　시구의 의미　　　　정답 ①

① ㉠은 억압받는 삶 속에서 살아온 무고한 민중의 저항적 내면을 의미한다. 반면 ㉡, ㉢, ㉣은 시련과 고난이 닥쳐도 이를 참고 견디며 자신을 희생하는 이타적인 자기희생 정신과 강한 생명력 등 민중이 가진 저력을 의미하므로 시에서 드러내고자 하는 의미가 가장 이질적인 것은 ①이다.

② ㉡은 떠나야 할 때 소리 없이 떠남으로써 대의를 위해 자신을 희생할 줄 아는 민중의 모습을 드러낸다.

③ ㉢은 희생을 거쳐 새로운 '벼'가 탄생되는 것을 나타내며, 이는 자기희생을 통해 더 큰 이념을 구현하려는 이타적인 민중의 모습을 드러낸다.

④ ㉣은 쓰러져도 다시 일어서는 '벼'의 모습을 '넉넉한 힘'으로 표현함으로써 민중이 가진 자기희생 정신과 끈질긴 생명력을 드러낸다.

09 　비문학　내용 추론　　　　정답 ④

④ 제시문을 통해 '사고'는 그 이전과 이후의 차이를 최소화하려 하는 것인 반면, '사건'은 '사고'와 달리 그 이전과 이후의 차이를 좁히지 않는 것임을 추론할 수 있다. 제시문의 마지막 문장에서 언급한 '신체적 변화를 받아들이고 다른 삶을 살고자 하는 이'는 그 이전과 이후의 차이를 좁히지 않으려고 하는 것이므로, 이는 '사고'가 아닌 '사건'에 해당한다. 따라서 ㉠에는 '사고'가, ㉡에는 '사건'이 들어가야 하므로 정답은 ④이다.

10 　어법　표준 발음법　　　　정답 ②

② 제시된 단어들의 발음으로 적절한 것은 '㉠ [다가페] – ㉡ [늘꼬] – ㉢ [여덜븐]'이므로 정답은 ②이다.

㉠ 닭 앞에[다가페]: 겹받침 'ㄺ' 뒤에 '앞'과 같은 실질 형태소가 연결되는 경우, 음절의 끝소리 규칙으로 인해 겹받침 'ㄺ'을 대표음 [ㄱ]로 바꾸어 발음해야 한다. 그 다음 이어지는 모음 [ㅏ]와 연음하여 발음해야 하므로 '닭 앞에'는 [다가페]로 발음한다.

㉡ 늙고[늘꼬]: 용언의 어간 받침 'ㄺ'은 'ㄱ' 앞에서 [ㄹ]로 발음해야 하며, 이때 어간 받침 'ㄺ'에 이어지는 어미의 첫소리 'ㄱ'은 된소리로 발음하므로 '늙고'는 [늘꼬]로 발음한다.

㉢ 여덟은[여덜븐]: 겹받침 'ㄼ' 뒤에 조사 '은'과 같은 형식 형태소가 연결되는 경우, 겹받침 'ㄼ'에서 'ㅂ'을 뒤의 모음과 연음하여 발음해야 하므로 '여덟은'은 [여덜븐]으로 발음한다.

11 비문학 적용하기   정답 ①

정답 설명

① 제시문을 통해 '함축'은 직접적으로 전달되는 사실 외에 전달되는 또 다른 의미임을 알 수 있다. ①에서는 직접적인 사실(무궁화는 가을에 핀다)만을 확인할 수 있을 뿐, 또 다른 의미를 확인할 수 없으므로 '함축'이 포함된 발화로 볼 수 없다. 따라서 답은 ①이다.

오답 분석

② 평소에는 남편이 늦게 퇴근을 했다는 의미가 전달되고 있으므로 함축이 포함된 발화이다.

③ 외부인이 교수의 말이 거짓이라고 믿고 있다는 의미가 전달되고 있으므로 함축이 포함된 발화이다.

④ TV를 보지 않는 친구는 이번 올림픽에서 우리나라가 몇 등을 했는지 알지 못한다는 의미가 전달되고 있으므로 함축이 포함된 발화이다.

12 어법 문장 (문장의 짜임)   정답 ③

정답 설명

③ 앞 절의 '당신이 합격하게 되다'와 뒤 절의 '나는 정말 기쁘다'가 이유나 근거를 나타내는 연결 어미 '-어서'로 연결된, 종속적으로 이어진 문장이다. 반면에 ①②④는 모두 안은문장이므로 문장의 확장 방식이 다른 것은 ③이다.

오답 분석

① '정이 많다'가 전체 문장에서 서술어의 역할을 하고 있으므로, ①은 서술절을 안은 문장이다.

② '(내가) 당신과 함께 할 수 있음'은 명사형 어미 '-음'이 붙어 만들어진 명사절이므로, ②는 명사절을 안은 문장이다.

④ '내가 무너지지 않도록'은 부사형 어미 '-도록'이 붙어 뒤의 서술어 '지켜 주셨다'를 꾸미는 부사절이므로, ④는 부사절을 안은 문장이다.

13 어휘 한자어의 표기   정답 ④

정답 설명

④ 한자어의 표기로 가장 옳은 것은 ④이다.

  ㉠ 深奧(심오: 깊을 심, 깊을 오): 사상이나 이론 등이 깊이가 있고 오묘함

  ㉡ 通俗(통속: 통할 통, 풍속 속): 1. 세상에 널리 통하는 일반적인 풍속 2. 비전문적이고 대체로 저속하며 일반 대중에게 쉽게 통할 수 있는 일

  ㉢ 理解(이해: 다스릴 이, 풀 해): 1. 사리를 분별하여 해석함 2. 깨달아 앎. 또는 잘 알아서 받아들임 3. 남의 사정을 잘 헤아려 너그러이 받아들임

오답 분석

㉠ 深痼(심고: 깊을 심, 고질 고): 1. 고치기 어려운 깊고 중한 병 2. 오래되어 고치기 힘든 습성

㉡ 通谷(통곡: 통할 통, 골 곡): 한 줄기로 이어 가는 골짜기

㉢ 利害(이해: 이로울 이, 해할 해): 이익과 손해를 아울러 이르는 말

14 어법 의미 (어휘의 의미 변화)   정답 ④

정답 설명

④ '짐승'은 '즁싱(衆生)'에서 나온 말로, 시간의 흐름에 따라 인간을 포함한 '유정물 전체'에서 '인간을 제외한 동물'을 가리키는 것으로 의미가 축소된 단어이다. 따라서 ④의 의미 변화는 '[유정물 전체] → [인간을 제외한 동물]'로 표기해야 한다.

오답 분석

① '식구'는 '입'이라는 부분을 가리키는 것으로 사용되었으나, '가족'이라는 전체를 가리키는 것으로 의미가 확대되었다.

② '놀부'는 〈흥부전〉에 나오는 주인공의 한 사람인 '인명'을 가리키는 고유명사로 사용되었으나, 심술궂고 욕심 많은 사람을 가리키는 보통명사 '욕심쟁이'로 의미가 확대되었다.

③ '언니'는 같은 부모에게서 태어난 사이이거나 항렬이 같은 '동성의 손위 형제'를 가리키는 특수한 의미로 사용되었으나, '젊은 여자'를 가리키는 일반적인 의미로 의미가 확대되었다.

15 비문학 작문 (설득하는 글 쓰기)   정답 ④

정답 설명

④ 어떤 특정 대상의 가치를 논하거나 평가하는 것은 '비평하는 글 쓰기'의 특징이다. '설득하는 글'과 '비평하는 글' 모두 필자의 주장(주관, 관점)을 뒷받침하기 위해 객관적, 전문적인 근거를 제시한다. 다만, '설득하는 글 쓰기'에서는 독자가 보다 보편적으로 받아들일 만한 논거를 근거로 들어 주장을 내세운다는 점이 특징이다.

'설득하는 글 쓰기'에서 유의해야 할 점

관점	유의해야 할 점
내용	• 주장을 분명하게 드러내었는가? • 주장을 뒷받침할 근거가 풍부하며 타당한가?
조직·표현	• 글의 내용을 짜임새 있게 조직하였는가? • 예상 독자의 수준을 고려하였는가? • 어법에 맞게 표현하였는가?
태도	• 내용을 과장·축소·왜곡하지 않았는가? • 다른 사람의 글이나 자료를 인용할 때 출처를 밝혔는가?

16 　어법　단어 (단어의 형성)　　정답 ②

정답 설명

② ⓐ은 용언 어간에 연결 어미나 관형사형 어미 없이 바로 명사가 결합하는 형태를 의미한다. '덮밥'은 용언 '덮다'의 어간 '덮-'에 관형사형 어미 없이 바로 명사 '밥'이 결합한 비통사적 합성어이므로 ⓐ의 예에 해당한다.

오답 분석

① 쌀밥: 명사 '쌀'과 명사 '밥'이 결합한 통사적 합성어이다.

③ 젊은이: 용언 '젊다'의 어간 '젊-'과 관형사형 어미 '-은'으로 구성된 '젊은'에 명사 '이'가 결합한 통사적 합성어이다.

④ 보슬비: 비자립적 어근 '보슬'에 연결 어미나 관형사형 어미 없이 바로 명사 '비'가 결합한 비통사적 합성어이다.

17 　비문학　내용 추론　　정답 ④

정답 설명

④ 빈칸에 들어갈 말로 적절한 것은 ④이다.

　ⓐ 보도: 대중 매체가 오바마 대통령의 선거 운동을 기사화하여 알렸다는 의미의 어휘가 사용되어야 하므로 ⓐ에 들어갈 말로 적절한 것은 '보도'이다.

　　• 보도: 대중 전달 매체를 통해 일반 사람들에게 새로운 소식을 알림. 또는 그 소식

　　• 선전: 주의나 주장, 사물의 존재, 효능 등을 많은 사람이 알고 이해하도록 잘 설명하여 널리 알리는 일

　ⓑ 숫자: 2문단을 통해 오바마 캠프의 총책임자 짐 메시나는 '직관'을 중요시했던 이전과 달리 '데이터'를 중시함을 알 수 있다. 따라서 ⓑ에 들어갈 말로 적절한 것은 '숫자'이다. 참고로, 이때 '데이터'란, '컴퓨터가 처리할 수 있는 문자, 숫자, 소리, 그림 등의 형태로 된 정보'를 말한다.

ⓒ 조정: 문맥상 어떤 상황이 바뀌거나 사소한 변화에 따라 그 실정에 맞게 입력 변수를 바꾸어 정돈한다는 말이 들어가야 하므로 ⓒ에 들어갈 적절한 것은 '조정'이다.

　• 조정: 어떤 기준이나 실정에 맞게 정돈함

　• 측정: 일정한 양을 기준으로 하여 같은 종류의 다른 양의 크기를 잼

ⓓ 할당: 자금 및 인력이라는 몫을 어느 지역, 어떤 분야에 갈라서 나눌지를 결정하였다는 말이 들어가야 하므로 ⓓ에 들어갈 적절한 것은 '할당'이다.

　• 할당: 몫을 갈라 나눔. 또는 그 몫

　• 분류: 종류에 따라서 가름

18 　비문학　독서 (다양한 관점의 글 읽기)　　정답 ②

정답 설명

② '다양한 관점의 글 읽기' 방법을 순서대로 제시한 것은 ②이다. '다양한 관점의 글 읽기'란, 특정 주제와 관련한 다양한 관점의 글을 종합적으로 읽고 재구성할 수 있는 독서 방법을 말한다. 따라서 동일한 화제를 다룬 글을 여러 관점에서 읽고 비교한 다음, 각 관점에서 드러난 장단점을 평가해 본다. 마지막으로 앞서 진행한 내용을 바탕으로 자신만의 관점을 분명하게 한 후 문제 상황을 재구성하는 순서대로 진행해야 한다.

여러 가지 읽기 방법

읽기 종류	방법 및 절차
사실적 읽기	1. 핵심어를 이용한 화제 파악하기 2. 화제와 관련된 중심 내용 파악하기 3. 중심 문장과 근거 문장 파악하기 4. 문단 간의 관계 파악하기
추론적 읽기	1. 담화 표지를 활용하여 문맥을 파악하고, 배경지식과 경험 활용하며 읽기 2. 글의 의도와 목적, 글쓴이의 가치관, 관점 등 파악하기
비판적 읽기	1. 글의 주장과 그 근거가 합리적인지 판단하며 읽기 2. 글쓴이의 생각이 어느 한쪽에 치우치지 않는지 판단하기 3. 글의 주장이나 자료가 적절한지 판단하기 4. 글쓴이의 의견에 공감하거나 반박하기
감상적 읽기	1. 글에서 감동적인 부분을 찾아가며 읽기 2. 감동적인 부분을 다른 독자와 비교하기 3. 감동적인 부분을 스스로 내면화해 보기
창의적 읽기	1. 글의 화제나 주제, 글쓴이의 관점 등에 대한 자신의 생각을 논리적으로 구성하기 2. 글을 읽은 후, 자신과 사회의 문제를 창의적으로 해결하는 방법 찾아보기

19 어법 외래어 표기법 정답 ④

정답 설명

④ 밀크쉐이크(milk shake)(×) → 밀크셰이크(○): '밀크셰이크'의 'sh'는 [ʃ]로 소리 나며, 모음 앞의 [ʃ]는 뒤따르는 모음 'a[ei]'에 따라 '셰'로 적으므로 'milk shake'은 '밀크셰이크'로 표기해야 한다.

오답 분석

① 콤플렉스(complex)(○): '콤플렉스'의 'o'는 [ɔ]로 소리 나며, 외래어 표기법에 따라 [ɔ]는 '오'로 적으므로 'complex'는 '콤플렉스'로 표기한다.

② 워크숍(workshop)(○): '워크숍'의 'sh'는 [ʃ]로 소리 나며, 모음 앞의 [ʃ]는 뒤따르는 모음 'o[ɔ]'에 따라 '쇼'로 적으므로 'workshop'은 '워크숍'으로 표기한다.

③ 가스레인지(gas range)(○): 파열음 표기에는 된소리를 쓰지 않는 것이 원칙이므로, 가스를 연료로 사용하여 음식을 조리하는 기구를 뜻하는 'gas range'는 '가스레인지'로 표기한다.

20 어휘 고유어 정답 ③

정답 설명

③ 제시된 뜻풀이에 해당하는 표제어는 ③ '작달비'이다.

오답 분석

① 잠비: '여름에 일을 쉬고 낮잠을 잘 수 있게 하는 비'라는 뜻으로, 여름비를 이르는 말

② 장맛비: 장마 때에 오는 비

④ 채찍비: 채찍을 내리치듯이 굵고 세차게 쏟아져 내리는 비

21 문학 표현상의 특징 정답 ③

정답 설명

③ 제시된 작품에서 객관적 상관물을 통해 상대방에 대한 인물의 내면 심리를 드러내는 부분은 확인할 수 없다. 참고로 삽입 시에 등장하는 '오작'은 등장인물의 상황을 견우직녀 설화에 비유하여 두 인물이 다시 만나게 됨을 간접적으로 표현한 것이며, '두견새'는 이별의 정한을 대표하는 새이므로 '오작'과 '두견새'을 객관적 상관물로 볼 수는 없다.

오답 분석

① 이생은 '월로(月老)는 붉은 실 맺어주니'라고 표현함으로써 최 처녀와 혼인할 의사가 있음을 비유적으로 드러내고 있다. 참고로 '월로(月老)'는 부부의 인연을 맺어 준다는 전설의 월하노인(月下老人)을 이른다.

② '깨진 거울'이라는 표현을 통해 이생과 최 처녀가 이전에 이별했음을 추측할 수 있고, '깨진 거울이 합쳐지니'라는 표현을 통해 이별 후 재회하게 된 상황을 함축적으로 보여 주고 있다.

④ 작품 속에 삽입된 이생의 시를 통해 서사적으로만 전개되던 단조로운 구성을 탈피하여 낭만적이고 서정적인 분위기를 드러내며 감성적인 여운을 준다.

이것도 알면 합격!

고전 소설에서 '삽입 시'의 기능

(1) 작품 속 사건이나 정황을 암시하거나 함축적으로 드러냄

(2) 작품 구성의 단조로움을 피할 수 있음

(3) 등장인물의 내면 심리를 효과적으로 드러냄

22 어휘 한자어의 표기 정답 ③

정답 설명

③ ⓒ 源素(근원 원, 본디 소)(×) → 元素(원소: 으뜸 원, 본디 소)(○): '만물의 근원이 되는, 항상 변하지 않는 구성 요소'를 뜻하는 '원소'는 '元素'로 표기한다.

오답 분석

① ㉠ 原理(원리: 언덕/근원 원, 다스릴 리): 사물의 근본이 되는 이치

② ㉡ 根源(근원: 뿌리 근, 근원 원): 사물이 비롯되는 근본이나 원인

④ ㉣ 原因(원인: 언덕/근원 원, 인할 인): 어떤 사물이나 상태를 변화시키거나 일으키게 하는 근본이 된 일이나 사건

23 비문학 세부 내용 파악 정답 ③

정답 설명

③ 2문단 2~5번째 줄을 통해 철학자들 사이에서뿐만 아니라 신화나 종교에서도 아르케에 대한 설명이 중요하게 다루어졌음을 알 수 있다.
[관련 부분] 세상의 근원인 아르케에 관심을 가지고 있었던 것은 철학자들뿐만이 아니었다. 신화나 종교에서도 아르케에 대한 설명은 매우 중요하게 다루어졌다.

오답 분석

① 1문단 마지막 문장을 통해 알 수 있다.

[관련 부분] 아르케라는 말은 현재 사용하고 있는 영어 단어에도 남아 있는데 무정부 상태를 의미하는 아나키(anarchy)는 아르케가 없는 상태라는 뜻이고, 군주제를 의미하는 모나키(monarchy)는 아르케가 하나라는 뜻이다.

② 1문단 3~5번째 줄을 통해 알 수 있다.

[관련 부분] 아르케라는 말을 처음 사용한 사람은 자연 철학자의 한 사람인 아낙시만더(Anaximander, c.610~c.546 BC)였다.

④ 2문단 첫 번째 문장을 통해 알 수 있다.
[관련 부분] 세상의 아르케를 찾는 것은 세상을 통일적으로 이해하기 위한 첫 번째 단계였다.

③ A의 말에서 '주석'은 '김구'가 가진 지위나 자격을 나타내므로 ㉠에 들어갈 말로 적절한 것은 '으로서'이다. 또한 B의 말에서 '이념'은 애국을 위한 수단임을 나타내므로 ㉡에는 '으로써'가 들어가야 한다.

- 으로서: 1. 지위나 신분 또는 자격을 나타내는 격 조사 2. 어떤 동작이 일어나거나 시작되는 곳을 나타내는 격조사
- 으로써: 1. 어떤 물건의 재료나 원료를 나타내는 격 조사 2. 어떤 일의 수단이나 도구를 나타내는 격 조사 3. 시간을 셈할 때 셈에 넣는 한계를 나타내거나 어떤 일의 기준이 되는 시간임을 나타내는 격 조사 4. 어떤 일의 이유를 나타내는 격 조사

25 문학 인물의 심리 및 태도 정답 ④

정답 설명

④ '아저씨'가 '옥희'에게 '어머니'에 대해 물어보자, '옥희'는 "입때 우리 엄마 못 봤어요?"라고 말하며 엄마를 같이 보러 가자고 한다. 이는 옥희가 어린 아이이므로 '아저씨'가 '어머니'에게 관심이 있다는 사실을 눈치채지 못하고 천진난만하게 반응하는 부분이다.

오답 분석

① '외삼촌'이 있을 때 '아저씨'의 태도가 달라지는 부분을 통해 '아저씨'는 '어머니'에 대한 관심을 들키지 않기 위해 신경 쓰고 있음을 알 수 있다.

② '옥희'가 엄마를 보러 가자고 했을 때 분주하다는 핑계를 대며 거절을 하는 장면을 통해 '아저씨'가 '어머니'에게 자신의 마음을 적극적으로 표현하지 못하고 있음을 알 수 있다.

③ '옥희'는 '아저씨'가 자신에게 말을 거는 것을 쓸데없는 말을 물으며 귀찮게 군다고 표현하고 있다.

이것도 알면 **합격!**

주요섭, '사랑손님과 어머니'의 시점과 특징

1. 시점: 1인칭 관찰자 시점 (여섯살 난 어린아이 시점)

2. 특징
   - 어린아이의 시선으로 어머니와 아저씨의 사랑을 순수하게 묘사함
   - 천진난만한 '나'의 행동이 어른들 사이의 심리적 거리감을 조절함
   - 등장인물의 행동이나 말을 엉뚱하게 이해하여 독자의 웃음을 유발함
   - 서술자가 직접 말해 주지 못한 내용을 상상하는 재미가 있음

01   Ⅰ   통치행위   정답 ②

정답 분석

② 북한측에 송금한 행위 자체는 사법심사의 대상이 된다.

> ⚖️ 관련 판례
>
> 남북정상회담의 개최는 고도의 정치적 성격을 지니고 있는 행위라 할 것이므로 특별한 사정이 없는 한 그 당부를 심판하는 것은 사법권의 내재적·본질적 한계를 넘어서는 것이 되어 적절하지 못하지만, 남북정상회담의 개최과정에서 재정경제부장관에게 신고하지 아니하거나 통일부장관의 협력사업 승인을 얻지 아니한 채 북한측에 사업권의 대가 명목으로 송금한 행위 자체는 헌법상 법치국가의 원리와 법 앞에 평등원칙 등에 비추어 볼 때 사법심사의 대상이 된다(대판 2004.3.26. 2003도7878).

선지 분석

① 이 사건 파병결정은 대통령이 … 국가안전보장회의의 자문을 거쳐 결정한 것으로, 그 후 국무회의 심의·의결을 거쳐 국회의 동의를 얻음으로써 헌법과 법률에 따른 절차적 정당성을 확보했음을 알 수 있다. 그렇다면 이 사건 파견결정은 그 성격상 국방 및 외교에 관련된 고도의 정치적 결단을 요하는 문제로서, 헌법과 법률이 정한 절차를 지켜 이루어진 것임이 명백하므로, 대통령과 국회의 판단은 존중되어야 하고 헌법재판소가 사법적 기준만으로 이를 심판하는 것은 자제되어야 한다(헌재 2004.4.29. 2003헌마814).

③④ 대통령의 비상계엄의 선포나 확대 행위는 고도의 정치적·군사적 성격을 지니고 있는 행위라 할 것이므로, 그것이 누구에게도 일견하여 헌법이나 법률에 위반되는 것으로서 명백하게 인정될 수 있는 등 특별한 사정이 있는 경우라면 몰라도, 그러하지 아니한 이상 그 계엄선포의 요건 구비 여부나 선포의 당·부당을 판단할 권한이 사법부에는 없다고 할 것이나, 비상계엄의 선포나 확대가 국헌문란의 목적을 달성하기 위하여 행하여진 경우에는 법원은 그 자체가 범죄행위에 해당하는지의 여부에 관하여 심사할 수 있다(대판 1997.4.17. 96도3376 전합).

02   Ⅰ   법치행정   정답 ④

정답 분석

④ 입법부가 법률로써 행정부에게 특정한 사항을 위임했음에도 불구하고 행정부(대통령)가 이러한 법적 의무를 이행하지 않는다면 이는 위법한 것인 동시에 위헌적인 것이 된다. … 따라서 행정과 사법은 법률에 기속되므로, 국회가 특정한 사항에 대하여 행정부에 위임하였음에도 불구하고 행정부가 정당한 이유 없이 이를 이행하지 않는다면 권력분립의 원칙과 법치국가 내지 법치행정의 원칙에 위배되는 것이다(헌재 2004.2.26. 2001헌마718).

선지 분석

① 주민의 권리 제한 또는 의무 부과에 관한 사항이나 벌칙과 같은 침익적 행정을 조례로 정할 때에는 법률의 위임이 있어야 한다.

> 지방자치법 제28조【조례】지방자치단체는 법령의 범위에서 그 사무에 관하여 조례를 제정할 수 있다. 다만, 주민의 권리 제한 또는 의무 부과에 관한 사항이나 벌칙을 정할 때에는 법률의 위임이 있어야 한다.

② 오늘날 법률유보원칙은 단순히 행정작용이 법률에 근거를 두기만 하면 충분한 것이 아니라, 국가공동체와 그 구성원에게 기본적이고도 중요한 의미를 갖는 영역, 특히 국민의 기본권실현과 관련된 영역에 있어서는 국민의 대표자인 입법자가 그 본질적 사항에 대해서 스스로 결정하여야 한다는 요구까지 내포하고 있다(의회유보원칙)(헌재 1999.5.27. 98헌바70).

③ 행정상 즉시강제는 엄격한 실정법상의 근거를 필요로 할 뿐만 아니라, 그 발동에 있어서는 법규의 범위 안에서도 다시 행정상의 장해가 목전에 급박하고, 다른 수단으로는 행정목적을 달성할 수 없는 경우이어야 하며, 이러한 경우에도 그 행사는 필요 최소한도에 그쳐야 함을 내용으로 하는 조리상의 한계에 기속된다(헌재 2002.10.31. 2000헌가12).

03   Ⅰ   행정법의 일반원칙   정답 ④

정답 분석

④ 헌법재판소는 행정의 자기구속의 법리의 근거를 비례의 원칙이 아니라 평등의 원칙이나 신뢰보호의 원칙에서 찾고 있다.

> ⚖️ 관련 판례
>
> 행정규칙이 법령의 규정에 의하여 행정관청에 법령의 구체적 내용을 보충할 권한을 부여한 경우, 또는 재량권행사의 준칙인 규칙이 그 정한 바에 따라 되풀이 시행되어 행정관행이 이룩되게 되면, 평등의 원칙이나 신뢰보호의 원칙에 따라 행정기관은 그 상대방에 대한 관계에서 그 규칙에 따라야 할 자기구속을 당하게 되고, 그러한 경우에는 대외적인 구속력을 가지게 된다 할 것이다(헌재 1990.9.3. 90헌마13).

선지 분석

① 과잉금지의 원칙은 국가작용의 한계를 명시하는 것인데 목적의 정당성, 방법의 적정성, 피해의 최소성, 법익의 균형성[보호하려는 공익이 침해되는 사익보다 더 커야 한다는 것으로서 그래야만 수인(受忍)의 기대가능성이 있다는 것]을 의미하는 것으로서 그 어느 하나에라도 저촉되면 위헌이 된다는 헌법상의 원칙이다(헌재 1989.12.22. 88헌가13).

② 행정기본법 제8조, 제10조에서 명시하고 있다.

> 제8조【법치행정의 원칙】행정작용은 법률에 위반되어서는 아니 되며, 국민의 권리를 제한하거나 의무를 부과하는 경우와 그 밖에 국민생활에 중요한 영향을 미치는 경우에는 법률에 근거하여야 한다.
>
> 제10조【비례의 원칙】행정작용은 다음 각 호의 원칙에 따라야 한다.
> 1. 행정목적을 달성하는 데 유효하고 적절할 것
> 2. 행정목적을 달성하는 데 필요한 최소한도에 그칠 것
> 3. 행정작용으로 인한 국민의 이익 침해가 그 행정작용이 의도하는 공익보다 크지 아니할 것

③ 공무원에 대한 징계권의 행사가 임용권자의 재량에 맡겨져 있다 하더라도 징계사유로 삼은 비행의 정도에 비하여 균형을 잃은 과중한 징계처분을 선택함으로써 비례의 원칙에 반하거나 같은 정도의 비행에 대하여 합리적인 이유 없이 일반적으로 적용하여 온 기준과 어긋나게 공평을 잃은 징계처분을 선택함으로써 평등의 원칙에 반한 경우에는 그러한 징계처분은 재량권의 한계를 벗어난 것이 된다(대판 2007.5.11. 2006두19211).

정답 분석

옳은 것은 ㄱ, ㄴ이다.

ㄱ. 건축주 등은 신고제하에서도 건축신고가 반려될 경우 당해 건축물의 건축을 개시하면 시정명령, 이행강제금, 벌금의 대상이 되거나 당해 건축물을 사용하여 행할 행위의 허가가 거부될 우려가 있어 불안정한 지위에 놓이게 된다. 따라서 건축신고 반려행위가 이루어진 단계에서 당사자로 하여금 반려행위의 적법성을 다투어 그 법적 불안을 해소한 다음 건축행위에 나아가도록 함으로써 장차 있을지도 모르는 위험에서 미리 벗어날 수 있도록 길을 열어 주고, 위법한 건축물의 양산과 그 철거를 둘러싼 분쟁을 조기에 근본적으로 해결할 수 있게 하는 것이 법치행정의 원리에 부합한다. 그러므로 건축신고 반려행위는 항고소송의 대상이 된다고 보는 것이 옳다(대판 2010.11.18. 2008두167 전합).

🎓 이것도 알면 **합격!**

자기완결적 신고와 행위요건적 신고

구분	자기완결적 신고	행위요건적 신고
내용	• 해당 행위 자체만으로 법적 효과 발생 • 본래적 의미의 신고	• 행정주체의 공법행위의 요건에 불과 • 완화된 허가제의 성질
효력발생	신고서가 도달할 때	행정기관이 수리한 때
수리여부	수리를 요하지 않는 신고	수리를 요하는 신고
수리거부	처분성×(단, 예외 있음)	처분성○
신고필증	단순한 사실적 의미	법적 의미
행정절차법	명문규정○	명문규정×

ㄴ. 행정절차법 제40조 제3항에 대한 옳은 내용이다.

> 제40조 【신고】 ③ 행정청은 제2항 각 호의 요건을 갖추지 못한 신고서가 제출된 경우에는 지체 없이 상당한 기간을 정하여 신고인에게 보완을 요구하여야 한다.

선지 분석

ㄷ. 구 평생교육법 제22조 제1항·제2항·제3항, 구 평생교육법 시행령 제27조 제1항·제2항·제3항에 의하면, 정보통신매체를 이용하여 학습비를 받지 아니하고 원격평생교육을 실시하고자 하는 경우에는 누구든지 아무런 신고 없이 자유롭게 이를 할 수 있고, … 행정청으로서는 신고서 기재사항에 흠결이 없고 정해진 서류가 구비된 때에는 이를 수리하여야 하고, 이러한 형식적 요건을 모두 갖추었음에도 신고대상이 된 교육이나 학습이 공익적 기준에 적합하지 않는다는 등 실체적 사유를 들어 신고 수리를 거부할 수는 없다(대판 2011.7.28. 2005두11784).

ㄹ. 납골당설치 신고는 이른바 '수리를 요하는 신고'라 할 것이므로, 납골당설치 신고가 구 장사법 관련 규정의 모든 요건에 맞는 신고라 하더라도 신고인은 곧바로 납골당을 설치할 수는 없고, 이에 대한 행정청의 수리처분이 있어야만 신고한 대로 납골당을 설치할 수 있다(대판 2011.9.8. 2009두6766).

정답 분석

① 사후에 위임의 근거가 부여되면 그때부터 유효한 법규명령이 된다.

> ⚖ 관련 판례
>
> 일반적으로 법률의 위임에 의하여 효력을 갖는 법규명령의 경우, 구법에 위임의 근거가 없어 무효였더라도 사후에 법개정으로 위임의 근거가 부여되면 그때부터는 유효한 법규명령이 되나, 반대로 구법의 위임에 의한 유효한 법규명령이 법개정으로 위임의 근거가 없어지게 되면 그때부터 무효인 법규명령이 되므로, 어떤 법령의 위임 근거 유무에 따른 유효 여부를 심사하려면 법개정의 전·후에 걸쳐 모두 심사하여야만 그 법규명령의 시기에 따른 유효·무효를 판단할 수 있다(대판 1995.6.30. 93추83).

선지 분석

② 어느 시행령이나 조례의 규정이 모법에 저촉되는지가 명백하지 않는 경우에는 모법과 시행령 또는 조례의 다른 규정들과 그 입법 취지, 연혁 등을 종합적으로 살펴 모법에 합치된다는 해석도 가능한 경우라면 그 규정을 모법 위반으로 무효라고 선언해서는 안 된다(대판 2014.1.16. 2011두6264).

③ 헌법 제40조와 헌법 제75조·제95조의 의미를 살펴보면, 국회입법에 의한 수권이 입법기관이 아닌 행정기관에게 법률 등으로 구체적인 범위를 정하여 위임한 사항에 관하여는 당해 행정기관에게 법정립의 권한을 갖게 되고, 입법자가 규율의 형식도 선택할 수도 있다 할 것이므로, 헌법이 인정하고 있는 위임입법의 형식은 예시적인 것으로 보아야 할 것이고, 그것은 법률이 행정규칙에 위임하더라도 그 행정규칙은 위임된 사항만을 규율할 수 있으므로, 국회입법의 원칙과 상치되지도 않는다(헌재 2004.10.28. 99헌바91).

④ 행정규칙은 법규명령과 같은 엄격한 제정 및 개정절차를 요하지 아니하므로, 재산권 등과 같은 기본권을 제한하는 작용을 하는 법률이 입법위임을 할 때에는 "대통령령", "총리령", "부령" 등 법규명령에 위임함이 바람직하고, 금융감독위원회의 고시와 같은 형식으로 입법위임을 할 때에는 적어도 행정규제기본법 제4조 제2항 단서에서 정한 바와 같이 법령이 전문적·기술적 사항이나 경미한 사항으로서 업무의 성질상 위임이 불가피한 사항에 한정된다 할 것이고, 그러한 사항이라 하더라도 포괄위임금지의 원칙상 법률의 위임은 반드시 구체적·개별적으로 한정된 사항에 대하여 행하여져야 한다(헌재 2004.10.28. 99헌바91).

06 Ⅱ 인·허가의제 제도 정답 ③

정답 분석

③ 건축신고는 일반적인 건축신고와 인·허가의제 효과를 수반하는 건축신고로 구분되며, 인·허가의제 효과를 수반하는 건축신고는 이른바 '수리를 요하는 신고'로 보고 있다.

> ⚖ 관련 판례
>
> 인·허가의제 효과를 수반하는 건축신고는 일반적인 건축신고와는 달리, 특별한 사정이 없는 한 행정청이 그 실체적 요건에 관한 심사를 한 후 수리하여야 하는 이른바 '수리를 요하는 신고'로 보는 것이 옳다(대판 2011.1.20. 2010두14954 전합).

선지 분석

① 구 주택법 제17조 제1항에 의하면, 주택건설사업계획 승인권자가 관계 행정기관의 장과 미리 협의한 사항에 한하여 승인처분을 할 때에 인·허가 등이 의제될 뿐이고, 각호에 열거된 모든 인·허가 등에 관하여 일괄하여 사전협의를 거칠 것을 승인처분의 요건으로 하고 있지는 않다. 따라서 인·허가의제 대상이 되는 처분의 공시방법에 관한 하자가 있더라도, 그로써 해당 인·허가 등 의제의 효과가 발생하지 않을 여지가 있게 될 뿐이고, 그러한 사정이 주택건설사업계획 승인처분 자체의 위법사유가 될 수는 없다(대판 2017.9.12. 2017두45131).

② 건축법에서 인·허가의제 제도를 둔 취지는, 인·허가의제 사항과 관련하여 건축허가 또는 건축신고의 관할 행정청으로 그 창구를 단일화하고 절차를 간소화하며 비용과 시간을 절감함으로써 국민의 권익을 보호하려는 것이다(대판 2011.1.20. 2010두14954 전합).

④ 의제된 인·허가는 통상적인 인·허가와 동일한 효력을 가지므로, 적어도 '부분 인·허가의제'가 허용되는 경우에는 그 효력을 제거하기 위한 법적 수단으로 의제된 인·허가의 취소나 철회가 허용될 수 있고, 이러한 직권 취소·철회가 가능한 이상 그 의제된 인·허가에 대한 쟁송 취소 역시 허용된다(대판 2018.11.29. 2016두38792).

07 Ⅱ 행정행위의 효력 정답 ②

정답 분석

② 해설에 다툼의 여지가 있는 때에는 과세관청이 이를 잘못 해석하여 과세처분을 하였더라도 그 하자가 명백하다고 할 수 없다.

> ⚖ 관련 판례
>
> 어느 법률관계나 사실관계에 대하여 어느 법령의 규정을 적용하여 과세처분을 한 경우에 그 법률관계나 사실관계에 대하여는 그 법령의 규정을 적용할 수 없다는 법리가 명백히 밝혀져서 해석에 다툼의 여지가 없음에도 과세관청이 그 법령의 규정을 적용하여 과세처분을 하였다면 그 하자는 중대하고도 명백하다고 할 것이나, 그 법률관계나 사실관계에 대하여 그 법령의 규정을 적용할 수 없다는 법리가 명백히 밝혀지지 아니하여 해석에 다툼의 여지가 있는 때에는 과세관청이 이를 잘못 해석하여 과세처분을 하였더라도 이는 과세요건사실을 오인한 것에 불과하여 그 하자가 명백하다고 할 수 없다(대판 2018.7.19. 2017다242409 전합).

선지 분석

① 국세기본법 및 국세기본법 시행령이 과세전적부심사를 거치지 않고 곧바로 과세처분을 할 수 있거나 과세전적부심사에 대한 결정이 있기 전이라도 과세처분을 할 수 있는 예외사유로 정하고 있다는 등의 특별한 사정이 없는 한, 과세예고 통지 후 과세전적부심사 청구나 그에 대한 결정이 있기도 전에 과세처분을 하는 것은 원칙적으로 과세전적부심사 이후에 이루어져야 하는 과세처분을 그보다 앞서 함으로써 과세전적부심사 제도 자체를 형해화시킬 뿐만 아니라 과세전적부심사 결정과 과세처분 사이의 관계 및 불복절차를 불분명하게 할 우려가 있으므로, 그와 같은 과세처분은 납세자의 절차적 권리를 침해하는 것으로서 절차상 하자가 중대하고도 명백하여 무효이다(대판 2016.12.27. 2016두49228).

③ 취소 확정판결의 기속력은 판결의 주문 및 전제가 되는 처분 등의 구체적 위법사유에 관한 판단에도 미치나, 종전 처분이 판결에 의하여 취소되었더라도 종전 처분과 다른 사유를 들어서 새로이 처분을 하는 것은 기속력에 저촉되지 않는다. … 또한 행정처분의 위법 여부는 행정처분이 행하여진 때의 법령과 사실을 기준으로 판단하므로, 확정판결의 당사자인 처분 행정청은 종전 처분 후에 발생한 새로운 사유를 내세워 다시 처분을 할 수 있고, 새로운 처분의 처분사유가 종전 처분의 처분사유와 기본적 사실관계에서 동일하지 않은 다른 사유에 해당하는 이상, 처분사유가 종전 처분 당시 이미 존재하고 있었고 당사자가 이를 알고 있었더라도 이를 내세워 새로이 처분을 하는 것은 확정판결의 기속력에 저촉되지 않는다(대판 2016.3.24. 2015두48235).

④ 위법한 행정대집행이 완료되면 그 처분의 무효확인 또는 취소를 구할 소의 이익은 없다 하더라도, 미리 그 행정처분의 취소판결이 있어야만, 그 행정처분의 위법임을 이유로 한 손해배상 청구를 할 수 있는 것은 아니다(대판 1972.4.28. 72다337).

08 Ⅱ 행정계획 정답 ①

정답 분석

① 도시관리계획구역 내 토지 등을 소유하고 있는 주민으로서 이 사건 납골시설에 관한 도시관리계획의 입안을 요구할 수 있는 법규상 또는 조리상의 신청권이 있다고 할 것이어서, 이러한 원고의 입안제안을 반려한 피고의 이 사건 처분은 항고소송의 대상이 되는 행정처분에 해당한다(대판 2010.7.22. 2010두5745).

선지 분석

② 도시기본계획은 도시의 기본적인 공간구조와 장기발전방향을 제시하는 종합계획으로서 그 계획에는 토지이용계획, 환경계획, 공원녹지계획 등 장래의 도시개발의 일반적인 방향이 제시되지만, 그 계획은 도시계획입안의 지침이 되는 것에 불과하여 일반 국민에 대한 직접적인 구속력은 없는 것이다(대판 2002.10.11. 2000두8226).

> ⚖ 관련 판례
>
> 도시계획법 제12조 소정의 고시된 도시계획결정(현 도시관리계획)은 특정 개인의 권리 내지 법률상의 이익을 개별적이고 구체적으로 규제하는 효과를 가져오게 하는 행정청의 처분이라 할 것이고, 이는 행정소송의 대상이 된다(대판 1982.3.9. 80누105).

③ 도시계획법 등 관계 법령에는 추상적인 행정목표와 절차만이 규정되어 있을 뿐 행정계획의 내용에 대하여는 별다른 규정을 두고 있지 아니하므로 행정주체는 구체적인 행정계획을 입안·결정함에 있어서 비교적 광범위한 형성의 자유를 가진다(대판 2000.3.23. 98두2768).

④ 장래 일정한 기간 내에 관계 법령이 규정하는 시설 등을 갖추어 일정한 행정처분을 구하는 신청을 할 수 있는 법률상 지위에 있는 자의 국토이용계획변경신청을 거부하는 것이 실질적으로 당해 행정처분 자체를 거부하는 결과가 되는 경우에는 예외적으로 그 신청인에게 국토이용계획변경을 신청할 권리가 인정된다고 봄이 상당하므로, 이러한 신청에 대한 거부행위는 항고소송의 대상이 되는 행정처분에 해당한다(대판 2003.9.23. 2001두10936).

09 Ⅲ 행정절차법 정답 ②

정답 분석

행정절차법의 적용이 배제되는 사항에 해당하는 것은 ㄱ, ㄷ, ㄹ이다.

ㄱ. 행정절차법 제3조 제2항 제5호에 대한 옳은 내용이다.

> 제3조【적용 범위】② 이 법은 다음 각 호의 어느 하나에 해당하는 사항에 대하여는 적용하지 아니한다.
> 5. 감사원이 감사위원회의의 결정을 거쳐 행하는 사항

ㄷ. 행정절차법 제3조 제2항 제1호에 대한 옳은 내용이다.

> 제3조【적용 범위】② 이 법은 다음 각 호의 어느 하나에 해당하는 사항에 대하여는 적용하지 아니한다.
> 1. 국회 또는 지방의회의 의결을 거치거나 동의 또는 승인을 받아 행하는 사항

ㄹ. 행정절차법 제3조 제2항 제9호, 동법 시행령 제2조 제1호에 대한 옳은 내용이다.

> 제3조【적용 범위】② 이 법은 다음 각 호의 어느 하나에 해당하는 사항에 대하여는 적용하지 아니한다.
> 9. 병역법에 따른 징집·소집, 외국인의 출입국·난민인정·귀화, 공무원 인사 관계 법령에 따른 징계와 그 밖의 처분, 이해 조정을 목적으로 하는 법령에 따른 알선·조정·중재(仲裁)·재정(裁定) 또는 그 밖의 처분 등 해당 행정작용의 성질상 행정절차를 거치기 곤란하거나 거칠 필요가 없다고 인정되는 사항과 행정절차에 준하는 절차를 거친 사항으로서 대통령령으로 정하는 사항
>
> 시행령 제2조【적용제외】법 제3조 제2항 제9호에서 "대통령령으로 정하는 사항"이라 함은 다음 각 호의 어느 하나에 해당하는 사항을 말한다.
> 1. 병역법, 예비군법, 민방위기본법, 비상대비자원 관리법, 대체역의 편입 및 복무 등에 관한 법률에 따른 징집·소집·동원·훈련에 관한 사항

선지 분석

ㄴ. 행정상 입법예고에 대하여는 행정절차법이 적용된다.

> 행정절차법 제3조【적용 범위】① 처분, 신고, 확약, 위반사실 등의 공표, 행정계획, 행정상 입법예고, 행정예고 및 행정지도의 절차(이하 "행정절차"라 한다)에 관하여 다른 법률에 특별한 규정이 있는 경우를 제외하고는 이 법에서 정하는 바에 따른다.

ㅁ. '다수의 행정청이 관여하는 처분'에 관한 사항은 행정절차법이 적용된다.

> 행정절차법 제18조【다수의 행정청이 관여하는 처분】행정청은 다수의 행정청이 관여하는 처분을 구하는 신청을 접수한 경우에는 관계 행정청과의 신속한 협조를 통하여 그 처분이 지연되지 아니하도록 하여야 한다.

ㅂ. 처분은 행정절차법의 적용을 받으며, 행정절차법상 의견제출에 대한 사항도 규정하고 있다.

> 행정절차법 제3조【적용 범위】① 처분, 신고, 확약, 위반사실 등의 공표, 행정계획, 행정상 입법예고, 행정예고 및 행정지도의 절차(이하 "행정절차"라 한다)에 관하여 다른 법률에 특별한 규정이 있는 경우를 제외하고는 이 법에서 정하는 바에 따른다.
>
> 제27조【의견제출】① 당사자 등은 처분 전에 그 처분의 관할 행정청에 서면이나 말로 또는 정보통신망을 이용하여 의견제출을 할 수 있다.

10 Ⅲ 개인정보 보호법 정답 ②

정답 분석

② 개인정보처리자가 정보주체의 동의를 받은 경우에는 그 개인정보를 목적 외의 용도로 이용하거나 이를 제3자에게 제공할 수 있다.

> 개인정보 보호법 제18조【개인정보의 목적 외 이용·제공 제한】② 제1항에도 불구하고 개인정보처리자는 다음 각 호의 어느 하나에 해당하는 경우에는 정보주체 또는 제3자의 이익을 부당하게 침해할 우려가 있을 때를 제외하고는 개인정보를 목적 외의 용도로 이용하거나 이를 제3자에게 제공할 수 있다. 다만, 제5호부터 제9호까지에 따른 경우는 공공기관의 경우로 한정한다.
> 1. 정보주체로부터 별도의 동의를 받은 경우

선지 분석

① 개인정보 보호법 제51조에 대한 옳은 내용이다.

> 제51조【단체소송의 대상 등】다음 각 호의 어느 하나에 해당하는 단체는 개인정보처리자가 제49조에 따른 집단분쟁조정을 거부하거나 집단분쟁조정의 결과를 수락하지 아니한 경우에는 법원에 권리침해 행위의 금지·중지를 구하는 소송(이하 "단체소송"이라 한다)을 제기할 수 있다.

③ 개인정보 보호법 제2조 제1호에 대한 옳은 내용이다.

> 제2조 【정의】 이 법에서 사용하는 용어의 뜻은 다음과 같다.
> 1. "개인정보"란 살아 있는 개인에 관한 정보로서 다음 각 목의 어느 하나에 해당하는 정보를 말한다.
>   가. 성명, 주민등록번호 및 영상 등을 통하여 개인을 알아볼 수 있는 정보
>   나. 해당 정보만으로는 특정 개인을 알아볼 수 없더라도 다른 정보와 쉽게 결합하여 알아볼 수 있는 정보. 이 경우 쉽게 결합할 수 있는지 여부는 다른 정보의 입수 가능성 등 개인을 알아보는 데 소요되는 시간, 비용, 기술 등을 합리적으로 고려하여야 한다.
>   다. 가목 또는 나목을 제1호의2에 따라 가명처리함으로써 원래의 상태로 복원하기 위한 추가 정보의 사용·결합 없이는 특정 개인을 알아볼 수 없는 정보(이하 "가명정보"라 한다)

④ 개인정보 보호법 제35조 제1항·제2항에 대한 옳은 내용이다.

> 제35조 【개인정보의 열람】 ① 정보주체는 개인정보처리자가 처리하는 자신의 개인정보에 대한 열람을 해당 개인정보처리자에게 요구할 수 있다.
> ② 제1항에도 불구하고 정보주체가 자신의 개인정보에 대한 열람을 공공기관에 요구하고자 할 때에는 공공기관에 직접 열람을 요구하거나 대통령령으로 정하는 바에 따라 보호위원회를 통하여 열람을 요구할 수 있다.

11 Ⅳ 행정의 실효성 확보수단　　정답 ①

정답 분석

① 건축법 제78조에 의한 무허가 건축행위에 대한 형사처벌과 건축법 제83조 제1항에 의한 시정명령 위반에 대한 이행강제금의 부과는 그 처벌 내지 제재대상이 되는 기본적 사실관계로서의 행위를 달리하며, 또한 그 보호법익과 목적에서도 차이가 있으므로 헌법 제13조 제1항이 금지하는 이중처벌에 해당한다고 할 수 없다(헌재 2004.2.26. 2001헌바80).

선지 분석

② 전통적으로 행정대집행은 대체적 작위의무에 대한 강제집행수단으로, 이행강제금은 부작위의무나 비대체적 작위의무에 대한 강제집행수단으로 이해되어 왔으나, 이는 이행강제금제도의 본질에서 오는 제약은 아니며, 이행강제금은 대체적 작위의무의 위반에 대하여도 부과될 수 있다(헌재 2004.2.26. 2001헌바80).

③ 현행 건축법상 위법건축물에 대한 이행강제수단으로 대집행과 이행강제금(제83조 제1항)이 인정되고 있는데, 양 제도는 각각의 장·단점이 있으므로 행정청은 개별사건에 있어서 위반내용, 위반자의 시정의지 등을 감안하여 대집행과 이행강제금을 선택적으로 활용할 수 있으며, 이처럼 그 합리적인 재량에 의해 선택하여 활용하는 이상 중첩적인 제재에 해당한다고 볼 수 없다(헌재 2004.2.26. 2001헌바80).

④ 건축법 제80조 제3항에 대한 옳은 내용이다.

> 제80조 【이행강제금】 ③ 허가권자는 제1항 및 제2항에 따른 이행강제금을 부과하기 전에 제1항 및 제2항에 따른 이행강제금을 부과·징수한다는 뜻을 미리 문서로써 계고하여야 한다.

12 Ⅳ 행정조사　　정답 ④

정답 분석

④ 행정조사기본법상 행정조사는 법령 등에서 행정조사를 규정하고 있는 경우에 한하여 가능하다. 그러므로 개별법에서 행정조사를 규율하고 있지 않다면 행정조사기본법을 근거로 행정조사를 실시할 수는 없다.

> 행정조사기본법 제5조 【행정조사의 근거】 행정기관은 법령 등에서 행정조사를 규정하고 있는 경우에 한하여 행정조사를 실시할 수 있다. 다만, 조사대상자의 자발적인 협조를 얻어 실시하는 행정조사의 경우에는 그러하지 아니하다.

선지 분석

① 납세자에 대한 부가가치세부과처분이, 종전의 부가가치세 경정조사와 같은 세목 및 같은 과세기간에 대하여 중복하여 실시된 위법한 세무조사에 기초하여 이루어진 것이어서 위법하다(대판 2006.6.2. 2004두12070).

② 공적 인물에 대하여는 사생활의 비밀과 자유가 일정한 범위 내에서 제한되어 그 사생활의 공개가 면책되는 경우도 있을 수 있으나, 이는 공적 인물은 통상인에 비하여 일반 국민의 알 권리의 대상이 되고 그 공개가 공공의 이익이 된다는 데 근거한 것이므로, 일반 국민의 알 권리와는 무관하게 국가기관이 평소의 동향을 감시할 목적으로 개인의 정보를 비밀리에 수집한 경우에는 그 대상자가 공적 인물이라는 이유만으로 면책될 수 없다(대판 1998.7.24. 96다42789).

③ 부과처분을 위한 과세관청의 질문조사권이 행해지는 세무조사결정이 있는 경우 납세의무자는 세무공무원의 과세자료 수집을 위한 질문에 대답하고 검사를 수인하여야 할 법적 의무를 부담하게 되는 점 등을 종합하면, 세무조사결정은 납세의무자의 권리·의무에 직접 영향을 미치는 공권력의 행사에 따른 행정작용으로서 항고소송의 대상이 된다(대판 2011.3.10. 2009두23617).

13 Ⅴ 국가배상　　정답 ③

정답 분석

③ 국가배상법 제2조 제1항 단서 중 군인에 관련되는 부분을, 일반국민이 직무집행 중인 군인과의 공동불법행위로 직무집행 중인 다른 군인에게 공상을 입혀 그 피해자에게 공동의 불법행위로 인한 손해를 배상한 다음 공동불법행위자인 군인의 부담부분에 관하여 국가에 대하여 구상권을 행사하는 것을 허용하지 않는다고 해석한다면, 이는 위 단서규정의 헌법상 근거규정인 헌법 제29조가 구상권의 행사를 배제하지 아니하는데도 이를 배제하는 것으로 해석하는 것으로서 합리적인 이유 없이 일반국민을 국가에 대하여 지나치게 차별하는 경우에 해당하

므로 헌법 제11조, 제29조에 위반되며, 또한 국가에 대한 구상권은 헌법 제23조 제1항에 의하여 보장되는 재산권이고 위와 같은 해석은 그러한 재산권의 제한에 해당하며 재산권의 제한은 헌법 제37조 제2항에 의한 기본권제한의 한계 내에서만 가능한데, 위와 같은 해석은 헌법 제37조 제2항에 의하여 기본권을 제한할 때 요구되는 비례의 원칙에 위배하여 일반국민의 재산권을 과잉제한하는 경우에 해당하여 헌법 제23조 제1항 및 제37조 제2항에도 위반된다(헌재 1994.12.29. 93헌바21).

① 울산세관의 통관지원과에서 인사업무를 담당하면서 울산세관 공무원들의 공무원증 및 재직증명서 발급업무를 하는 공무원이 울산세관의 다른 공무원의 공무원증 등을 위조하는 행위는 비록 그것이 실질적으로는 직무행위에 속하지 아니한다 할지라도 적어도 외관상으로는 공무원증과 재직증명서를 발급하는 행위로서 직무집행으로 보여지므로 결국 소외인의 공무원증 등 위조행위는 국가배상법 제2조 제1항 소정의 공무원이 직무를 집행함에 당하여 한 행위로 인정된다(대판 2005.1.14. 2004다26805).

② 어떠한 행정처분이 후에 항고소송에서 취소되었다고 할지라도 그 기판력에 의하여 당해 행정처분이 곧바로 공무원의 고의 또는 과실로 인한 것으로서 불법행위를 구성한다고 단정할 수는 없는 것이고, 그 행정처분의 담당공무원이 보통 일반의 공무원을 표준으로 하여 볼 때 객관적 주의의무를 결하여 그 행정처분이 객관적 정당성을 상실하였다고 인정될 정도에 이른 경우에 비로소 국가배상법 제2조 소정의 국가배상책임의 요건을 충족하였다고 봄이 상당하다(대판 2003.11.27. 2001다33789).

④ 배상신청을 하지 않아도 국가배상법상 손해배상의 소송을 제기할 수 있다.

> 국가배상법 제9조【소송과 배상신청의 관계】이 법에 따른 손해배상의 소송은 배상심의회(이하 "심의회"라 한다)에 배상신청을 하지 아니하고도 제기할 수 있다.

---

14 | Ⅴ 행정상 손실보상 | 정답 ①

옳은 것은 ㄱ, ㄴ이다.

ㄱ. 헌법 제23조 제3항은 정당한 보상을 전제로 하여 재산권의 수용 등에 관한 가능성을 규정하고 있지만, 재산권 수용의 주체를 한정하지 않고 있다. … 그렇다면 민간기업을 수용의 주체로 규정한 자체를 두고 위헌이라고 할 수 없으며, 나아가 이 사건 수용조항을 통해 민간기업에게 사업시행에 필요한 토지를 수용할 수 있도록 규정할 필요가 있다는 입법자의 인식에도 합리적인 이유가 있다 할 것이다(헌재 2009.9.24. 2007헌바114).

ㄴ. 손실보상은 공공필요에 의한 행정작용에 의하여 사인에게 발생한 특별한 희생에 대한 전보라는 점에서 그 사인에게 특별한 희생이 발생하여야 하는 것은 당연히 요구되는 것이고, 공유수면 매립면허의 고시가 있다고 하여 반드시 그 사업이 시행되고 그로 인하여 손실이 발생한다고 할 수 없으므로, 매립면허 고시 이후 매립공사가 실행되어 관행어업권자에게 실질적이고 현실적인 피해가 발생한 경우에만 공유수면매립법에서 정하는 손실보상청구권이 발생하였다고 할 것이다(대판 2010.12.9. 2007두6571).

ㄷ. 공공사업시행지구 밖에 위치한 영업과 공작물 등에 대한 간접손실에 대하여도 일정한 조건하에서 이를 보상하도록 규정하고 있는 점에 비추어, 공공사업의 시행으로 인하여 그러한 손실이 발생하리라는 것을 쉽게 예견할 수 있고 그 손실의 범위도 구체적으로 이를 특정할 수 있는 경우라면 그 손실의 보상에 관하여 공공용지의 취득 및 손실보상에 관한 특례법 시행규칙의 관련 규정 등을 유추적용할 수 있다고 해석함이 상당하다(대판 1999.10.8. 99다27231).

ㄹ. 이주대책은 헌법 제23조 제3항에 규정된 정당한 보상에 포함되는 것이라기보다는 이에 부가하여 이주자들에게 종전의 생활상태를 회복시키기 위한 생활보상의 일환으로서 국가의 정책적인 배려에 의하여 마련된 제도라고 볼 것이다. 따라서 이주대책의 실시 여부는 입법자의 입법정책적 재량의 영역에 속하므로 공익사업을 위한 토지 등의 취득 및 보상에 관한 법률 시행령 제40조 제3항 제3호가 이주대책의 대상자에서 세입자를 제외하고 있는 것이 세입자의 재산권을 침해하는 것이라 볼 수 없다(헌재 2006.2.23. 2004헌마19).

---

15 | Ⅵ 행정심판 | 정답 ①

① 부작위에 대한 의무이행심판에는 청구기간의 제한이 없지만, 거부처분에 대한 의무이행심판에는 청구기간의 제한이 있다.

> 행정심판법 제27조【심판청구의 기간】① 행정심판은 처분이 있음을 알게 된 날부터 90일 이내에 청구하여야 한다.
> ⑦ 제1항부터 제6항까지의 규정은 무효등확인심판청구와 부작위에 대한 의무이행심판청구에는 적용하지 아니한다.

② 행정심판법 제3조 제2항에 대한 옳은 내용이다.

> 제3조【행정심판의 대상】② 대통령의 처분 또는 부작위에 대하여는 다른 법률에서 행정심판을 청구할 수 있도록 정한 경우 외에는 행정심판을 청구할 수 없다.

③ 행정심판은 위법한 처분·부작위뿐만 아니라 부당한 처분·부작위도 심판대상이 되는 점에서 행정소송에 비하여 구제범위가 넓다.

> 행정심판법 제5조【행정심판의 종류】행정심판의 종류는 다음 각 호와 같다.
> 　1. 취소심판: 행정청의 위법 또는 부당한 처분을 취소하거나 변경하는 행정심판
> 　2. 무효등확인심판: 행정청의 처분의 효력 유무 또는 존재 여부를 확인하는 행정심판
> 　3. 의무이행심판: 당사자의 신청에 대한 행정청의 위법 또는 부당한 거부처분이나 부작위에 대하여 일정한 처분을 하도록 하는 행정심판

④ 통상 고시 또는 공고에 의하여 행정처분을 하는 경우에는 그 처분의 상대방이 불특정 다수인이고, 그 처분의 효력이 불특정 다수인에게 일률적으로 적용되는 것이므로, 그 행정처분에 이해관계를 갖는 자는 고시 또는 공고가 있었다는 사실을 현실적으로 알았는지 여부에 관계없이 고시가 효력을 발생하는 날에 행정처분이 있음을 알았다고 보아

야 하고, 따라서 그에 대한 취소소송은 그 날로부터 90일 이내에 제기하여야 한다(대판 2006.4.14. 2004두3847).

16   Ⅱ 행정행위   정답 ②

정답 분석

② 규제지역 내에서도 토지거래의 자유가 인정되나, 다만 위 허가를 허가 전의 유동적 무효 상태에 있는 법률행위의 효력을 완성시켜 주는 인가적 성질을 띤 것이라고 보는 것이 타당하다(대판 1991.12.24. 90다12243 전합).

선지 분석

① 허가 등의 행정처분은 원칙적으로 처분시의 법령과 허가기준에 의하여 처리되어야 하고 허가신청 당시의 기준에 따라야 하는 것은 아니며, 비록 허가신청 후 허가기준이 변경되었다 하더라도 그 허가관청이 허가신청을 수리하고도 정당한 이유 없이 그 처리를 늦추어 그 사이에 허가기준이 변경된 것이 아닌 이상 변경된 허가기준에 따라서 처분을 하여야 한다(대판 1996.8.20. 95누10877).

③ 도시재개발법 제34조에 의한 행정청의 인가는 주택개량재개발조합의 관리처분계획에 대한 법률상의 효력을 완성시키는 보충행위이다(대판 2001.12.11. 2001두7541).

④ 행정청이 상대방에게 장차 어떤 처분을 하겠다고 확약 또는 공적인 의사표명을 하였다고 하더라도, 그 자체에서 상대방으로 하여금 언제까지 처분의 발령을 신청하도록 유효기간을 두었는데도 그 기간 내에 상대방의 신청이 없었다거나 확약 또는 공적인 의사표명이 있은 후에 사실적·법률적 상태가 변경되었다면, 그와 같은 확약 또는 공적인 의사표명은 행정청의 별다른 의사표시를 기다리지 않고 실효된다(대판 1996.8.20. 95누10877).

17   Ⅵ 행정소송   정답 ③

정답 분석

③ 소음배출시설을 가동할 수 없는 상태라면 처분이 위법하다는 점에 대한 판결을 받아 손해배상청구소송에서 원용할 수 있다 하더라도 처분의 취소를 구할 법률상 이익이 없다.

관련 판례

소음·진동배출시설에 대한 설치허가가 취소된 후 그 배출시설이 어떠한 경위로든 철거되어 다시 복구 등을 통하여 배출시설을 가동할 수 없는 상태라면 이는 배출시설 설치허가의 대상이 되지 아니하므로 외형상 설치허가취소행위가 잔존하고 있다고 하여도 특단의 사정이 없는 한 이제 와서 굳이 위 처분의 취소를 구할 법률상의 이익이 없다. … 설령 원고가 이 사건 처분이 위법하다는 점에 대한 판결을 받아 피고에 대한 손해배상청구소송에서 이를 원용할 수 있다거나 위 배출시설을 다른 지역으로 이전하는 경우 행정상의 편의를 제공받을 수 있는 이익이 있다 하더라도, 그러한 이익은 사실적·경제적 이익에 불과하여 이 사건 처분의 취소를 구할 법률상 이익에 해당하지 않는다고 판단하였다(대판 2002.1.11. 2000두2457).

이것도 알면 합격!

법률상 이익과 반사적 이익의 구분

구분	법률상 이익(공권)	반사적 이익
의의	행정상 법률관계에서 개인이 행정주체에게 자신의 이익을 위하여 작위·부작위·수인·급부 등의 특정한 행위를 요구할 수 있는 법률상의 힘	행정법규가 공익목적을 위하여 국가나 개인의 작위·부작위 등을 규정하고 있는 결과, 그 반사적 효과로서 국민이 사실상 받는 이익
성질	법에 의하여 보호되는 이익	법의 보호를 받지 못하는 이익
권리구제	• 소의 제기 인정 • 원고적격 인정 • 손해전보 인정	• 소의 제기 부정 • 원고적격 부정 • 손해전보 부정

선지 분석

① 행정청이 재결에 따라 이전의 신청을 받아들이는 후속처분을 하였더라도 후속처분이 위법한 경우에는 재결에 대한 취소소송을 제기하지 않고도 곧바로 후속처분에 대한 항고소송을 제기하여 다툴 수 있다. 나아가 거부처분을 취소하는 재결이 있더라도 그에 따른 후속처분이 있기까지는 제3자의 권리나 이익에 변동이 있다고 볼 수 없고 후속처분 시에 비로소 제3자의 권리나 이익에 변동이 발생하며, 재결에 대한 항고소송을 제기하여 재결을 취소하는 판결이 확정되더라도 그와 별도로 후속처분이 취소되지 않는 이상 후속처분으로 인한 제3자의 권리나 이익에 대한 침해 상태는 여전히 유지된다. 이러한 점들을 종합하면, 거부처분이 재결에서 취소된 경우 재결에 따른 후속처분이 아니라 그 재결의 취소를 구하는 것은 실효적이고 직접적인 권리구제수단이 될 수 없어 분쟁해결의 유효적절한 수단이라고 할 수 없으므로 법률상 이익이 없다(대판 2017.10.31. 2015두45045).

② 행정처분의 근거 법규 또는 관련 법규에 그 처분으로써 이루어지는 행위 등 사업으로 인하여 환경상 침해를 받으리라고 예상되는 영향권의 범위가 구체적으로 규정되어 있는 경우에는, 그 영향권 내의 주민들에 대하여는 당해 처분으로 인하여 직접적이고 중대한 환경피해를 입으리라고 예상할 수 있고, 이와 같은 환경상의 이익은 주민 개개인에 대하여 개별적으로 보호되는 직접적·구체적 이익으로서 그들에 대하여는 특단의 사정이 없는 한 환경상 이익에 대한 침해 또는 침해 우려가 있는 것으로 사실상 추정된다(대판 2010.4.15. 2007두16127).

④ 토지구획정리사업법에 의한 환지처분이 일단 공고되어 그 효력을 발생한 이상 환지전체의 절차를 처음부터 다시 밟지 않는 한 그 일부만을 따로 떼어 환지처분을 변경할 길이 없으므로 그 환지처분 중 일부 토지에 관하여 환지도 지정하지 아니하고 또 정산금도 지급하지 아니한 위법이 있다 하여도 이를 이유로 민법상의 불법행위로 인한 손해배상을 구할 수 있으므로 그 환지확정처분의 일부에 대하여 취소를 구할 법률상 이익은 없다(대판 1985.4.23. 84누446).

정답 분석

② 권익이 제한되거나 의무가 지속되는 기간을 일, 주, 월 또는 연으로 정한 경우에는 기간의 첫날을 산입한다.

> **행정기본법 제6조 【행정에 관한 기간의 계산】** ② 법령 등 또는 처분에서 국민의 권익을 제한하거나 의무를 부과하는 경우 권익이 제한되거나 의무가 지속되는 기간의 계산은 다음 각 호의 기준에 따른다. 다만, 다음 각 호의 기준에 따르는 것이 국민에게 불리한 경우에는 그러하지 아니하다.
> 1. 기간을 일, 주, 월 또는 연으로 정한 경우에는 기간의 첫날을 산입한다.
> 2. 기간의 말일이 토요일 또는 공휴일인 경우에도 기간은 그 날로 만료한다.

선지 분석

① 행정기본법 제6조 제1항에 대한 옳은 내용이다.

> **제6조 【행정에 관한 기간의 계산】** ① 행정에 관한 기간의 계산에 관하여는 이 법 또는 다른 법령 등에 특별한 규정이 있는 경우를 제외하고는 민법을 준용한다.

③ 행정기본법 제7조 제2호에 대한 옳은 내용이다.

> **제7조 【법령 등 시행일의 기간 계산】** 법령 등(훈령·예규·고시·지침 등을 포함한다. 이하 이 조에서 같다)의 시행일을 정하거나 계산할 때에는 다음 각 호의 기준에 따른다.
> 2. 법령 등을 공포한 날부터 일정 기간이 경과한 날부터 시행하는 경우 법령 등을 공포한 날을 첫날에 산입하지 아니한다.

④ 행정기본법 제7조 제3호에 대한 옳은 내용이다.

> **제7조 【법령 등 시행일의 기간 계산】** 법령 등(훈령·예규·고시·지침 등을 포함한다. 이하 이 조에서 같다)의 시행일을 정하거나 계산할 때에는 다음 각 호의 기준에 따른다.
> 3. 법령 등을 공포한 날부터 일정 기간이 경과한 날부터 시행하는 경우 그 기간의 말일이 토요일 또는 공휴일인 때에는 그 말일로 기간이 만료한다.

> **관련 판례**
>
> 명예퇴직수당 지급대상자로 결정된 법관에 대하여 지급할 수당액은 명예퇴직수당규칙 제4조 [별표 1]에 산정 기준이 정해져 있으므로, 위 법관은 위 규정에서 정한 정당한 산정 기준에 따라 산정된 명예퇴직수당액을 수령할 구체적인 권리를 가진다. 따라서 위 법관이 이미 수령한 수당액이 위 규정에서 정한 정당한 명예퇴직수당액에 미치지 못한다고 주장하며 차액의 지급을 신청함에 대하여 법원행정처장이 거부하는 의사를 표시했더라도, 그 의사표시는 명예퇴직수당액을 형성·확정하는 행정처분이 아니라 공법상의 법률관계의 한쪽 당사자로서 지급의무의 존부 및 범위에 관하여 자신의 의견을 밝힌 것에 불과하므로 행정처분으로 볼 수 없다. 결국 명예퇴직한 법관이 미지급 명예퇴직수당액에 대하여 가지는 권리는 명예퇴직수당 지급대상자 결정 절차를 거쳐 명예퇴직수당규칙에 의하여 확정된 공법상 법률관계에 관한 권리로서, 그 지급을 구하는 소송은 행정소송법의 당사자소송에 해당하며, 그 법률관계의 당사자인 국가를 상대로 제기하여야 한다(대판 2016.5.24. 2013두14863).

선지 분석

② 고용보험 및 산업재해보상보험의 보험료징수 등에 관한 법률 제4조, 제16조의2, 제17조, 제19조, 제23조의 각 규정에 의하면, 사업주가 당연가입자가 되는 고용보험 및 산재보험에서 보험료 납부의무 부존재확인의 소는 공법상의 법률관계 자체를 다투는 소송으로서 공법상 당사자소송이다(대판 2016.10.13. 2016다221658).

③ 토지수용법 제75조의2 제2항의 규정은 그 제1항에 의하여 이의재결에 대하여 불복하는 행정소송을 제기하는 경우, 이것이 보상금의 증감에 관한 소송인 때에는 이의재결에서 정한 보상금이 증액 변경될 것을 전제로 하여 기업자를 상대로 보상금의 지급을 구하는 공법상의 당사자소송을 규정한 것으로 볼 것이다(대판 1991.11.26. 91누285).

④ 납세의무자에 대한 국가의 부가가치세 환급세액 지급의무는 그 납세의무자로부터 어느 과세기간에 과다하게 거래징수된 세액 상당을 국가가 실제로 납부받았는지와 관계없이 부가가치세법령의 규정에 의하여 직접 발생하는 것으로서, 그 법적 성질은 정의와 공평의 관념에서 수익자와 손실자 사이의 재산상태 조정을 위해 인정되는 부당이득 반환의무가 아니라 부가가치세법령에 의하여 그 존부나 범위가 구체적으로 확정되고 조세 정책적 관점에서 특별히 인정되는 공법상 의무라고 봄이 타당하다. 그렇다면 납세의무자에 대한 국가의 부가가치세 환급세액 지급의무에 대응하는 국가에 대한 납세의무자의 부가가치세 환급세액 지급청구는 민사소송이 아니라 행정소송법 제3조 제2호에 규정된 당사자소송의 절차에 따라야 한다(대판 2013.3.21. 2011다95564 전합).

정답 분석

① 법원행정처장의 거부의사표시는 행정처분이 아니라 공법상의 법률관계의 한쪽 당사자로서 의견을 밝힌 것에 불과하므로, 미지급 명예퇴직수당액의 지급을 구하는 소송은 당사자소송에 의하여야 한다.

정답 분석

③ 소의 변경에 관한 허가결정에 대하여는 즉시항고할 수 있다.

> **행정소송법 제21조 【소의 변경】** ③ 제1항의 규정에 의한 허가결정에 대하여는 즉시항고할 수 있다.

① 행정소송법 제21조 제1항에 대한 옳은 내용이다.

> **제21조【소의 변경】** ① 법원은 취소소송을 당해 처분 등에 관계되는 사무가 귀속하는 국가 또는 공공단체에 대한 당사자소송 또는 취소소송 외의 항고소송으로 변경하는 것이 상당하다고 인정할 때에는 청구의 기초에 변경이 없는 한 사실심의 변론종결시까지 원고의 신청에 의하여 결정으로써 소의 변경을 허가할 수 있다.

② 행정소송법 제21조 제2항에 대한 옳은 내용이다.

> **제21조【소의 변경】** ② 제1항의 규정에 의한 허가를 하는 경우 피고를 달리하게 될 때에는 법원은 새로이 피고로 될 자의 의견을 들어야 한다.

④ 행정소송법 제14조 제5항, 제21조 제4항에 대한 옳은 내용이다.

> **제14조【피고경정】** ⑤ 제1항의 규정에 의한 결정이 있은 때에는 종전의 피고에 대한 소송은 취하된 것으로 본다.
>
> **제21조【소의 변경】** ④ 제1항의 규정에 의한 허가결정에 대하여는 제14조 제2항·제4항 및 제5항의 규정을 준용한다.

---

21 Ⅶ 행정청의 권한 정답 ④

정답 분석

④ 내부위임이나 대리권을 수여받은 데 불과하여 원행정청 명의나 대리관계를 밝히지 아니하고는 그의 명의로 처분 등을 할 권한이 없는 행정청이 권한 없이 그의 명의로 한 처분에 대하여도 처분명의인인 행정청이 피고가 되어야 한다(대판 1994.6.14. 94누1197).

선지 분석

①② 행정권한의 위임은 행정관청이 법률에 따라 특정한 권한을 다른 행정관청에 이전하여 수임관청의 권한으로 행사하도록 하는 것이어서 권한의 법적인 귀속을 변경하는 것이므로 법률이 위임을 허용하고 있는 경우에 한하여 인정된다 할 것이고, 이에 반하여 행정권한의 내부위임은 법률이 위임을 허용하고 있지 아니한 경우에도 행정관청의 내부적인 사무처리의 편의를 도모하기 위하여 그의 보조기관 또는 하급 행정관청으로 하여금 그의 권한을 사실상 행사하게 하는 것이므로, 권한위임의 경우에는 수임관청이 자기의 이름으로 그 권한행사를 할 수 있지만 내부위임의 경우에는 수임관청은 위임관청의 이름으로만 그 권한을 행사할 수 있을 뿐 자기의 이름으로는 그 권한을 행사할 수 없다(대판 1995.11.28. 94누6475).

③ 체납취득세에 대한 압류처분권한은 도지사로부터 시장에게 권한위임된 것이고 시장으로부터 압류처분권한을 내부위임받은 데 불과한 구청장으로서는 시장 명의로 압류처분을 대행처리할 수 있을 뿐이고 자신의 명의로 이를 할 수 없다 할 것이므로 구청장이 자신의 명의로 한 압류처분은 권한 없는 자에 의하여 행하여진 위법무효의 처분이다(대판 1993.5.27. 93누6621).

---

22 Ⅶ 병역법 정답 ②

정답 분석

② 병 및 대체역의 경우 전역이 아닌 면역이 된다.

> **병역법 제72조【병역의무의 종료】** ① 현역·예비역·보충역의 병, 전시근로역 및 대체역의 병역의무는 40세까지로 하고, 예비역·보충역의 장교·준사관 및 부사관의 병역의무는 군인사법에 따른 그 계급의 연령정년이 되는 해까지로 한다.
> ② 제1항에 따른 병역의무기간을 마치면 장교·준사관 및 부사관의 경우는 퇴역이 되고, 병 및 대체역의 경우는 면역이 된다.

선지 분석

① 병역법 제8조에 대한 옳은 내용이다.

> **제8조【병역준비역 편입】** 대한민국 국민인 남성은 18세부터 병역준비역에 편입된다.

③ 병역법 제12조의2 제1항에 대한 옳은 내용이다.

> **제12조의2【군의관의 파견】** ① 병무청장은 병역판정검사전담의사와 병역판정검사전문의사만으로 신체검사업무 등을 수행하기 어렵다고 인정하는 경우 신체검사업무 등에 필요한 군의관의 파견을 국방부장관에게 요청할 수 있다.

④ 병역법 제77조 제1항에 대한 옳은 내용이다.

> **제77조【병무행정의 주관】** ① 징집·소집과 그 밖의 병무행정은 병무청장이 관장한다.

---

23 Ⅶ 공무원 정답 ①

정답 분석

① 과거에 이미 종결된 법률관계를 새로이 평가하는 것이 아니므로 소급입법에 의한 재산권 침해가 될 수 없다.

> **관련 판례**
>
> 퇴직연금수급권의 기초가 되는 급여의 사유가 이미 발생한 후에 그 퇴직연금수급권을 대상으로 하지만, 이미 발생하여 이행기에 도달한 퇴직연금수급권의 내용을 변경함이 없이 장래 이행기가 도래하는 퇴직연금수급권의 내용만을 변경하는 것에 불과하여, 이미 완성 또는 종료된 과거 사실 또는 법률관계에 새로운 법률을 소급적으로 적용하여 과거를 법적으로 새로이 평가하는 것이 아니므로 소급입법에 의한 재산권 침해가 될 수 없고, 위 헌법불합치 결정에 따라 개선입법이 이루어질 것을 충분히 예상할 수 있으므로 개선입법 후 비로소 이행기가 도래하는 퇴직연금수급권에 대해서까지 급여제한처분이 없으리라는 신뢰가 합리적이고 정당한 것이라고 보기 어려워 甲의 신뢰보호를 위하여 신법의 적용을 제한할 여지가 없음에도, 신법 시행 전에 지급사유가 발생한 퇴직연금수급권에 관해서는 신법 시행 이후에 이행기가 도래

하는 부분의 급여에 대하여도 지급을 제한할 수 없다고 보아 위 처분이 위법하다고 본 원심판결에 법리오해의 위법이 있다(대판 2014.4.24. 2013두26552).

② 구 국가공무원법 제69조에서 규정하고 있는 당연퇴직제도는 같은 법 제33조 제1항 각 호에 규정되어 있는 결격사유가 발생하는 것 자체에 의하여 임용권자의 의사표시 없이 결격사유에 해당하게 된 시점에 당연히 그 공무원으로서의 신분을 상실하게 하는 것이고, 당연퇴직의 효력이 생긴 후에 당연퇴직사유가 소멸한다는 것은 있을 수 없으므로, 국가공무원이 금고 이상의 형의 집행유예를 받은 경우에는 그 이후 형법 제65조에 따라 형의 선고의 효력을 잃게 되었다 하더라도 이미 발생한 당연퇴직의 효력에는 영향이 없다(대판 2011.3.24. 2009다27605).

③ 공무원연금법에 의한 퇴직연금 등은 적법한 공무원으로서의 신분을 취득하여 근무하다가 퇴직하는 경우에 지급되는 것이고, 당연무효인 임용결격자에 대한 임용행위에 의하여서는 공무원의 신분을 취득할 수 없는 것이므로, 임용결격자가 공무원으로 임용되어 사실상 근무하여 왔고 또 공무원연금제도가 공무원의 재직 중의 성실한 복무에 대한 공로보상적 성격과 사회보장적 기능을 가지고 있다고 하더라도, 적법한 공무원으로서의 신분을 취득하지 못한 자로서는 공무원연금법 소정의 퇴직연금을 청구할 수 없다(대판 1995.9.29. 95누7833).

④ 그 처분의 하자가 당사자의 사실은폐나 기타 사위의 방법에 의한 신청행위에 기인한 것이라면 당사자는 그 처분에 의한 이익이 위법하게 취득되었음을 알아 그 취소가능성도 예상하고 있었다고 할 것이므로 그 자신이 위 처분에 관한 신뢰이익을 원용할 수 없음은 물론 행정청이 이를 고려하지 아니하였다고 하여도 재량권의 남용이 되지 않는다. … 허위의 고등학교 졸업증명서를 제출하는 사위의 방법에 의한 하사관 지원의 하자를 이유로 하사관 임용일로부터 33년이 경과한 후에 행정청이 행한 하사관 및 준사관 임용취소처분이 적법하다(대판 2002.2.5. 2001두5286).

24 Ⅲ 정보공개   정답 ④

④ 공공기관의 정보공개에 관한 법률 제6조의2에 대한 옳은 내용이다.

> 제6조의2 【정보공개 담당자의 의무】 공공기관의 정보공개 담당자(정보공개 청구 대상 정보와 관련된 업무 담당자를 포함한다)는 정보공개 업무를 성실하게 수행하여야 하며, 공개 여부의 자의적인 결정, 고의적인 처리 지연 또는 위법한 공개 거부 및 회피 등 부당한 행위를 하여서는 아니 된다.

① 위원회는 지방자치단체가 아닌 국가기관의 일종이라고 볼 수 있다.

> 동법 제2조 【정의】 이 법에서 사용하는 용어의 뜻은 다음과 같다.
> 3. "공공기관"이란 다음 각 목의 기관을 말한다.
>   가. 국가기관
>   1) 국회, 법원, 헌법재판소, 중앙선거관리위원회
>   2) 중앙행정기관(대통령 소속 기관과 국무총리 소속 기관을 포함한다) 및 그 소속 기관

>   3) 행정기관 소속 위원회의 설치·운영에 관한 법률에 따른 위원회

② 직무를 수행한 공무원의 성명과 직위에 대한 정보는 비공개 대상 정보에서 제외된다.

> 동법 제9조 【비공개 대상 정보】 ① 공공기관이 보유·관리하는 정보는 공개 대상이 된다. 다만, 다음 각 호의 어느 하나에 해당하는 정보는 공개하지 아니할 수 있다.
> 6. 해당 정보에 포함되어 있는 성명·주민등록번호 등 개인정보 보호법 제2조 제1호에 따른 개인정보로서 공개될 경우 사생활의 비밀 또는 자유를 침해할 우려가 있다고 인정되는 정보. 다만, 다음 각 목에 열거한 사항은 제외한다.
>   라. 직무를 수행한 공무원의 성명·직위

③ 15일이 아닌 10일 이내에 공개 여부를 결정하여야 한다.

> 동법 제11조 【정보공개 여부의 결정】 ① 공공기관은 제10조에 따라 정보공개의 청구를 받으면 그 청구를 받은 날부터 10일 이내에 공개 여부를 결정하여야 한다.

25 Ⅱ 통지   정답 ③

③ 국가가 공무원임용결격사유가 있는 자에 대하여 결격사유가 있는 것을 알지 못하고 공무원으로 임용하였다가 사후에 결격사유가 있는 자임을 발견하고 공무원 임용행위를 취소하는 것은 당사자에게 원래의 임용행위가 당초부터 당연무효이었음을 통지하여 확인시켜 주는 행위에 지나지 아니하는 것이므로, 그러한 의미에서 당초의 임용처분을 취소함에 있어서는 신의칙 내지 신뢰의 원칙을 적용할 수 없고 또 그러한 의미의 취소권은 시효로 소멸하는 것도 아니다(대판 1987.4.14. 86누459).

① 국가공무원법 제74조에 의하면 공무원이 소정의 정년에 달하면 그 사실에 대한 효과로서 공무담임권이 소멸되어 당연히 퇴직되고 따로 그에 대한 행정처분이 행하여져야 비로소 퇴직되는 것은 아니라 할 것이며 피고(영주지방철도청장)의 원고에 대한 정년퇴직 발령은 정년퇴직 사실을 알리는 이른바 관념의 통지에 불과하므로 행정소송의 대상이 되지 아니한다(대판 1983.2.8. 81누263).

② 국가보훈처장의 원고에 대한 이 사건 서훈취소통보는 상대방 또는 기타 관계자들의 법률상 지위에 직접적인 법률적 변동을 일으키지 아니하는 행위로 항고소송의 대상이 될 수 없는 사실상의 통지에 해당한다(대판 2015.4.23. 2012두26920).

④ 소득금액변동통지는 원천징수의무자인 법인의 납세의무에 직접 영향을 미치는 과세관청의 행위로서, 항고소송의 대상이 되는 조세행정처분이라고 봄이 상당하다(대판 2006.4.20. 2002두1878 전합).

01 Ⅰ 행태론

정답 ④

정답 분석

④ 행태론은 인간의 사고나 의식은 그가 속한 집단의 특성에 따라 결정되지 않고 각자 다르다는 방법론적 개체주의에 입각해 있다.

선지 분석

① 행태론의 사이먼(Simon)은 고전적 원리를 경험적 검증을 거치지 않은 격언에 불과하다고 비판하며, 이론이나 법칙의 성립은 엄격한 경험적 검증을 거쳐야 한다고 주장한다.

② 행태론은 행정의 본질을 의사결정으로 보면서도, 과학적·경험적 연구는 주관인인 가치나 의식이 배제되어야 한다고 본다.

③ 행태론은 규범적 연구를 거부하고 자연과학적 방법을 활용하여, 가설은 연역적으로 도출하고 검증은 귀납적으로 실시한다.

02 Ⅲ 거시조직이론

정답 ①

정답 분석

① 공동체생태학이론은 조직관리자들 간의 공동전략에 의한 능동적인 환경관리과정을 설명한다. 따라서 환경을 조직이 능동적으로 관리해 나간다는 임의론의 입장이다.

선지 분석

② 전략적 선택이론에 의하면 환경의 영향을 최소화하기 위한 소극적 전략을 완충전략이라고 하며, 이러한 완충전략에는 분류, 비축, 형평화, 성장, 예측 등이 있다.

③ 구조적 상황이론은 개방체제론이나 생태론을 조직이론에 실용화시킨 중범위이론으로서 개별조직이 놓여있는 상황과 조직구조 간의 적합성 여부가 조직성과를 좌우한다는 수동적 이론이다.

④ 윌리엄슨(Williamson)은 조직 내 거래비용을 최소화하기 위해 계층제 정점에 있는 1인이 조정·통합을 하는 U형 조직보다는, 일의 흐름에 따라 조직을 편제하는 M형 조직을 제시하였다.

이것도 알면 합격!

거시조직이론

구분	결정론 (환경 → 조직)	임의론 (자발론, 환경 ⇄ 조직)
개별조직	**체제구조적 관점** 구조적 상황이론 (상황적응이론)	**전략적 선택관점** 전략적 선택이론, 자원의존이론
조직군	**자연적 선택관점** 조직군생태학이론, 조직경제학이론, 제도화이론	**집단적 행동관점** 공동체생태학이론

03 Ⅰ 공공선택론

정답 ③

정답 분석

③ 공공선택론은 공공부문에 경제학적 관점을 도입하는 접근방법이다.

선지 분석

①② 공공선택론은 행정을 공공재의 공급과 소비의 관계로 파악하고 정부는 공공재의 공급자, 국민은 소비자로 규정하여 시장에서처럼 시민이 자신의 선호에 따라 공공재를 선택할 수 있다고 보는 이론이다.

④ 공공선택론은 비시장경제학 또는 신정치경제학이라고도 한다.

04 Ⅴ 품목별예산제도(LIBS)

정답 ②

정답 분석

② 품목별예산제도는 행정부의 재정활동에 신축성을 부여하는 것이 아닌 통제하기 위한 제도이다. 입법부가 행정부의 예산집행을 효율적으로 통제하여 재정민주주의를 실현하기 위한 수단으로 등장하였다.

선지 분석

③ 품목별예산제도는 예산을 단순히 기본단위(인건비, 물건비, 경상이전비 등)인 품목으로만 분류하기 때문에 예산이 국민경제에 미치는 영향을 알기 힘들다.

④ 품목별예산제도는 인원 변동이 명백히 표시되어 있어 정부운영에 필요한 인력자료와 보수(인건비)에 관한 자료를 확보할 수 있다.

05 Ⅴ 예산의 신축성 유지방안

정답 ②

정답 분석

ㄱ. 집행과정에서 재해 등의 이유로 불가피하게 다음 연도로 이월된 경비는 사고이월이다. 명시이월은 세출예산 중, 해당 연도 내에서 그 지출을 끝내지 못할 것이 예측될 때에 미리 국회의 승인을 얻어 다음 연도에 사용할 수 있도록 하는 것이다.

ㄴ. 예산의 전용은 국회의 승인 없이 기획재정부장관의 승인을 얻으면 된다. 반면 예산의 이용을 위해서는 미리 국회의 승인을 받아야 한다.

ㄹ. 수년에 걸쳐 완공을 요하는 공사나 제조 및 연구개발 사업에 대해 경비의 총액과 연부액을 정하여 미리 국회의 의결을 얻어 수년에 걸쳐 지출할 수 있는 경비는 계속비이다. 예비비는 예측할 수 없는 예산 외의 지출에 충당하기 위해 예산에 계상되는 것을 말하며, 일반회계 예산총액의 1% 이내로 편성한다.

선지 분석

ㄷ. 총괄예산제도는 예산의 총액만 결정하고 예산의 구체적인 용도를 제한하지 않아, 신축적인 집행을 인정하는 예산제도이다.

ㅁ. 이체는 정부조직에 관한 법령의 제정·개정·폐지 등으로 그 직무의 권한에 변동이 있을 때 관련되는 예산의 귀속을 변경시키는 것으로, 책임소관만 변경될 뿐 사용목적과 금액은 변하지 않는다.

정답 분석

③ 특별회계는 국가에서 특정한 사업을 운영하고자 할 때, 특정한 자금을 보유하여 운영하고자 할 때, 특정한 세입으로 특정한 세출에 충당함으로써 일반회계와 구분하여 계리할 필요가 있을 때에 법률로써 설치한다(국가재정법 제4조 제3항).

선지 분석

① 공무원의 보수 인상을 위한 인건비 충당을 위해서는 예비비의 사용목적을 지정할 수 없다(국가재정법 제22조 제2항).

② 기획재정부장관은 국가회계법에서 정하는 바에 따라 회계연도마다 중앙관서 결산보고서를 통합하여 국가의 결산보고서를 작성한 후 대통령의 승인을 받은 국가결산보고서를 다음 연도 4월 10일까지 감사원에 제출하여야 한다(국가재정법 제59조).

④ 국가가 현물로 출자하는 경우와 외국차관을 도입하여 전대하는 경우에는 이를 세입세출예산 외로 처리할 수 있다(국가재정법 제53조 제2항).

관련 법령

국가재정법상 국가재정운영

제4조【회계구분】① 국가의 회계는 일반회계와 특별회계로 구분한다.

③ 특별회계는 국가에서 특정한 사업을 운영하고자 할 때, 특정한 자금을 보유하여 운용하고자 할 때, 특정한 세입으로 특정한 세출에 충당함으로써 일반회계와 구분하여 회계처리할 필요가 있을 때에 법률로써 설치한다.

제22조【예비비】① 정부는 예측할 수 없는 예산 외의 지출 또는 예산초과지출에 충당하기 위하여 일반회계 예산총액의 100분의 1 이내의 금액을 예비비로 세입세출예산에 계상할 수 있다. 다만, 예산총칙 등에 따라 미리 사용목적을 지정해 놓은 예비비는 본문에도 불구하고 별도로 세입세출예산에 계상할 수 있다.

② 제1항 단서에도 불구하고 공무원의 보수 인상을 위한 인건비 충당을 위하여는 예비비의 사용목적을 지정할 수 없다.

정답 분석

② 중앙행정기관은 국가의 행정사무를 담당하기 위하여 설치된 행정기관으로서, 그 관할권의 범위가 전국에 미치며 설치와 직무범위는 법률로써 정한다. 부·처·청에 해당하는 단독제 중앙행정기관과 위원회 등의 합의제 중앙행정기관이 있다. 행정중심복합도시건설청과 새만금개발청은 중앙행정기관이다.

선지 분석

① 감사원은 회계검사와 직무감찰, 결산확인 및 결산검사, 결과보고 등의 업무를 수행하는 대통령 직속기관이다.

③ 행정각부의 장은 국무총리의 제청으로 대통령이 임명한다.

④ 국가안전보장회의는 국가안전보장에 대한 대통령 자문기구로서 필수적 기구이다. 국가안전보장에 관련되는 대외정책·군사정책과 국내정책의 수립에 관하여 국무회의의 심의에 앞서 대통령의 자문에 응하기 위하여 국가안전보장회의를 둔다(헌법 제91조 제1항).

정답 분석

④ 기업형 정부는 서비스를 수요자에게 직접적으로 공급하기보다는 이용할 수 있도록 해주는 것(empowering)을 지향한다.

선지 분석

① 기업형 정부는 사고의 사후적 치료가 아닌 사전적 예측과 예방을 중시한다.

② 기업형 정부는 예산을 절약하면 다음 해로 이월시키거나 다른 항목으로 전용할 수 있도록 하여 예산의 절감효과를 기할 수 있다.

③ 기업형 정부는 수직적인 관료제보다는, 분권화를 통한 조직구성원들의 참여와 팀워크를 통해 협의를 하고 네트워크를 형성하는 것을 추구한다.

정답 분석

① 정책평가는 원인을 의미하는 독립변수인 정책수단과, 결과를 의미하는 종속변수인 목표나 효과 간의 인과관계를 검증한다. 나아가 평가결과를 정책에 반영해 정책과정을 개선할 수 있도록 한다.

선지 분석

② 일반적으로 정책평가는 사후적 활동으로 통용되지만, 광의적 의미로는 정책이 제대로 집행되고 있는가를 평가하는 과정평가도 정책평가에 포함된다.

③ 총괄평가는 정책이 이루어진 후에 수행되는 사후평가로, 정책이 당초 의도하였던 목적을 달성하였는지의 여부를 판단한다.

④ 평가성 사정은 본격적인 평가가 실시되기 이전에 평가의 목적을 달성하기 위한 평가의 기능성과 소망성을 검토하는 일종의 예비평가로, 평가를 위한 평가라고도 불린다.

정답 분석

④ 일선관료들은 업무수행을 목표와 연계시켜 평가할 객관적 기준을 정하기 어려우며, 고객집단도 비자발적이어서 관료들의 성과를 평가할 능력이 없고 효과적 통제장치 또한 존재하지 않는다.

선지 분석

① 립스키(Lipsky)에 따르면 일선관료들은 주어진 업무량에 비해 제공되는 인적·물적 자원과 시간 등이 만성적으로 부족한 업무환경에 처한다.

② 일선관료들이 처한 업무상황을 일률적으로 정형화시키기에는 너무 다양하고 복잡하며, 기계적이기보다는 인간적 차원에서 대처하여야 할 상황이 많기 때문에 필연적으로 재량권을 가지게 된다.

③ 일선관료들은 과도한 업무량과 복잡한 직무에 대처하기 위해 업무의 단순화·정형화·관례화를 꾀한다.

11 Ⅶ 우리나라의 지방세제 정답 ①

정답 분석

① 기초자치단체는 목적세를 부과할 수 없다. 목적세는 광역자치단체가 부과하는 세금으로, 지방교육세와 지역자원시설세가 있다.

선지 분석

② 유사·중복 세목이 통폐합되어 현재 보통세 9개와 목적세 2개의 세목으로 간소화되었다.

③ 재산과세 중 거래과세로 분류되는 취득세는 특별시·광역시세, 도세이나 등록면허세는 자치구세, 도세이다.

④ 지방소비세는 특별시·광역시세, 도세이나 지방소득세는 자치구세가 아닌 광역자치단체인 특별시·광역시세이자 기초자치단체인 시·군세이다.

12 Ⅳ 공무원의 징계 정답 ②

정답 분석

② 징계의 종류는 경징계와 중징계로 나눌 수 있으며 경징계에는 견책과 감봉, 중징계에는 정직, 강등, 해임, 파면이 있다. 정직은 공무원의 신분은 보유하나 1~3개월 동안 직무를 정지시키고 보수는 전액을 감하는 중징계이다.

선지 분석

① 공무원에 대한 징계의 사유는 국가공무원법 제78조에 규정되어 있다.

③ 중앙징계위원회는 국무총리 소속하에 설치되어 있고, 보통징계위원회는 각 행정기관에 설치되어 있다.

④ 징계에 대한 불복 시 소청심사위원회에 소청의 제기가 가능하며, 소청심사를 거치지 않고서는 행정소송의 제기가 불가능하다.

관련 법령

국가공무원법상 징계사유

제78조 【징계 사유】 ① 공무원이 다음 각 호의 어느 하나에 해당하면 징계 의결을 요구하여야 하고 그 징계 의결의 결과에 따라 징계처분을 하여야 한다.
1. 이 법 및 이 법에 따른 명령을 위반한 경우
2. 직무상의 의무(다른 법령에서 공무원의 신분으로 인하여 부과된 의무를 포함한다)를 위반하거나 직무를 태만히 한 때
3. 직무의 내외를 불문하고 그 체면 또는 위신을 손상하는 행위를 한 때

제79조 【징계의 종류】 징계는 파면·해임·강등·정직·감봉·견책(譴責)으로 구분한다.

제80조 【징계의 효력】 ① 강등은 1계급 아래로 직급을 내리고 공무원신분은 보유하나 3개월간 직무에 종사하지 못하며 그 기간 중 보수는 전액을 감한다.
③ 정직은 1개월 이상 3개월 이하의 기간으로 하고, 정직 처분을 받은 자는 그 기간 중 공무원의 신분은 보유하나 직무에 종사하지 못하며 보수는 전액을 감한다.
④ 감봉은 1개월 이상 3개월 이하의 기간 동안 보수의 3분의 1을 감한다.

13 Ⅶ 주민투표제도 정답 ③

정답 분석

ㄴ. 지방자치단체의 장이 직권으로 주민투표를 실시하고자 할 경우에는 사전에 지방의회의 동의가 필요하다.

ㄷ. 동일한 사항에 대하여 주민투표가 실시된 후 2년이 경과되지 않은 사항은 주민투표에 부칠 수 없다.

선지 분석

ㄱ. 주민투표법에 의해 행정기구의 설치·변경에 관한 사항은 주민투표에 부칠 수 없다.

ㄹ. 지방의회는 재적의원 과반수 출석과 출석의원 3분의 2 이상의 찬성으로 주민투표를 청구할 수 있다.

관련 법령

주민투표법상 주민투표의 대상

제7조 【주민투표의 대상】 ① 주민에게 과도한 부담을 주거나 중대한 영향을 미치는 지방자치단체의 주요결정사항은 주민투표에 부칠 수 있다.
② 제1항에도 불구하고 다음 각 호의 어느 하나에 해당하는 사항은 주민투표에 부칠 수 없다.
1. 법령에 위반되거나 재판중인 사항
2. 국가 또는 다른 지방자치단체의 권한 또는 사무에 속하는 사항
3. 지방자치단체가 수행하는 다음 각 목의 어느 하나에 해당하는 사무의 처리에 관한 사항
   가. 예산 편성·의결 및 집행
   나. 회계·계약 및 재산관리
3의2. 지방세·사용료·수수료·분담금 등 각종 공과금의 부과 또는 감면에 관한 사항
4. 행정기구의 설치·변경에 관한 사항과 공무원의 인사·정원 등 신분과 보수에 관한 사항
5. 다른 법률에 의하여 주민대표가 직접 의사결정주체로서 참여할 수 있는 공공시설의 설치에 관한 사항. 다만, 제9조 제5항의 규정에 의하여 지방의회가 주민투표의 실시를 청구하는 경우에는 그러하지 아니하다.
6. 동일한 사항(그 사항과 취지가 동일한 경우를 포함한다)에 대하여 주민투표가 실시된 후 2년이 경과되지 아니한 사항

14 Ⅱ 표준운영절차 정답 ②

정답 분석

② 구체적 SOP는 일반적 SOP를 구체화시킨 단기적 행동규칙으로서, 장기적 환류가 아닌 단기적 환류에 의해 변한다.

선지 분석

① 표준운영절차는 업무수행의 기준이 되는 표준적인 규칙이나 절차를 의미한다.

③ 표준운영절차는 조직구성원을 통제하는 기능을 함으로써 단기적인 의사결정에 도움을 준다.

④ 표준운영절차는 전국적으로 동일한 기준을 적용하기 때문에 정책결정자의 재량을 축소하여 공평성을 확보할 수 있다.

일반적 SOP와 구체적 SOP의 비교

일반적 SOP	구체적 SOP
• 장기적 행동규칙으로서 장기적 환류에 의해 서서히 변함 • 불확실성의 회피, 장기적 합리성 도모, 반복적인 업무추진 용이	• 단기적 행동규칙으로서 일반적 SOP를 집행하기 위해 보다 구체화시킨 SOP로, 단기적 환류에 의해 변함 • 기록·보고, 업무수행규칙, 정보처리규칙, 계획과 기획에 관한 규칙 등

15 Ⅰ 정부실패 정답 ④

정답 분석

④ 파생적 외부효과로 인한 정부실패는 정부보조 삭감이나 규제 완화로 대응할 수 있다.

선지 분석

① 정부실패의 원인에는 사적 목표 설정, X-비효율성, 권력 독점, 파생적 외부효과, 비용과 편익의 절연, 수입과 지출의 분리 등이 있다.

② 경쟁의 부재로 인한 조직관리상의 비효율성은 X-비효율성이다. 이는 민영화나 정부보조 삭감, 규제 완화의 방법으로 대응할 수 있다.

③ 사적 목표는 대중에 의해서가 아닌 공무원이 직접 목표를 설정할 때 생기는데, 이는 민영화의 방법으로 대응할 수 있다.

이것도 알면 **합격!**

정부실패의 원인과 대응방식

구분	민영화	정부보조 삭감	규제 완화
사적 목표 설정	○		
X-비효율성 (비용체증)	○	○	○
파생적 외부효과		○	○
권력의 편재	○		○

16 Ⅰ 행정학의 발달과정 정답 ④

정답 분석

④ 행정학의 발달과정은 19세기 말에 등장한 행정관리론으로 시작하였으며, 1940년대 과학적 원리접근법을 비판하여 행정행태론이 등장했다. 그 후 행정의 적실성을 강조하며 1960년대에 발전행정론이, 1970년대에 신행정론이 차례로 나타났다.

17 Ⅳ 공직의 분류와 특징 정답 ③

정답 분석

③ 특수경력직공무원은 경력직 이외의 공무원으로 실적주의와 직업공무원제의 획일적 적용을 받지 않지만, 국가공무원법에 규정된 보수와 복무규율의 적용은 받는다.

선지 분석

① 경력직공무원은 실적과 자격에 의해 임용되고 그 신분이 보장되는 공무원을 말한다. 행정일반 또는 기술·연구를 담당하는 일반직공무원과 특정한 분야의 업무를 담당하기 위해 별도의 자격기준에 따라 임용된 특정직으로 나뉜다.

② 특수경력직은 경력직 이외의 공무원으로 실적주의와 직업공무원제의 획일적 적용을 받지 않는 공무원을 말한다. 선거에 의해 취임하거나 국회의 동의에 의하여 임명되는 정무직과 특정한 업무를 담당하기 위하여 별도의 자격기준에 따라 임용되는 별정직으로 나뉜다.

④ 특정직공무원은 법관, 검사, 경찰, 소방, 헌법연구관 등이 있다.

이것도 알면 **합격!**

우리나라 공직의 분류

경력직	일반직	• 일반행정사무 담당 • 행정일반, 기술분야, 연구·지도직공무원
	특정직	• 특수한 업무 • 소방, 경찰, 교육, 외무, 군인, 군무원 등
특수 경력직	정무직	• 선거 또는 정치적 임용 • 국무총리, 장·차관, 국회의원, 지방자치단체의 장, 지방의회의원 등
	별정직	• 별도의 절차로 임용 • 공정성, 기밀성, 신임을 요하는 직위

18 Ⅳ 행정윤리 정답 ③

정답 분석

③ 행정윤리는 공무원이 국민 전체에 봉사자로서 공무를 수행하는 과정이나 신분상 준수해야 할 가치규범 및 행동기준을 뜻한다. 과거에는 의무론적인 경향이 강했으나 최근에는 직접적인 산출과 성과를 지향하는 결정론적 관점도 강조되고 있다. 즉, 행정윤리는 규범성을 가지고 있으나 시대에 따라 공직 및 행정윤리 확보의 방법이나 바람직한 가치판단은 변화하고 있다.

선지 분석

② 공직자의 행정윤리 또는 책임성을 평가하기 위해 고려되는 공무원의 행위에 대한 평가는 결과주의적이며, 동기에 대한 평가는 의무론적이다. 양자는 모두 불완전한 상태이기 때문에 결과주의(consequentialism)와 의무론(deontology)이 균형있게 결합되어야 한다.

④ OECD는 여러 국가들이 직면 중인 정부의 신뢰적자 문제를 해결하기 위해 윤리의 확보를 제시했다. 신뢰적자는 정부의 정당성, 정부조직, 나아가 정책에 대한 불신까지 포함하는 개념이다. 특히 고위공직자의 부패행위 등에 의해 증폭되는데 OECD는 이러한 신뢰의 확보방안으로 윤리 기반, 혹은 이를 기초로 하는 윤리적 정부를 강조하고 있다.

19   Ⅳ   인사제도의 종류   정답 ①

정답 분석

① 폐쇄형 인사제도는 공직에의 신규채용이 최하위 계층에서만 허용되고 실적 중심이 아닌 연공서열 중심으로 인사관리를 하기 때문에 전문행정가가 아닌 일반행정가 중심의 인사체제를 가진다.

선지 분석

② 폐쇄형 인사제도는 주로 계급제와 결합되며 개방형 인사제도는 주로 직위분류제와 결합된다.

③ 폐쇄형 인사제도는 농업사회 전통이 강하고 직업공무원제가 일찍부터 발전한 영국, 독일, 일본 등에서 확립되었다.

④ 개방형 인사제도는 주로 산업사회의 전통이 강하고 직위분류제를 채택하고 있는 미국이나 캐나다 등에서 발달하였다.

🖋️ 이것도 알면 합격!

폐쇄형과 개방형 인사관리의 비교

구분	폐쇄형	개방형
신분	신분보장(법적 보장)	신분 불안정 (임용권자의 재량)
신규임용	최하위직만 허용	전 등급에서 허용
승진임용기준	내부임용	외부임용
임용자격	일반능력	전문능력
직위분류기준	직급: 사람 중심 (능력, 자격, 학력 등)	직위: 직무 중심
채택국가	영국, 독일, 프랑스, 일본 등	미국, 캐나다 등

20   Ⅳ   대표관료제   정답 ④

정답 분석

④ 집단대표·인구비례 등이 중요하고 능력·자격은 2차적 요소로 취급하기 때문에 실적 기준의 적용을 제약하고, 결과적으로 행정의 전문성·객관성·합리성을 저해한다. 대표관료제는 실적주의와 상충되는 인사제도이다.

선지 분석

① 대표관료제는 역차별로 인해 다원주의의 확산보다는 오히려 집단차원의 우대 또는 차별에 따라 집단이기주의를 강화하고, 사회분열을 초래할 위험이 있다.

② 대표관료제의 이론은 소극적 대표가 적극적 대표로 연결되는 것을 가정하고, 정부관료들이 그 출신집단의 가치와 이익을 정책과정에 반영시킬 것이라고 본다. 그러나 실제로는 관료의 가치관·행태의 변화로 피동적 대표성이 능동적 대표성을 보장하지 않는다.

③ 우리나라가 도입하고 있는 대표관료제의 예에 해당한다.

21   Ⅰ   행정의 의의   정답 ②

정답 분석

② 행정이란 '공익목적을 달성하기 위한 공공문제의 해결 및 공공서비스의 생산·분배와 관련된 정부의 제반활동'을 의미한다. 행정에는 정치로서의 권력성과 경영으로서의 관리성이 모두 내포되어 있다.

선지 분석

① 행정의 정의에 대한 설명이다. 행정의 어원인 administer의 개념 속에는 '집행'과 '봉사'의 의미가 담겨있다.

③ 넓은 의미의 행정에는 정부에 의한 공(公)행정과 기업에 의한 사(私)행정이 포함된다.

④ 좁은 의미의 행정에는 공(公)행정만을 의미한다. 공(公)행정은 정부관료제를 중심으로 한 정부와 공무원의 활동으로 정의된다.

22   Ⅲ   조직환경   정답 ③

정답 분석

③ 과업환경은 특정조직의 활동이나 전략 및 의사결정에 직접적으로 영향을 미치는 구체적(매개적, 일차적, 특수적) 환경으로 직접적인 거래관계에 있는 고객, 대상집단, 압력단체 등이 이에 해당한다.

선지 분석

① 고전적 조직이론은 조직을 폐쇄체제로서 인식하여 조직의 내부문제만을 연구하였으나, 체제론 이후의 오늘날 현대 조직이론은 조직을 개방체제로 파악하여 조직과 환경과의 상호관계를 중시한다.

② 일반환경은 모든 조직에 간접적으로 영향을 미치는 넓은 범위의 환경으로 조직의 존립토대가 되는 사회의 일반적인 조건들을 말한다. 정치풍토, 경제(환율, 금리, 유가 등), 사회, 법, 기술적 환경 등이 대표적인 예이다.

④ 셀즈닉(Selznick)의 적응적 흡수에 대한 설명이다. 적응적 흡수는 조직이 그 안정과 존재에 대한 위협을 회피하기 위하여 조직의 상층부에 외부의 위협적 요소를 적극 흡수하는 것을 말한다. 재직관료의 기업체 이사 초빙, 반대자의 영입 등이 적응적 흡수의 예이다.

23   Ⅱ   정책의제설정이론   정답 ③

정답 분석

③ 신엘리트이론을 제시한 바흐라흐(Bachrach)와 바라츠(Baratz)는 엘리트의 이익과 가치에 대한 도전을 억누르고 사멸시켜 버리는 무의사결정론을 설명하였다. 초기에 무의사결정은 정책의제설정과정에서 나타난다고 하였으나, 나중에 이를 수정하여 정책의제설정과정뿐만 아니라 정책결정과 집행·평가 등 정책의 전 과정에서 나타난다고 보았다.

선지 분석

① 다원주의는 사회를 구성하는 집단들 사이에 권력은 동등하게 분산되어 있으며 국가는 그들 간의 세력균형을 그대로 반영해주는 역할에 불과하다고 보기 때문에 사회의 조정결과가 정책에 반영된다고 본다. 사회중심적 접근방법에는 다원주의, 마르크스주의 등이 있다.

② 마르크스주의는 국가는 지배계급의 도구에 불과하다고 보며 권력의 균형이 아닌 권력이 집중되는 과정을 설명한다.

④ 사이먼(Simon)은 인간의 심리적인 측면에 관심을 가지고 미시적 관점에서, 정책결정자의 인지능력상 한계로 인하여 사회의 모든 문제가 정책의제로 채택되지 못한다고 보았다.

24 Ⅵ 롬젝(Romzeck)의 행정책임유형 정답 ②

정답 분석

② 롬젝(Romzeck)은 행정책임의 원천과 통제의 강조에 따라 책임의 유형을 4가지로 나누었다. 법적 책임은 통제의 원천이 외부에 있는 책임으로 입법부·사법부 등과의 관계에서 나타나는 책임유형이다.

선지 분석

① 정치적 책임이란 정치인·고객·일반대중의 필요에 대응해야 할 자율적 책임이다.

③ 계층적 책임은 관료는 상급자의 감독·명령·지시 또는 내부규율을 준수해야 할 비자율적 책임이다.

④ 전문가적 책임은 관료는 전문가로서의 윤리·신념·경험 등의 내재화된 규범에 따라야 할 자율적 책임이다.

25 Ⅰ 공유지의 비극 정답 ②

정답 분석

② 고전적인 시각은 공공재의 사유화를 대안으로 제시하였다. 하딘(Hardin)은 공유지의 재산권 설정을 통해서 비극을 해결할 것을 주장했으며, 지속적인 재생산이 가능하도록 하는 메커니즘이나 규칙 설정이 필요하다고 보았다.

선지 분석

① 현대 시민사회에서는 사회적 자본이나 새로운 제도 등을 통해 공유지의 비극을 해결하려는 노력이 강조되고 있다.

③ 행정국가에서는 정부가 공유자원의 이용을 적절히 제한하였는데, 그 예로는 낚시면허제 등이 있다.

④ 재화의 소유권을 명확히 하는 것은 공유지의 비극에 대한 고전적인 해결방안의 대표적인 예이다.

제2회 실전모의고사

▶ 셀프 체크

권장 풀이 시간	75분(OMR 표기 시간 포함)
실제 풀이 시간	___시 ___분 ~ ___시 ___분
맞힌 답의 개수	___개 / 75개

제2회 실전모의고사
모바일 자동 채점 + 성적 분석 서비스
바로 가기(gosi.Hackers.com)

QR코드를 이용하여 해커스공무원의
'모바일 자동 채점 + 성적 분석 서비스'로 바로 접속하세요!
* 해커스공무원 사이트의 가입자에 한해 이용 가능합니다.

▶ 정답

제1과목 국어

01	②	06	②	11	①	16	①	21	①
02	④	07	②	12	①	17	②	22	③
03	④	08	③	13	③	18	③	23	③
04	②	09	④	14	④	19	②	24	④
05	③	10	③	15	①	20	①	25	②

제2과목 행정법

01	③	06	①	11	③	16	③	21	④
02	②	07	③	12	①	17	③	22	②
03	①	08	④	13	③	18	③	23	④
04	④	09	②	14	③	19	②	24	①
05	②	10	④	15	①	20	①	25	③

제3과목 행정학

01	④	06	③	11	②	16	②	21	③
02	①	07	③	12	②	17	③	22	③
03	①	08	④	13	②	18	③	23	②
04	③	09	③	14	②	19	②	24	①
05	①	10	①	15	④	20	①	25	③

▶ 취약 단원 분석표

제1과목 국어

단원	맞힌 답의 개수
어법	/ 8
비문학	/ 6
문학	/ 7
어휘	/ 3
혼합	/ 1
TOTAL	/ 25

제2과목 행정법

단원	맞힌 답의 개수
Ⅰ 일반론	/ 4
Ⅱ 행정작용	/ 5
Ⅲ 행정과정	/ 3
Ⅳ 실효성 확보수단	/ 4
Ⅴ 손해전보	/ 1
Ⅵ 행정쟁송	/ 5
Ⅶ 행정법각론	/ 3
TOTAL	/ 25

제3과목 행정학

단원	맞힌 답의 개수
Ⅰ 행정학 총설	/ 4
Ⅱ 정책학	/ 6
Ⅲ 행정조직론	/ 3
Ⅳ 인사행정론	/ 4
Ⅴ 재무행정론	/ 4
Ⅵ 지식정보화 사회와 환류론	/ 1
Ⅶ 지방행정론	/ 3
TOTAL	/ 25

01   어법   표준 발음법   정답 ②

정답 설명

② 〈보기〉에서 음의 첨가 현상이 일어나는 것은 ㄱ, ㄷ이므로 답은 ②이다.

ㄱ. 옷 입대[온닙따]: 두 단어를 이어서 한 마디로 발음하는 경우 앞 단어의 끝이 자음이고, 뒤 단어의 첫음절이 '이, 야, 여, 요, 유'일 때, 'ㄴ' 음을 첨가하여 발음하므로 '옷 입다'는 [온닙따]로 발음된다.

ㄷ. 1 연대[일련대]: 두 단어를 이어서 한 마디로 발음하는 경우 앞 단어의 끝이 자음이고, 뒤 단어의 첫음절이 '이, 야, 여, 요, 유'일 때, 'ㄴ' 음이 첨가된다. 이때 'ㄹ' 받침 뒤에 첨가되는 [ㄴ]는 받침 'ㄹ'로 인해 [ㄹ]로 바뀌므로(유음화) '1 연대'는 [일년대 → 일련대]로 발음된다.

오답 분석

ㄴ. 6.25[유기오], ㄹ. 월요일[워료일]: '6.25', '월요일'은 합성어 및 파생어에서 'ㄴ' 음을 첨가하여 발음하지 않는 예외적인 단어에 해당하므로 각각 [유기오], [워료일]로 발음한다.

🔖 **이것도 알면 합격!**

'ㄴ' 음이 첨가되지 않는 경우

「표준 발음법」 제29항에 따르면 합성어 및 파생어에서, 앞이 자음으로 끝나고 뒤가 '이, 야, 여, 요, 유'로 시작하는 경우 'ㄴ' 음을 첨가하여 [니, 냐, 녀, 뇨, 뉴]로 발음해야 한다. 다만, 다음과 같은 단어에서는 'ㄴ(ㄹ)' 소리를 첨가하여 발음하지 않는다.

6·25[유기오]	3·1절[사밀쩔]	8·15[파리로]
송별연[송:벼련]	등용문[등용문]	절약[저략]
월요일[워료일]	목요일[모교일]	금요일[그묘일]

02   문학   작품에 대한 지식 (고대 가요)   정답 ④

정답 설명

④ 제시된 작품의 1, 2구에서는 자연물을 묘사하고 3, 4구에서는 화자의 감정이나 생각을 보여 주는 선경 후정의 시상 전개 방식이 사용되고 있다. 그러나 제시된 작품은 임을 잃은 슬픔과 고독한 심정을 노래한 개인적 서정시이므로, 시적 화자가 신화적 성격을 지닌 인물이라고 볼 수 없다. 따라서 정답은 ④이다.

🔖 **이것도 알면 합격!**

유리왕, '황조가(黃鳥歌)'

1. 주제: 사랑하는 임을 잃은 것에 대한 슬픔과 외로움

2. 갈래: 고대 가요, 한역 시가

3. 특징

(1) 현전하는 최고(最古)의 개인적 서정시임

(2) 자연물인 꾀꼬리의 처지와 화자의 처지를 대조하여 임을 잃은 슬픈 심정을 우의(寓意)적으로 표현함

(3) 주술성, 제의성이 강한 집단적 의식요에서 개인적 갈등과 정서를 노래하는 서정시로 넘어가는 과도기적 작품임

03   어휘   고유어   정답 ④

정답 설명

④ '늘비하다'는 '질서 없이 여기저기 많이 늘어서 있거나 놓여 있다'를 뜻하므로 '가지런하게 줄지어 늘어서게 하다'를 뜻하는 '정렬하다'와 어울리지 않는다. 따라서 밑줄 친 어휘가 잘못 쓰인 것은 ④이다.

오답 분석

① 자못: 생각보다 매우

② 너름새: 너그럽고 시원스럽게 말로 떠벌려서 일을 주선하는 솜씨

③ 올차다: 허술한 데가 없이 야무지고 기운차다.

04   비문학   내용 추론   정답 ②

정답 설명

② 4문단에서 엣지 컴퓨팅은 실시간 대응과 같은 기술이 강조됨을 언급하며, 이러한 기술이 자율 주행 자동차에 도입되면 그 안전성이 한층 강화될 것임을 설명하고 있다. 따라서 엣지 컴퓨팅은 실시간 대응이 가능하므로 자율 주행 자동차 운행 시 돌발 상황이 발생한다면 신속한 대응이 가능함을 추론할 수 있다.

오답 분석

① 2문단 1~4번째 줄에서 엣지 컴퓨팅이 IoT 기기와 가까운 주변이나 기기 내의 다른 주변부로 연산 기능을 분산하여 과부하 문제를 보완함을 설명하고 있다. 그러나 IoT 기기끼리 근접하게 위치하면 엣지 컴퓨팅 기술이 효과적으로 기능하는지는 추론할 수 없다.

[관련 부분] 엣지 컴퓨팅은 클라우드 컴퓨팅에서 발생할 수 있는 과부하 문제를 보완할 수 있도록 IoT 기기와 가까운 주변이나 기기 내의 다른 주변부(Edge)로 연산 기능을 분산시키는 기술이다.

③ 3문단 끝에서 1~4번째 줄을 통해 엣지 컴퓨팅은 엣지에서 모든 데이터 처리가 이루어져 해킹이 일어나도 정보 유출의 위험성이 적다는 것을 설명하고 있으나, 이를 통해 엣지에서 데이터 정보가 바로 삭제되는지는 추론할 수 없다.

[관련 부분] 데이터 처리 방식도 중앙 데이터 센터를 거치지 않고 엣지에서 데이터 수집과 연산, 처리를 끝내는 방식이므로 해킹을 당한다고 해도 정보 유출의 위험성을 줄일 수 있다.

④ 1문단 끝에서 1~5번째 줄을 통해 중앙의 데이터 센터에서 처리가 가능한 데이터의 양의 한계로 인해 엣지 컴퓨팅이 클라우드 컴퓨팅에 대한 해결책으로 부상하였음을 알 수 있으나, 데이터를 종류별로 분류하여 센터에 전달했을 때 클라우드 컴퓨팅이 엣지 컴퓨팅보다 빠르게 처리할 수 있는지는 추론할 수 없다.

[관련 부분] 클라우드 컴퓨팅은 수집한 데이터를 모아 중앙의 데이터 센터에서 처리하는데, 센터에서 처리할 수 있는 데이터 양에 한계가 있어 신속한 처리가 어려워진 것이다. ~ 이에 대한 해결책으로 엣지 컴퓨팅(Edge computing)이 부상하고 있다.

---

05 문학 작품에 대한 지식 (소설) 정답 ③

정답 설명

③ 〈보기〉에 제시된 소설의 시대적 배경을 시간 순으로 바르게 나열한 것은 ③ 'ㄹ → ㄴ → ㄱ → ㄷ'이다.

〈보기〉		시대적 배경 및 작품 설명
ㄹ	현진건, 「술 권하는 사회」	1920년대 일제 강점기의 혼란한 사회를 살아가는 지식인의 고뇌를 그려낸 작품이다.
ㄴ	채만식, 「레디메이드 인생」	1930년대 식민지 사회를 살아가는 지식인의 고통과 어두운 현실을 제목을 통해 직접적으로 드러낸 작품이다.
ㄱ	오상원, 「유예」	1950년대 6.25 전쟁 당시 인간이 겪는 고뇌와 전쟁의 비극성을 그려낸 작품이다.
ㄷ	황석영, 「삼포 가는 길」	1970년대 산업화 과정에서 고향을 잃고 떠도는 소외된 사람들의 애환을 그려낸 작품이다.

---

06 문학 갈래에 대한 지식 (가사) 정답 ②

정답 설명

② 〈보기〉는 가사에 대한 설명으로, 가사에 해당하는 작품은 ②이다.
- **만분가**: 조선 초기의 문신 조위가 지은 가사로, 조선 시대 유배 가사의 효시이다. 임과 이별한 여성을 화자로 설정하여 귀양살이의 억울한 심정과 임금에 대한 그리움을 노래한 작품이다.

오답 분석

① '정석가': 작자 미상의 고려 가요로, 불가능한 상황을 전제로 하여 임에 대한 영원한 사랑을 노래하는 작품이다.

③ '신도가': 조선 초기에 정도전이 지은 악장으로, 조선의 개국과 새 도읍을 찬양하기 위해 지은 작품이다.

④ '오륜가': 조건 명종 때 주세붕이 지은 연시조로, 삼강오륜의 유교 사상을 노래한 교훈적인 작품이다.

고려 가요, 악장, 연시조의 특징

갈래	특징
고려 가요	고려 시대 평민들이 주로 부르던 노래로, '고려 속요(俗謠)' 또는 '여요(麗謠)'라고도 함. 3음보를 기본으로, 주로 남녀 간의 사랑, 이별의 안타까움 등 평민들의 감정과 정서가 진술하게 표출됨 예 동동, 만전춘, 가시리 등
악장	왕의 행차나 궁중의 여러 의식과 연례에 사용되던 음악의 가사로, 조선 초기에만 나타나는 독특한 문학 양식임. 새로운 왕조인 조선에 대한 송축과 임금의 만수무강 등을 노래하였고 주로 궁중에서만 향유되었음 예 용비어천가, 월인천강지곡, 납씨가 등
연시조	조선 후기 주로 사대부의 서정을 일정한 형식 속에 담아내는 평시조가 중첩되어 발전한 형식으로, 3장 6구 45자 내외의 기본형이 여러 연에 걸쳐 제시됨 예 오륜가, 어부가, 도산십이곡, 매화사 등

---

07 어법 의미 (다의어의 의미) 정답 ②

정답 설명

② 〈보기〉의 '밝다'는 '분위기, 표정 등이 환하고 좋아 보이거나 그렇게 느껴지는 데가 있다'라는 의미로, 이와 문맥적 의미가 가장 가까운 것은 ② '그녀의 밝은 목소리에 활기가 돌았다'의 '밝다'이다.

오답 분석

① 그는 항상 인사성이 밝았다: 이때 '밝다'는 '생각이나 태도가 분명하고 바르다'를 뜻한다.

③ 앞으로 우리 회사의 전망이 매우 밝겠는데?: 이때 '밝다'는 '예측되는 미래 상황이 긍정적이고 좋다'를 뜻한다.

④ 그는 어릴 때부터 세상 물정에 밝다는 소리를 들었다: 이때 '밝다'는 '어떤 일에 대해 잘 알아 막히는 데가 없다'를 뜻한다.

---

08 문학 시어의 의미 정답 ③

정답 설명

③ 제시된 작품은 어두운 이미지와 밝은 이미지의 대비를 통해 화자가 처한 혼란한 상황과 소망하는 세상을 드러내고 있다. 이때 ⓒ '하늘'은 화자가 소망하던 '광복을 맞은 조국'을 의미하므로 밝은 이미지의 시어이다. 반면에 ㉠ '밤', ㉡ '헐어진 성터'는 일제 강점기의 어두운 현실과 국권을 빼앗긴 조국을 뜻하고, ㉣ '겨울밤'은 광복 후 혼란스러운 조국의 상황을 의미하므로 어두운 이미지의 시어이다. 따라서 나머지 셋과 성격이 가장 다른 하나는 ③이다.

신석정, '꽃덤불'

1. 주제: 광복의 기쁨과 광복 직후 새로운 민족 국가 건설의 소망

2. 특징
   (1) 시간의 흐름에 따라 시상을 전개함
   (2) 유사한 문장 구조를 통해 운율을 구성함
   (3) 밝음과 어둠의 대립적인 이미지를 통해 주제를 형성함

3. 시어의 상징적 의미

	태양을 등진 곳, 밤	일제 강점기의 암담한 현실
어둠	헐어진 성터	일제에 국권을 상실한 조국
	겨울밤	광복 직후 좌우익 대립으로 인한 혼란스러운 현실
		⇕
	태양	조국의 주권 회복과 광복
밝음	하늘	광복을 맞이한 조국
	봄, 꽃덤불	민족 화합이 이루어진 완전한 광복

---

09 비문학 논지 전개 방식 정답 ④

④ 밑줄 친 부분에서는 수피교도들이 커피를 마시게 된 원인으로 '각성 효과'와 '식욕 억제 특성'을 언급하고 있다. 이처럼 어떤 결과를 가져온 원인과 그로 인해 초래된 결과에 초점을 두어 진술하는 설명 방식은 '인과'이므로 답은 ④이다.

① 분류: 어떤 대상이나 생각들을 비슷한 특성에 따라 나누어 진술하는 방식으로, 하위 항목을 상위 항목으로 묶어 나가는 설명 방식

② 분석: 하나의 관념이나 대상을 특정 구성 요소로 나누어 진술하는 설명 방식

③ 서사: 일정한 시간 내에 일어나는 일련의 행동이나, 시간의 흐름에 따라 전개되는 사건에 초점을 두어 진술하는 설명 방식

---

10 어법 한글 맞춤법 (맞춤법에 맞는 표기) 정답 ③

③ 아빠의 눈에 띄여(×) → 아빠의 눈에 띄어/뜨여(○): '뜨다'의 어간 '뜨-'에 피동 접미사 '-이-'가 결합하여 '띄-'로 줄여 쓸 수 있다. 이때 어간 '뜨-' 뒤에 피동 접미사 '-이-'와 연결 어미 '-어'로 구성된 '-이어'가 하나의 음절로 줄어든 '-여'가 결합하는 것도 인정한다. 따라서 '뜨이어'는 '띄어'와 '뜨여' 두 형태를 모두 준말로 인정하나, 중복해서 줄여 쓰는 '띄여'의 형태는 인정하지 않으므로 정답은 ③이다.

---

① 오자가 눈에 띄어(○): '뜨다'의 어간 '뜨-'에 피동 접미사 '-이-'가 결합하여 '띄-'로 줄어든 형태에 연결 어미 '-어'가 결합한 것이다.

② 책이 눈에 뜨이어(○): '뜨다'의 어간 '뜨-'에 피동 접미사 '-이-'와 연결 어미 '-어'가 줄어들지 않고 그대로 결합한 형태이다.

④ 가끔 눈에 뜨여(○): '뜨다'의 어간 '뜨-'에 '-이어'가 하나의 음절로 줄어든 '-여'가 결합한 형태이다.

---

11 문학 갈래에 대한 지식 (소설) 정답 ①

① 〈보기〉는 '개인의 내면적 갈등'에 대한 설명이다. '개인의 내면적 갈등'은 한 인물의 내면에서 두 개 이상의 생각이나 욕구가 충돌하여 대립이 일어나는 갈등 양상을 말하며, '내적 갈등'이라고도 한다.

소설의 갈등

인물이 가지고 있는 두 개 이상의 욕구나 정서가 서로 원하는 방향이 달라 충돌을 일으키는 상태를 말한다.

	내적 갈등	한 인물 내부에서 서로 반대되는 두 가지 욕구가 대립하는 갈등 예 현진건, '운수 좋은 날'에서 돈을 더 벌고 싶은 욕구와 병든 아내를 위해 집에 일찍 들어가야 한다는 욕구 사이에서 내적 갈등을 겪는 '김 첨지'
외적 갈등	개인과 개인의 갈등	개인 간의 성격이나 가치관이 대립하면서 겪는 갈등 예 김유정, '봄·봄'에서 빨리 점순과 성례를 치르고 싶은 '나'와 성례를 미루려는 '장인'
	개인과 사회의 갈등	개인과 그가 살고 있는 사회 관습, 제도와 대립하면서 겪는 갈등 예 조세희, '난쟁이가 쏘아 올린 작은 공'에서 도시 재개발 사업이 한창인 사회와 그로 인해 집이 없어진 소외 계층 '난쟁이 일가'
	개인과 자연의 갈등	개인과 자연 환경이 대립하여 겪는 갈등 예 헤밍웨이, '노인과 바다'에서 청새치를 두고 싸우는 상어 떼와 노인 '산티아고'
	개인과 운명의 갈등	개인과 그에게 주어진 운명과 대립하여 겪는 갈등 예 김동리, '역마'에서 고향에 정착하고 싶으나 '역마살'이라는 숙명으로 인해 결국 고향을 떠나는 '성기'

12　문학　시어의 의미　정답 ①

정답 설명

① '잠 싸간'은 '잠을 따간', 즉 '잠을 빼앗아 간'이라는 뜻이므로 의미가 적절하지 않은 것은 ①이다.

> 지문 풀이
>
> 비 오다가 날이 개어 아 눈이 많이 내린 날에
> 서리어 있는 나무 숲 좁은 굽어 도는 길에
> 다롱디우셔 마득사리 마득너즈세 너우지
> ㉠ 잠을 빼앗아 간 임을 생각하지만
> 그이는 그런 무서운 길(밝기 시작한 길)에 자러 오겠습니까?
> (만약 임을 버리고 다른 사람을 택하면)
> 때때로 벼락이 쳐서 무간지옥에 떨어져
> ㉡ 바로 ㉢ 죽어 갈 내 몸이
> 때때로 벼락이 쳐서 무간지옥에 떨어져
> 바로 죽어갈 내 몸이
> 내 임을 두고 다른 산을 걷겠습니까
> 이렇게 저렇게
> 이렇게 저렇게 하고자 하는 기약이 있겠습니까?
> 그리 생각하지 마소서, 임이시여, 함께 ㉣ 살고자 하는 기약뿐
> 입니다.
> 　　　　　　　　　　　　　　　　　　　– 작자 미상, '이상곡'

작자 미상, '이상곡'의 주제와 특징

1. 주제: 영원한 사랑의 다짐

2. 특징
   - 영원한 사랑의 다짐을 비유적으로 표현함
   - 불교의 윤회 사상이 드러남
   - 악률을 맞추기 위해 의미 없는 여음을 사용함

13　비문학+어휘　내용 추론, 한자어　정답 ③

정답 설명

③ ㉠~㉢에는 각각 ㉠ '區別', ㉡ '假定', ㉢ '現實'이 들어가야 하므로 답은 ③이다.

- ㉠: 1문단에서는 예술의 사회적 기능이 미적 기능과 결부되어 있기에, 정치나 도덕과 같은 다른 문화적 사상과는 분명한 차이가 있으므로 서로 다르게 이해되어야 한다고 주장한다. 따라서 ㉠에는 '區別(구별)'이 들어가야 한다.
  - 區別(구별: 구분할 구, 나눌/다를 별): 성질이나 종류에 따라 차이가 남. 또는 성질이나 종류에 따라 갈라놓음

- ㉡: ㉡ 뒤에 언급되는 '상상(想像)'을 적절하게 꾸며줄 수 있는 단어가 어울리므로 ㉡에는 '假定(가정)'이 들어가야 한다.
  - 假定(가정: 거짓 가, 정할 정): 사실이 아니거나 또는 사실인지 아닌지 분명하지 않은 것을 임시로 인정함

- ㉢: 예술은 상상의 산물이므로 실제적인 것과 구별되어야 한다는 의미의 단어가 들어가야 한다. 따라서 ㉢에는 '상상'과 반대의 의미를 가진 '現實(현실)'이 들어가야 한다.
  - 現實(현실: 나타날 현, 열매 실): 현재 실제로 존재하는 사실이나 상태

오답 분석

㉠ 離別(이별: 떠날 이, 나눌/다를 별): 서로 갈리어 떨어짐

㉡ 推定(추정: 밀 추, 정할 정): 미루어 생각하여 판정함

㉢ 理想(이상: 다스릴 이, 생각 상): 생각할 수 있는 범위 안에서 가장 완전하다고 여겨지는 상태

14　비문학　세부 내용 파악　정답 ④

정답 설명

④ 2문단 2~5번째 줄을 통해 알 수 있는 내용이므로 답은 ④이다.
[관련 부분] 사람들은 수용자의 의견과 행동에 미치는 대중 매체의 영향력이 자신보다 다른 사람들에게서 더 크게 나타나리라고 믿는 경향이 있다는 것이다.

오답 분석

① 1문단 끝에서 1~3번째 줄을 통해 '제3자 효과'는 대중 매체가 수용자에게 미치는 영향과 관련한 이론임을 알 수 있다.
[관련 부분] 대중 매체가 수용자에게 미치는 영향과 관련한 '제3자 효과(third-person effect)' 이론을

② 4문단 끝에서 1~3번째 줄에서 사람들은 자신은 대중 매체의 영향을 받지 않는다고 생각하지만 다른 사람들이 영향을 받을 것이라고 생각하므로 자신의 태도와 의견도 결국 여론에 의해 결정됨을 설명하고 있다. 이는 여론과 반대되는 의견을 지닌 사람들이 아닌 여론을 형성하는 사람들이 제3자 효과의 영향을 받는다는 것을 의미한다.
[관련 부분] 사람들은 자신은 대중 매체의 전달 내용에 쉽게 영향받지 않는다고 생각하면서도 다른 사람들이 영향받을 것을 고려하여 자신의 태도와 행위를 결정한다.

③ 3문단 2~6번째 줄을 통해 대중 매체가 사회적으로 바람직한 내용을 전달할 때보다 폭력물이나 음란물처럼 유해한 내용을 전달할 때 제3자 효과가 더 크게 나타남을 알 수 있다.
[관련 부분] 대중 매체가 건강 캠페인과 같이 사회적으로 바람직한 내용을 전달할 때보다 폭력물이나 음란물처럼 유해한 내용을 전달할 때, 사람들은 자신보다 다른 사람들에게 미치는 영향력을 더욱 크게 인식한다는 것이다.

15　어법　문장 (문장 성분)　정답 ①

정답 설명

① '물로'는 부사어이고, ②③④는 모두 보어이므로 정답은 ①이다.

- 얼음이 물로 되었다: 이때 '물로'는 '체언+부사격 조사'로 이루어진 부사어이다. 참고로, '되다, 아니다' 앞에 오는 체언에 보격 조사 '이/가'가 붙으면 보어이지만 부사격 조사 '(으)로'가 붙으면 부사어로 처리한다.

②③④는 모두 서술어 '되다, 아니다' 앞에서 '체언+보격 조사' 혹은 '체언+보조사' 구성으로 이루어진 보어이다.

② 그는 나쁜 사람은 아니다: 이때 '사람은'은 명사 '사람'에 강조의 뜻을 나타내는 보조사 '은'이 결합된 구성으로, 서술어 '아니다' 앞에 위치해 보어 역할을 한다.

③ 남동생은 곧 고등학생이 된다: 이때 '고등학생이'는 명사 '고등학생'에 보격 조사 '이'가 결합된 구성으로, 서술어 '되다' 앞에 위치해 보어 역할을 한다.

④ 알고 보니 그는 대학생도 아니었다: 이때 '대학생도'는 명사 '대학생'에 더함의 뜻을 나타내는 보조사 '도'가 결합된 구성으로, 서술어 '아니다' 앞에 위치해 보어 역할을 한다.

---

16 문학 표현상의 특징과 효과 정답 ①

정답 설명

① 〈보기〉는 역설법에 대한 설명으로, 이 표현 방법이 적용된 시구는 ①이다. ①에서 '외로운'과 '눈부심'이라는 이치에 맞지 않는 표현을 함께 사용함으로써 억압된 현실일수록 '네 이름(민주주의)'이 눈부시게 빛날 것임을 강조하고 있음을 확인할 수 있다.

오답 분석

② 대조법: 삶에 대한 의미를 규정하기 위해 '요절'과 '덤'이라는 상반되는 두 시어를 사용하는 대조법이 쓰였다.

③ 반어법: 부정적인 현실에 대한 문제 의식을 드러내기 위해 '보다 긴 말'을 하고 싶어도 이를 '침묵해 다오'라고 반대로 말함으로써 표현이 제한된 시대 분위기를 비판하고 있는 반어법이 쓰였다.

④ • 도치법: 화자의 유리 같은 여린 마음을 강조하기 위해 말의 배열 순서를 일부러 바꿔 표현하는 도치법이 쓰였다.
  • 은유법, 직유법: '내 마음(원관념)'의 여린 속성과 '유리(보조 관념)'를 동일시하여 표현한 은유법과 '내 마음(원관념)'의 잘 흐려지는 속성과 '겨울 한울(보조 관념)'을 연결어 '~처럼'으로 결합해 직접 비유한 직유법이 쓰였다.

---

17 비문학 글의 구조 파악 (접속어의 사용) 정답 ②

정답 설명

② ㉠의 앞뒤 내용이 서로 상반되는 사실을 나타내는 관계이므로 ㉠에는 서로 일치하지 않거나 상반되는 사실을 나타내는 '하지만'과 '그렇지만' 모두 들어갈 수 있다. 또한 ㉡의 뒤 문장이 앞 문장의 내용을 요약하여 다시 말하고 있으므로 ㉡에는 '다시 말하여'의 뜻을 가진 '즉'이 들어가야 한다.

• ㉠ 앞뒤 내용: 동물의 세계에는 학습이 만연해 있으나, 인간은 이미 학습의 단계를 넘어서 탐구의 단계로 들어섬
• ㉡ 앞뒤 내용: 지구상 생명체 중 무언가를 탐구할 수 있는 존재는 오직 인간뿐이며, 다시 말해 인간은 스스로 탐구할 수 있는 능력을 가진 존재로 진화함

이것도 알면 합격!

접속어의 기능

접속어	기능	설명
그리고, 그러므로, 그러니, 그래서	순접	앞의 내용을 이어받아 순조롭게 연결함
그러나, 하지만, 그렇지만	역접	앞의 내용과 반대되거나 일치하지 않는 내용을 연결함
그러므로, 따라서, 그래서	인과	앞과 뒤의 내용을 원인과 결과의 관계로 이음
그리고, 또한, 및	대등	앞과 뒤의 내용을 동등한 자격으로 나열하여 이음
그리고, 아울러, 게다가, 더구나	첨가, 보충	앞의 내용에 새로운 내용을 덧붙이거나 보충함
그런데, 한편, 아무튼	전환	앞의 내용과 다른 생각이나 사실을 서술하여 화제를 바꿈
예를 들면, 예컨대, 이를테면, 가령	예시	앞 내용의 구체적인 예를 듦
요컨대, 즉, 요약하자면, 말하자면, 바꾸어 말하면, 다시 말하면	요약, 환언	앞의 내용을 요약하거나, 말을 바꾸어 다시 말함

---

18 어휘 한자 성어 정답 ③

정답 설명

③ '다기망양(多岐亡羊)'과 '망양지탄(亡羊之嘆)' 모두 학문이나 목표에 도달하기 위한 길이 많아 하나의 진리도 얻기 힘듦을 이르는 말이므로 정답은 ③이다.

• 다기망양(多岐亡羊): '갈림길이 많아 잃어버린 양을 찾지 못한다'라는 뜻으로, 두루 섭렵하기만 하고 전공하는 바가 없어 끝내 성취하지 못함을 이르는 말
• 망양지탄(亡羊之嘆): '갈림길이 매우 많아 잃어버린 양을 찾을 길이 없음을 탄식한다'라는 뜻으로, 학문의 길이 여러 갈래여서 한 갈래의 진리도 얻기 어려움을 이르는 말

오답 분석

① • 조삼모사(朝三暮四): 간사한 꾀로 남을 속여 희롱함을 이르는 말
  • 조변석개(朝變夕改): '아침저녁으로 뜯어 고친다'라는 뜻으로, 계획이나 결정 등을 일관성이 없이 자주 고침을 이르는 말

② • 포의한사(布衣寒士): '베옷을 입은 가난한 선비'라는 뜻으로, 벼슬이 없는 가난한 선비를 이르는 말
  • 포식난의(飽食暖衣): '배부르게 먹고 따뜻하게 입는다'라는 뜻으로, 의식(衣食)이 넉넉하게 지냄을 이르는 말

④ • 환과고독(鰥寡孤獨): 1. 늙어서 아내 없는 사람, 늙어서 남편 없는 사람, 어려서 어버이 없는 사람, 늙어서 자식 없는 사람을 아울러 이르는 말 2. 외롭고 의지할 데 없는 처지
  • 환해풍파(宦海風波): 벼슬살이에서 겪는 온갖 험한 일

19 어법 문장 (서술어의 자릿수) 정답 ②

정답 설명

② '붉다'는 주어(꽃이)만을 필요로 하는 한 자리 서술어인 반면, ①③④의 서술어는 주어 외에 또 하나의 문장 성분을 필요로 하는 두 자리 서술어이므로 정답은 ②이다.

오답 분석

① '닮다'는 '~와(과) 닮다'의 형태로 쓰이므로, 주어(선웅이는)와 필수적 부사어(엄마와)를 모두 필요로 하는 두 자리 서술어이다.

③ '되다'는 '~이(가) 되다'의 형태로 쓰이므로, 주어(현우는)와 보어(아빠가)를 모두 필요로 하는 두 자리 서술어이다.

④ '읽다'는 '~을(를) 읽다'의 형태로 쓰이므로, 주어(수민이가)와 목적어(책을)를 모두 필요로 하는 두 자리 서술어이다.

20 어법 외래어 표기 정답 ①

정답 설명

① 외래어 표기법에 맞지 않는 단어는 '잉글리쉬(English)' 뿐이다.
- 잉글리쉬 English[íŋglíʃ](×) → 잉글리시(○): 'English'의 'sh'는 [ʃ]로 소리나며, 이때 어말의 [ʃ]는 '시'로 적어야 한다.

오답 분석

- 팸플릿 pamphlet[pǽmflət](○): 외래어 표기법에서 [æ]로 소리 나는 것은 모음 'ㅐ'로 적으므로 'pamphlet'은 '팸플릿'으로 표기한다.

- 배트 bat[bæt](○): 짧은 모음 다음의 어말 무성 파열음 [t]는 받침으로 적는 것이 원칙이나, 이미 굳어진 외래어는 관용을 존중하여 적으므로 'bat'는 '배트'로 표기한다.

- 프라이 fry[frai](○): 외래어 표기법에서 'f'는 'ㅍ'으로만 표기하므로 'fry'는 '프라이'로 표기한다.

- 시그널 signal[sígnəl](○): 어말과 모든 자음 앞에 오는 유성 파열음 [g]는 '으'를 붙여 적으므로 'signal'은 '시그널'로 표기한다.

21 비문학 내용 추론 정답 ①

정답 설명

① 1문단 끝에서 1~3번째 줄을 통해 지급 받는 보험금은 사고 발생 조건에 따라 결정됨을 알 수 있다. 따라서 동일한 보험료를 지불했더라도 사고 발생 조건에 따라 보험금이 다르게 지급될 수 있음을 추론할 수 있다.
[관련 부분] 보험금 지급은 사고 발생이라는 우연적 조건에 따라 결정되는데, 이처럼 보험은 조건의 실현 여부에 따라 받을 수 있는 재화나 서비스가 달라지는 조건부 상품이다.

오답 분석

② 1문단 3~4번째 줄을 통해 보험은 장래의 우연한 사고로 인한 손실을 보상하는 상품이므로 손실을 입은 사람의 입장에서 사고의 우연성을 따져야 한다. 따라서 ②의 내용은 추론으로 적절하지 않다.

[관련 부분] 보험 상품을 구입한 사람은 장래의 우연한 사고로 인한 경제적 손실에 대비할 수 있다.

③④ 제시문을 통해 알 수 없는 내용이다.

22 어법 한글 맞춤법 (띄어쓰기) 정답 ③

정답 설명

③ 단음절로 된 단어가 연이어 나타날 때는 띄어 쓰는 것이 원칙이며 붙여 씀도 허용한다. 따라서 '좀∨더∨큰∨것'은 '좀더∨큰것'으로, '이∨말∨저∨말'은 '이말∨저말'로 붙여 쓸 수 있으므로 정답은 ③이다.

오답 분석

① 호나 자 등이 성명 앞에 놓이는 경우, 이름인 고유 명사와는 별개의 단위로 처리하므로 '율곡∨이이', '백범∨김구'와 같이 띄어 써야 한다.

② 성명 이외의 고유 명사는 단어별로 띄어 씀을 원칙으로 하나, 산, 강, 산맥, 평야, 고원의 이름과 같이 굳어진 지명은 띄어 쓰지 않는다. 따라서 '북한산', '개마고원'과 같이 붙여 써야 한다.

④ 두 말을 이어 주거나 열거할 때 쓰이는 말은 앞말과 띄어 쓴다. 따라서 '국장∨겸∨과장', '사과,∨배,∨귤∨등'으로 띄어 써야 한다.

23 어휘 고유어 정답 ③

정답 설명

③ '흰소리'는 '터무니없이 자랑으로 떠벌리거나 거드럭거리며 허풍을 떠는 말'을 뜻한다. 따라서 어휘의 뜻풀이가 바르지 않은 것은 ③이다. 참고로, '상대편의 말을 슬쩍 받아 엉뚱한 말로 재치 있게 넘기는 말'을 뜻하는 어휘는 '신소리'이다.

24 어법 국어의 로마자 표기 정답 ④

정답 설명

④ 왕십리[왕심니] Wangsimni(○): '왕십리'의 발음은 [왕심니]이다. '십'의 받침 'ㅂ' 뒤에서 '리'의 'ㄹ'이 [ㄴ]으로 발음되고, 이때 [ㄴ]으로 인해 받침 'ㅂ'이 [ㅁ]으로 동화되어 발음된다(비음화). 국어의 로마자 표기는 자음 사이에서 동화 작용이 일어나는 경우, 이를 반영하여 적으므로 '왕십리[왕심니]'는 'Wangsimni'로 표기한다.

오답 분석

① 설악[서락] Seolak(×) → Seorak(○): '설악'의 발음은 [서락]이다. 'ㄹ'은 모음 앞에서 'r'로 적으므로 'Seorak'으로 표기해야 한다.

② 잡혀[자펴] japhyeo(×) → japyeo(○): '잡혀'의 발음은 [자펴]이다. '잡'의 받침 'ㅂ'이 뒤의 'ㅎ'와 결합하여 거센소리 [ㅍ]로 축약되어 발음된다. 국어의 로마자 표기는 'ㄱ, ㄷ, ㅅ, ㅈ'이 'ㅎ'과 결합하여 거센소리로 소리 나는 경우, 이를 반영하여 적으므로 'japyeo'로 표기해야 한다. 참고로, 체언에서 받침 'ㄱ, ㄷ, ㅂ' 뒤에 'ㅎ'가 따를 때에는 'ㅎ'를 밝혀 적는다.

③ 호법[호:법] Hobbeop(×) → Hobeop(○): '호법'의 발음은 [호:법]이다. 'ㅂ'은 모음 앞에서 'b'로 적고 자음 앞이나 어말에서는 'p'로 적으므로 'Hobeop'으로 표기해야 한다. 참고로, 국어의 로마자 표기에서 장모음의 표기는 따로 하지 않는다.

25 | 비문학 적용하기 정답 ②

정답 설명

② 1∼3번째 줄을 통해 '양적 연구 방법'은 현상을 수치화하여 측정하며, 그 측정된 값을 통계적으로 분석하는 계량적인 방법임을 알 수 있다. 이러한 '양적 연구 방법'만 사용한 것을 〈보기〉에서 모두 고른 것은 ② 'ㄱ, ㄷ'이다.

- ㄱ: 갑작스러운 상황에서 사람들이 나타내는 반응을 소리의 크기 (dB)로 수치화하여 사람들의 폭력성을 측정하였으므로 양적 연구 방법을 사용한 예에 해당한다.
- ㄷ: 설문 조사를 통하여 학교 폭력 현상을 통계적으로 분석하였으므로 양적 연구 방법을 사용한 예에 해당한다.

오답 분석

- ㄴ: 스마트폰 의존도가 높은 사람과 인터뷰를 진행하여 스마트폰 중독과 우울증의 상관관계를 직관적 통찰로 유추하고자 하였으므로 인간 행위의 동기나 목적, 의미 등을 심층적으로 분석하고자 하는 질적 연구 방법이 사용된 예에 해당한다.
- ㄹ: 20대 청년들을 대상으로 만족도 지수를 1∼10까지의 수치로 나누어 조사하는 양적 연구 방법과 심층 면접을 진행하여 젊은 세대들이 삶에 만족을 느끼는 요인을 확인하는 질적 연구 방법이 모두 사용된 예에 해당한다.

01　Ⅰ 법률유보의 원칙　　　정답 ③

정답 분석

③ 헌법 제75조, 제95조의 문리해석상 및 법리해석상 포괄적인 위임입법의 금지는 법규적 효력을 가지는 행정입법의 제정을 그 주된 대상으로 하고 있다. … 따라서 법률이 정관에 자치법적 사항을 위임한 경우에는 헌법 제75조, 제95조가 정하는 포괄적인 위임입법의 금지는 원칙적으로 적용되지 않는다고 봄이 상당하다(헌재 2006.3.30. 2005헌바31).

선지 분석

① 예산은 일종의 법규범이고 법률과 마찬가지로 국회의 의결을 거쳐 제정되지만 법률과 달리 국가기관만을 구속할 뿐 일반국민을 구속하지 않는다. 국회가 의결한 예산 또는 국회의 예산안 의결은 헌법재판소법 제68조 제1항 소정의 '공권력의 행사'에 해당하지 않고 따라서 헌법소원의 대상이 되지 아니한다(헌재 2006.4.25. 2006헌마409).

② 부관의 사후변경은, 법률에 명문의 규정이 있거나 그 변경이 미리 유보되어 있는 경우 또는 상대방의 동의가 있는 경우에 한하여 허용되는 것이 원칙이지만, 사정변경으로 인하여 당초에 부담을 부가한 목적을 달성할 수 없게 된 경우에도 그 목적달성에 필요한 범위 내에서 예외적으로 허용된다(대판 1997.5.30. 97누2627).

④ 국가사무가 지방자치단체의 장에게 위임된 기관위임사무와 같이 지방자치단체의 장이 국가기관의 지위에서 수행하는 사무일 뿐 지방자치단체 자체의 사무라고 할 수 없는 것은 원칙적으로 자치조례의 제정범위에 속하지 않는다(대판 1999.9.17. 99추30).

02　Ⅰ 행정법의 법원　　　정답 ②

정답 분석

② 가산세는 본세와 함께 부과하면서 세액만 병기하고, 더구나 가산세의 종류가 여러 가지인 경우에도 그 합계액만 표시하는 것이 오랜 과세관행처럼 되어 있었다. 하지만 가산세라고 하여 적법절차 원칙의 법정신을 완화하여 적용할 합당한 근거는 어디에도 없다. … 그러므로 가산세 부과처분이라고 하여 그 종류와 세액의 산출근거 등을 전혀 밝히지 않고 가산세의 합계액만을 기재한 경우에는 그 부과처분은 위법함을 면할 수 없다(대판 2012.10.18. 2010두12347 전합).

선지 분석

① 지방자치단체의 초·중·고등학교에서 실시하는 학교급식을 위해 위 지방자치단체에서 생산되는 우수 농수축산물과 이를 재료로 사용하는 가공식품(이하 '우수농산물'이라고 한다)을 우선적으로 사용하도록 하고 그러한 우수농산물을 사용하는 자를 선별하여 식재료나 식재료 구입비의 일부를 지원하며 지원을 받은 학교는 지원금을 반드시 우수농산물을 구입하는 데 사용하도록 하는 것을 내용으로 하는 위 지방자치단체의 조례안은 내국민대우원칙을 규정한 '1994년 관세 및 무역에 관한 일반협정'에 위반되어 그 효력이 없다(대판 2005.9.9. 2004추10).

③ WTO 협정은 국가와 국가 사이의 권리·의무관계를 설정하는 국제협정으로, 그 내용 및 성질에 비추어 이와 관련한 법적 분쟁은 위 WTO 분쟁해결기구에서 해결하는 것이 원칙이고, 사인(私人)에 대하여는 위 협정의 직접 효력이 미치지 아니한다고 보아야 할 것이므로, 위 협정에 따른 회원국 정부의 반덤핑부과처분이 WTO 협정위반이라는 이유만으로 사인이 직접 국내 법원에 회원국 정부를 상대로 그 처분의 취소를 구하는 소를 제기하거나 위 협정위반을 처분의 독립된 취소사유로 주장할 수는 없다(대판 2009.1.30. 2008두17936).

④ 행정청에 부여된 재량권은 그것이 기속재량의 경우는 물론 자유재량의 경우라도 스스로 지켜야 할 한계가 있고 그 한계는 법의 규정뿐만 아니라 관습법 또는 일반 조리에 의하여 정하여져야 할 것이므로 이와 같은 여러기준에 비추어 심히 부당하다고 인정되는 경우에는 그 재량권행사는 부당하다기 보다는 사법심사의 대상이 되는 위법한 행위가 된다(대판 1985.2.26. 84누588).

03　Ⅰ 행정법의 일반원칙　　　정답 ①

정답 분석

① 대법원도 행정의 자기구속의 원칙을 인정하고 있다.

> **관련 판례**
>
> 재량권 행사의 준칙인 행정규칙이 그 정한 바에 따라 되풀이 시행되어 행정관행이 이루어지게 되면 평등의 원칙이나 신뢰보호의 원칙에 따라 행정기관은 그 상대방에 대한 관계에서 그 규칙에 따라야 할 자기구속을 받게 되므로, 이러한 경우에는 특별한 사정이 없는 한 그를 위반하는 처분은 평등의 원칙이나 신뢰보호의 원칙에 위배되어 재량권을 일탈·남용한 위법한 처분이 된다(대판 2009.12.24. 2009두7967).

> **이것도 알면 합격!**
>
> **행정의 자기구속의 원칙 적용요건**
> 1. 재량성이 인정되는 영역일 것
> 2. 동종의 사안일 것
> 3. 동일한 행정청일 것
> 4. 선례가 존재할 것(다수설, 판례)

선지 분석

② 사회환경이나 경제여건의 변화에 따른 필요성에 의하여 법률은 신축적으로 변할 수밖에 없고, 변경된 새로운 법질서와 기존의 법질서 사이에는 이해관계의 상충이 불가피하므로 국민이 가지는 모든 기대 내지 신뢰가 헌법상 권리로서 보호될 것은 아니고, 보호 여부는 기존의 제도를 신뢰한 자의 신뢰를 보호할 필요성과 새로운 제도를 통해 달성하려고 하는 공익을 비교형량하여 판단하여야 한다(대판 2016.11.9. 2014두3228).

③ 학설과 판례로 정립된 행정법의 일반원칙인 부당결부금지의 원칙은 행정기본법의 제정으로 실정법상 근거 규정이 마련되었다.

> **행정기본법 제13조【부당결부금지의 원칙】** 행정청은 행정작용을 할 때 상대방에게 해당 행정작용과 실질적인 관련이 없는 의무를 부과해서는 아니 된다.

④ 일반적으로 조세 법률관계에서 과세관청의 행위에 대하여 신의성실의 원칙이 적용되기 위하여는 과세관청이 납세자에게 신뢰의 대상이 되는 공적인 견해표명을 하여야 하고, 또한 국세기본법 제18조 제3항에서 말하는 비과세관행이 성립하려면 상당한 기간에 걸쳐 과세를 하지 아니한 객관적 사실이 존재할 뿐만 아니라 과세관청 자신이 그 사항에 관하여 과세할 수 있음을 알면서도 어떤 특별한 사정 때문에 과세하지 않는다는 의사가 있어야 하며 위와 같은 공적 견해나 의사는 명시적 또는 묵시적으로 표시되어야 하지만, 묵시적 표시가 있다고 하기 위하여는 단순한 과세 누락과는 달리 과세관청이 상당기간 불과세 상태에 대하여 과세하지 않겠다는 의사표시를 한 것으로 볼 수 있는 사정이 있어야 하고, 이 경우 특히 과세관청의 의사표시가 일반론적인 견해표명에 불과한 경우에는 위 원칙의 적용을 부정하여야 한다(대판 2001.4.24. 2000두5203).

04   Ⅰ 신뢰보호의 원칙   정답 ④

정답 분석

④ 폐기물관리법령에 의한 폐기물처리업 사업계획에 대한 적정통보와 국토이용관리법령에 의한 국토이용계획변경은 각기 그 제도적 취지와 결정단계에서 고려해야 할 사항들이 다르다는 이유로, 폐기물처리업 사업계획에 대하여 적정통보를 한 것만으로 그 사업부지 토지에 대한 국토이용계획변경신청을 승인하여 주겠다는 취지의 공적인 견해표명을 한 것으로 볼 수 없다(대판 2005.4.28. 2004두8828).

선지 분석

①②③ 소급입법은 새로운 입법으로 이미 종료된 사실관계 또는 법률관계에 적용케 하는 진정소급입법과 현재 진행 중인 사실관계 또는 법률관계에 적용케 하는 부진정소급입법으로 나눌 수 있는데, 이 중에서 기존의 법에 의하여 이미 형성된 개인의 법적 지위를 사후입법을 통하여 박탈하는 것을 내용으로 하는 진정소급입법은 개인의 신뢰보호와 법적 안정성을 내용으로 하는 법치국가 원리에 의하여 허용되지 아니하는 것이 원칙인 데 반하여, 부진정소급입법은 원칙적으로 허용되지만 소급효를 요구하는 공익상의 사유와 신뢰보호를 요구하는 개인보호의 사유 사이의 교량과정에서 그 범위에 제한이 가하여지는 것이다(대판 2014.6.12. 2014다12270).

 이것도 알면 합격!

신뢰보호원칙의 요건

1. 행정청이 개인에 대하여 신뢰의 대상이 되는 공적인 견해표명을 할 것
2. 그 견해표명이 정당하다고 신뢰한 데에 대하여 그 개인에게 귀책사유가 없을 것
3. 그 개인이 그 견해표명을 신뢰하고 이에 상응하는 어떠한 행위를 할 것
4. 공적 견해표명과 사인의 행위에 인과관계가 있을 것
5. 행정청이 그 견해표명에 반하는 처분을 함으로써 그 견해표명을 신뢰한 개인의 이익이 침해되는 결과가 초래될 것
6. 그 견해표명에 따른 행정처분을 할 경우 이로 인하여 공익 또는 제3자의 정당한 이익을 현저히 해할 우려가 있는 경우가 아닐 것

05   Ⅱ 행정규칙   정답 ②

정답 분석

② 전결과 같은 행정권한의 내부위임은 법령상 처분권자인 행정관청이 내부적인 사무처리의 편의를 도모하기 위하여 그의 보조기관 또는 하급 행정관청으로 하여금 그의 권한을 사실상 행사하게 하는 것으로서 법률이 위임을 허용하지 않는 경우에도 인정되는 것이므로, 설사 행정관청 내부의 사무처리규정에 불과한 전결규정에 위반하여 원래의 전결권자 아닌 보조기관 등이 처분권자인 행정관청의 이름으로 행정처분을 하였다고 하더라도 그 처분이 권한 없는 자에 의하여 행하여진 무효의 처분이라고는 할 수 없다(대판 1998.2.27. 97누1105).

선지 분석

① 제재적 행정처분이 그 처분에서 정한 제재기간의 경과로 인하여 그 효과가 소멸되었으나, 부령인 시행규칙 또는 지방자치단체의 규칙의 형식으로 정한 처분기준에서 제재적 행정처분을 받은 것을 가중사유나 전제요건으로 삼아 장래의 제재적 행정처분을 하도록 정하고 있는 경우, 선행처분인 제재적 행정처분을 받은 상대방이 그 처분에서 정한 제재기간이 경과하였다 하더라도 그 처분의 취소를 구할 법률상 이익이 있다(대판 2006.6.22. 2003두1684 전합).

③ 행정규칙에 의한 '불문경고조치'가 비록 법률상의 징계처분은 아니지만 위 처분을 받지 아니하였다면 차후 다른 징계처분이나 경고를 받게 될 경우 징계감경사유로 사용될 수 있었던 표창공적의 사용가능성을 소멸시키는 효과와 1년 동안 인사기록카드에 등재됨으로써 그 동안은 장관표창이나 도지사표창 대상자에서 제외시키는 효과 등이 있다는 이유로 항고소송의 대상이 되는 행정처분에 해당한다(대판 2002.7.26. 2001두3532).

④ 행정규칙이나 규정이 상위법령의 위임범위를 벗어난 경우에는 법규명령으로서 대외적 구속력을 인정할 여지는 없다. 이는 행정규칙이나 규정 '내용'이 위임범위를 벗어난 경우뿐 아니라 상위법령의 위임규정에서 특정하여 정한 권한행사의 '절차'나 '방식'에 위배되는 경우도 마찬가지이므로, 상위법령에서 세부사항 등을 시행규칙으로 정하도록 위임하였음에도 이를 고시 등 행정규칙으로 정하였다면 그 역시 대외적 구속력을 가지는 법규명령으로서 효력이 인정될 수 없다(대판 2012.7.5. 2010다72076).

06   Ⅱ 허가   정답 ①

정답 분석

옳은 것은 ㄱ, ㄴ이다.

ㄱ. 일반적으로 행정처분에 효력기간이 정하여져 있는 경우에는 그 기간의 경과로 그 행정처분의 효력은 상실되고, 다만 허가에 붙은 기한이 그 허가된 사업의 성질상 부당하게 짧은 경우에는 이를 그 허가 자체의 존속기간이 아니라 그 허가조건의 존속기간으로 보아 그 기한이 도래함으로써 그 조건의 개정을 고려한다는 뜻으로 해석할 수는 있다(대판 2007.10.11. 2005두12404).

ㄴ. 그 허가기간이 연장되기 위하여는 그 종기가 도래하기 전에 그 허가기간의 연장에 관한 신청이 있어야 하며, 만일 그러한 연장신청이 없는 상태에서 허가기간이 만료하였다면 그 허가의 효력은 상실된다(대판 2007.10.11. 2005두12404).

ㄷ. 종전의 허가가 기한의 도래로 실효한 이상 원고가 종전 허가의 유효
기간이 지나서 신청한 이 사건 기간연장신청은 그에 대한 종전의 허
가처분을 전제로 하여 단순히 그 유효기간을 연장하여 주는 행정처
분을 구하는 것이라기 보다는 종전의 허가처분과는 별도의 새로운 허
가를 내용으로 하는 행정처분을 구하는 것이라고 보아야 할 것이어
서, 이러한 경우 허가권자는 이를 새로운 허가신청으로 보아 법의 관
계 규정에 의하여 허가요건의 적합 여부를 새로이 판단하여 그 허가
여부를 결정하여야 할 것이다(대판 1995.11.10. 94누11866).

ㄹ. 허가 등의 행정처분은 원칙적으로 처분시의 법령과 허가기준에 의하
여 처리되어야 하고 허가신청 당시의 기준에 따라야 하는 것은 아니
며, 비록 허가신청 후 허가기준이 변경되었다 하더라도 그 허가관청이
허가신청을 수리하고도 정당한 이유 없이 그 처리를 늦추어 그 사이
에 허가기준이 변경된 것이 아닌 이상 변경된 허가기준에 따라서 처분
을 하여야 한다(대판 2006.8.25. 2004두2974).

07 Ⅱ 행정행위의 효력 정답 ③

③ 위헌결정의 기속력과 헌법을 최고규범으로 하는 법질서의 체계적 요
청에 비추어 국가기관 및 지방자치단체는 위헌으로 선언된 법률규정
에 근거하여 새로운 행정처분을 할 수 없음은 물론이고, 위헌결정 전
에 이미 형성된 법률관계에 기한 후속처분이라도 그것이 새로운 위
헌적 법률관계를 생성·확대하는 경우라면 이를 허용할 수 없다(대판
2012.2.16. 2010두10907 전합).

① 법률에 근거하여 행정처분이 발하여진 후에 헌법재판소가 그 행정처
분의 근거가 된 법률을 위헌으로 결정하였다면 결과적으로 행정처분
은 법률의 근거가 없이 행하여진 것과 마찬가지가 되어 하자가 있는 것
이 되나, 하자 있는 행정처분이 당연무효가 되기 위하여는 그 하자가
중대할 뿐만 아니라 명백한 것이어야 하는데, 일반적으로 법률이 헌법
에 위반된다는 사정이 헌법재판소의 위헌결정이 있기 전에는 객관적
으로 명백한 것이라고 할 수는 없으므로 헌법재판소의 위헌결정 전에
행정처분의 근거되는 당해 법률이 헌법에 위반된다는 사유는 특별한
사정이 없는 한 그 행정처분의 취소소송의 전제가 될 수 있을 뿐 당
연무효사유는 아니라고 봄이 상당하다(대판 1994.10.28. 92누9463).

② 위헌인 법률에 근거한 행정처분이 당연무효인지의 여부는 위헌결정
의 소급효와는 별개의 문제로서, 위헌결정의 소급효가 인정된다고 하
여 위헌인 법률에 근거한 행정처분이 당연무효가 된다고는 할 수 없
고, 오히려 이미 취소소송의 제기기간을 경과하여 확정력이 발생한 행
정처분에는 위헌결정의 소급효가 미치지 않는다고 보아야 한다(대판
1994.10.28. 92누9463).

④ 위헌결정의 효력은 그 미치는 범위가 무한정일 수는 없고 다른 법리
에 의하여 그 소급효를 제한하는 것까지 부정되는 것은 아니라 할 것
이며, 법적 안정성의 유지나 당사자의 신뢰보호를 위하여 불가피한 경
우에 위헌결정의 소급효를 제한하는 것은 오히려 법치주의의 원칙상
요청되는 바라 할 것이다(대판 2005.11.10. 2005두5628).

08 Ⅱ 행정행위의 취소와 철회 정답 ④

④ 행정처분을 한 처분청은 그 처분에 하자가 있는 경우에는 별도의 법
적 근거가 없더라도 스스로 이를 취소하거나 변경할 수 있다(대판
2008.2.15. 2006두3957).

① 행정행위를 한 처분청은 그 처분 당시에 그 행정처분에 별다른 하자
가 없었고 또 그 처분 후에 이를 취소할 별도의 법적 근거가 없다 하더
라도 원래의 처분을 그대로 존속시킬 필요가 없게 된 사정변경이 생
겼거나 또는 중대한 공익상의 필요가 발생한 경우에는 별개의 행정행
위로 이를 철회하거나 변경할 수 있다(대판 1992.1.17. 91누3130).

② 법령의 근거가 없어도 수익적 행정행위에 대하여 철회권을 유보하는
부관을 부가할 수 있다.

> **관련 판례**
>
> 행정행위의 부관으로 취소권이 유보되어 있는 경우, 당해 행정
> 행위를 한 행정청은 그 취소사유가 법령에 규정되어 있는 경우
> 뿐만 아니라 의무위반이 있는 경우, 사정변경이 있는 경우, 좁
> 은 의미의 취소권이 유보된 경우, 또는 중대한 공익상의 필요가
> 발생한 경우 등에도 그 행정처분을 취소할 수 있는 것이다(대판
> 1984.11.13. 84누269).

③ 제소기간이 이미 도과하여 불가쟁력이 생긴 행정처분에 대하여는 개
별 법규에서 그 변경을 요구할 신청권을 규정하고 있거나 관계 법령
의 해석상 그러한 신청권이 인정될 수 있는 등 특별한 사정이 없는 한
국민에게 그 행정처분의 변경을 구할 신청권이 있다 할 수 없다(대판
2007.4.26. 2005두11104).

09 Ⅲ 정보공개 정답 ②

② 공개청구의 취지에 어긋나지 아니하는 범위에서 두 부분을 분리할 수
있는 경우에는 비공개 대상 정보를 제외하고 공개하여야 한다.

> 공공기관의 정보공개에 관한 법률 제14조 【부분 공개】 공개청구
> 한 정보가 제9조 제1항 각 호의 어느 하나에 해당하는 부분과
> 공개 가능한 부분이 혼합되어 있는 경우로서 공개청구의 취지
> 에 어긋나지 아니하는 범위에서 두 부분을 분리할 수 있는 경
> 우에는 제9조 제1항 각 호의 어느 하나에 해당하는 부분을 제
> 외하고 공개하여야 한다.

① 동법 제13조 제2항에 대한 옳은 내용이다.

> 제13조 【정보공개 여부 결정의 통지】 ② 공공기관은 청구인이
> 사본 또는 복제물의 교부를 원하는 경우에는 이를 교부하여
> 야 한다.

③ 정보공개제도는 공공기관이 보유·관리하는 정보를 그 상태대로 공개하는 제도로서 공개를 구하는 정보를 공공기관이 보유·관리하고 있을 상당한 개연성이 있다는 점에 대하여 원칙적으로 공개청구자에게 증명책임이 있다고 할 것이지만, 공개를 구하는 정보를 공공기관이 한때 보유·관리하였으나 후에 그 정보가 담긴 문서 등이 폐기되어 존재하지 않게 된 것이라면 그 정보를 더 이상 보유·관리하고 있지 아니하다는 점에 대한 증명책임은 공공기관에게 있다(대판 2004.12.9. 2003두12707).

④ 동법 제19조 제2항, 제20조 제1항에 대한 옳은 내용이다.

> **제19조【행정심판】** ② 청구인은 제18조에 따른 이의신청 절차를 거치지 아니하고 행정심판을 청구할 수 있다.
>
> **제20조【행정소송】** ① 청구인이 정보공개와 관련한 공공기관의 결정에 대하여 불복이 있거나 정보공개청구 후 20일이 경과하도록 정보공개결정이 없는 때에는 행정소송법에서 정하는 바에 따라 행정소송을 제기할 수 있다.

10 Ⅳ 행정대집행   정답 ④

정답 분석

④ 행정대집행의 방법으로 공유재산에 설치한 시설물을 철거할 수 있고, 이러한 행정대집행의 절차가 인정되는 경우에는 민사소송의 방법으로 시설물의 철거를 구하는 것은 허용되지 아니한다(대판 2017.4.13. 2013다207941).

선지 분석

① 단순한 부작위의무의 위반의 경우, 관계 법령에 근거 규정이 있는 경우가 아닌 한 원칙적으로 대집행을 할 수 없다.

> ⚖️ **관련 판례**
>
> 행정대집행법 제2조는 대집행의 대상이 되는 의무를 "법률(법률의 위임에 의한 명령, 지방자치단체의 조례를 포함한다. 이하 같다)에 의하여 직접 명령되었거나 또는 법률에 의거한 행정청의 명령에 의한 행위로서 타인이 대신하여 행할 수 있는 행위"라고 규정하고 있으므로, 대집행계고처분을 하기 위하여는 법령에 의하여 직접 명령되거나 법령에 근거한 행정청의 명령에 의한 의무자의 대체적 작위의무 위반행위가 있어야 한다(대판 1996.6.28. 96누4374).

② 피수용자 등이 기업자에 대하여 부담하는 수용대상 토지의 인도의무에 관한 구 토지수용법 제63조, 제64조, 제77조 규정에서의 '인도'에는 명도도 포함되는 것으로 보아야 하고, 이러한 명도의무는 그것을 강제적으로 실현하면서 직접적인 실력행사가 필요한 것이지 대체적 작위의무라고 볼 수 없으므로 특별한 사정이 없는 한 행정대집행법에 의한 대집행의 대상이 될 수 있는 것이 아니다(대판 2005.8.19. 2004다2809).

③ 지방재정법 제85조 제1항은, 공유재산을 정당한 이유 없이 점유하거나 그에 시설을 한 때에는 이를 강제로 철거하게 할 수 있다고 규정하고, 그 제2항은, 지방자치단체의 장이 제1항의 규정에 의한 강제철거를 하게 하고자 할 때에는 행정대집행법 제3조 내지 제6조의 규정을 준용한다고 규정하고 있는바, 공유재산의 점유자가 그 공유재산에 관하여 대부계약 외 달리 정당한 권원이 있다는 자료가 없는 경우 그 대부계약이 적법하게 해지된 이상 그 점유자의 공유재산에 대한 점유는 정당한 이유 없는 점유라 할 것이고, 따라서 지방자치단체의 장은 지방재정법 제85조에 의하여 행정대집행의 방법으로 그 지상물을 철거시킬 수 있다(대판 2001.10.12. 2001두4078).

11 Ⅳ 행정상 즉시강제   정답 ③

정답 분석

③ 행정상의 즉시강제 또는 행정대집행과 같은 사실행위는 그 실행이 완료된 이후에 있어서는 그 행위의 위법을 이유로 하는 손해배상 또는 원상회복의 청구를 하는 것은 몰라도, 그 처분의 취소를 구하는 것은 권리보호의 이익이 없다(대판 1965.5.31. 65누25).

선지 분석

① 종래에는 경찰긴급권이론에 의해 경찰상 긴급한 상태에 있어서는 법적 근거 없이도 행정상 즉시강제가 가능하다고 보았지만, 법치주의가 확립된 오늘날에는 행정상 즉시강제에는 법적 근거가 필요하다고 보고 있다.

② 즉시강제는 행정상 장해가 현존하거나 목전에 급박한 경우에 발동할 수 있다.

④ 행정상 즉시강제란 급박한 행정상의 장해를 제거할 필요가 있는 경우에 미리 의무를 명할 시간적 여유가 없을 때 또는 그 성질상 의무를 명해서는 목적달성이 곤란할 때 즉시 국민의 신체 또는 재산에 실력을 가하여 행정상의 필요한 상태를 실현하는 행정작용을 말한다.

12 Ⅳ 행정벌   정답 ①

정답 분석

① 행정질서벌인 과태료는 고의 또는 과실이 있는 경우에 부과된다.

> **질서위반행위규제법 제7조【고의 또는 과실】** 고의 또는 과실이 없는 질서위반행위는 과태료를 부과하지 아니한다.

선지 분석

② 질서위반행위규제법 제11조 제1항에 대한 옳은 내용이다.

> **제11조【법인의 처리 등】** ① 법인의 대표자, 법인 또는 개인의 대리인·사용인 및 그 밖의 종업원이 업무에 관하여 법인 또는 그 개인에게 부과된 법률상의 의무를 위반한 때에는 법인 또는 그 개인에게 과태료를 부과한다.

③ 양벌규정에 의한 영업주의 처벌은 금지위반행위자인 종업원의 처벌에 종속하는 것이 아니라 독립하여 그 자신의 종업원에 대한 선임감독상의 과실로 인하여 처벌되는 것이므로 종업원의 범죄성립이나 처벌이 영업주 처벌의 전제조건이 될 필요는 없다(대판 1987.11.10. 87도1213).

④ 형벌법규, 특히 어떤 행정목적을 달성하기 위하여 규제하고 그 행정목적의 실현을 담보하기 위하여 그 위반을 처벌하는 행정형벌법규의 경우에는 법문의 엄격한 해석이 요구된다(대판 1990.4.27. 89도1886).

이것도 알면 합격!

행정벌의 구분

구분	행정형벌	행정질서벌
목적	행정목적 및 사회공익	행정질서
성질	행정목적의 직접적 침해에 대한 제재	단순한 행정상 의무태만에 대한 제재
처벌 방식	형법상 형벌	과태료
형법총칙	적용됨(원칙)	적용되지 않음
고의 또는 과실	필요	필요
처벌 절차	형사소송법 (단, 통고처분, 즉결심판 제외)	질서위반행위규제법 (단, 지방자치법 제외)
양자의 병과 여부	• 대법원: 병과 인정(대판 2000.10.27. 2000도3874) • 헌법재판소: 병과 인정(헌재 1994.6.30. 92헌바38)	

---

13 Ⅳ 과태료   정답 ③

정답 분석

③ 질서위반행위규제법 제8조에 대한 옳은 내용이다.

> 제8조 【위법성의 착오】 자신의 행위가 위법하지 아니한 것으로 오인하고 행한 질서위반행위는 그 오인에 정당한 이유가 있는 때에 한하여 과태료를 부과하지 아니한다.

선지 분석

① 행정법상의 질서벌인 과태료의 부과처분과 형사처벌은 그 성질이나 목적을 달리하는 별개의 것이므로 행정법상의 질서벌인 과태료를 납부한 후에 형사처벌을 한다고 하여 이를 일사부재리의 원칙에 반하는 것이라고 할 수는 없다(대판 1996.4.12. 96도158).

② 여객자동차 운수사업법 제76조, 제85조에서 정하는 과태료처분이나 감차처분 등은 규정 위반자에 대하여 처벌 또는 제재를 가하는 것이므로 같은 법이 정하고 있는 처분대상인 위반행위를 함부로 유추해석하거나 확대해석하여서는 아니 된다(대판 2007.3.30. 2004두7665).

④ 신분이 없는 자에 대하여도 질서위반행위가 성립한다.

> 질서위반행위규제법 제12조 【다수인의 질서위반행위 가담】 ② 신분에 의하여 성립하는 질서위반행위에 신분이 없는 자가 가담한 때에는 신분이 없는 자에 대하여도 질서위반행위가 성립한다.

---

14 Ⅴ 국가배상   정답 ③

정답 분석

③ 영조물이 기능상 결함이 있었더라도 객관적으로 보아 손해발생의 예견가능성과 회피가능성이 없는 경우 영조물의 설치·관리상의 하자가 인정되지 않는다.

> 관련 판례
>
> 국가배상법 제5조 제1항 소정의 영조물의 설치 또는 관리의 하자라 함은 영조물이 그 용도에 따라 통상 갖추어야 할 안전성을 갖추지 못한 상태에 있음을 말하는 것으로서, 영조물이 완전무결한 상태에 있지 아니하고 그 기능상 어떠한 결함이 있다는 것만으로 영조물의 설치 또는 관리에 하자가 있다고 할 수 없는 것이고, … 객관적으로 보아 시간적·장소적으로 영조물의 기능상 결함으로 인한 손해발생의 예견가능성과 회피가능성이 없는 경우, 즉 그 영조물의 결함이 영조물의 설치관리자의 관리행위가 미칠 수 없는 상황 아래에 있는 경우에는 영조물의 설치·관리상의 하자를 인정할 수 없다(대판 2007.9.21. 2005다65678).

선지 분석

①② 국가배상법 제5조 제1항 소정의 "공공의 영조물"이라 함은 국가 또는 지방자치단체에 의하여 특정 공공의 목적에 공여된 유체물 내지 물적 설비를 지칭하며, 특정 공공의 목적에 공여된 물이라 함은 일반 공중의 자유로운 사용에 직접적으로 제공되는 공공용물에 한하지 아니하고, 행정주체 자신의 사용에 제공되는 공용물도 포함하며 국가 또는 지방자치단체가 소유권, 임차권 그 밖의 권한에 기하여 관리하고 있는 경우뿐만 아니라 사실상의 관리를 하고 있는 경우도 포함한다(대판 1995.1.24. 94다45302).

④ 영조물 설치의 '하자'라 함은 영조물의 축조에 불완전한 점이 있어 이 때문에 영조물 자체가 통상 갖추어야 할 완전성을 갖추지 못한 상태에 있음을 말한다고 할 것인바 그 '하자' 유무는 객관적 견지에서 본 안전성의 문제이고 그 설치자의 재정사정이나 영조물의 사용목적에 의한 사정은 안전성을 요구하는 데 대한 정도 문제로서 참작사유에는 해당할지언정 안전성을 결정지을 절대적 요건에는 해당하지 아니한다 할 것이다(대판 1967.2.21. 66다1723).

정답 분석

① 자동으로 승계하는 것이 아니라 위원회의 허가를 받아 승계할 수 있다.

> **행정심판법 제16조 【청구인의 지위 승계】** ⑤ 심판청구의 대상과 관계되는 권리나 이익을 양수한 자는 위원회의 허가를 받아 청구인의 지위를 승계할 수 있다.

선지 분석

② 행정심판법 제16조 제2항에 대한 옳은 내용이다.

> **제16조 【청구인의 지위 승계】** ② 법인인 청구인이 합병(合倂)에 따라 소멸하였을 때에는 합병 후 존속하는 법인이나 합병에 따라 설립된 법인이 청구인의 지위를 승계한다.

③ 행정심판법 제20조 제1항·제2항·제5항, 제21조 제1항에 대한 옳은 내용이다.

> **제20조 【심판참가】** ① 행정심판의 결과에 이해관계가 있는 제3자나 행정청은 해당 심판청구에 대한 제7조 제6항 또는 제8조 제7항에 따른 위원회나 소위원회의 의결이 있기 전까지 그 사건에 대하여 심판참가를 할 수 있다.
> ② 제1항에 따른 심판참가를 하려는 자는 참가의 취지와 이유를 적은 참가신청서를 위원회에 제출하여야 한다. 이 경우 당사자의 수만큼 참가신청서 부본을 함께 제출하여야 한다.
> ⑤ 위원회는 제2항에 따라 참가신청을 받으면 허가 여부를 결정하고, 지체 없이 신청인에게는 결정서 정본을, 당사자와 다른 참가인에게는 결정서 등본을 송달하여야 한다.
>
> **제21조 【심판참가의 요구】** ① 위원회는 필요하다고 인정하면 그 행정심판 결과에 이해관계가 있는 제3자나 행정청에 그 사건 심판에 참가할 것을 요구할 수 있다.

④ 행정심판법 제2조 제4호에 대한 옳은 내용이다.

> **제2조 【정의】** 이 법에서 사용하는 용어의 뜻은 다음과 같다.
> 4. "행정청"이란 행정에 관한 의사를 결정하여 표시하는 국가 또는 지방자치단체의 기관, 그 밖에 법령 또는 자치법규에 따라 행정권한을 가지고 있거나 위탁을 받은 공공단체나 그 기관 또는 사인(私人)을 말한다.

정답 분석

③ 처분 후 근거법령이 개정되어 더 이상 부관을 붙일 수 없게 되었다 하더라도 당초의 부관의 효력이 소급하여 효력이 소멸하는 것은 아니다.

> ⚖ **관련 판례**
>
> 행정청이 수익적 행정처분을 하면서 부가한 부담의 위법 여부는 처분 당시 법령을 기준으로 판단하여야 하고, 부담이 처분 당시 법령을 기준으로 적법하다면 처분 후 부담의 전제가 된 주된 행정처분의 근거법령이 개정됨으로써 행정청이 더 이상 부관을 붙일 수 없게 되었다 하더라도 곧바로 위법하게 되거나 그 효력이 소멸하게 되는 것은 아니다. 따라서 행정처분의 상대방이 수익적 행정처분을 얻기 위하여 행정청과 사이에 행정처분에 부가할 부담에 관한 협약을 체결하고 행정청이 수익적 행정처분을 하면서 협약상의 의무를 부담으로 부가하였으나 부담의 전제가 된 주된 행정처분의 근거법령이 개정됨으로써 행정청이 더 이상 부관을 붙일 수 없게 된 경우에도 곧바로 협약의 효력이 소멸하는 것은 아니다(대판 2009.2.12. 2005다65500).

선지 분석

① 행정기본법 제17조 제1항·제2항에 대한 옳은 내용이다.

> **제17조 【부관】** ① 행정청은 처분에 재량이 있는 경우에는 부관(조건, 기한, 부담, 철회권의 유보 등을 말한다. 이하 이 조에서 같다)을 붙일 수 있다.
> ② 행정청은 처분에 재량이 없는 경우에는 법률에 근거가 있는 경우에 부관을 붙일 수 있다.

> ⚖ **관련 판례**
>
> 일반적으로 기속행위나 기속적 재량행위에는 부관을 붙일 수 없고 가사 부관을 붙였다 하더라도 이는 무효의 것이다(대판 1988.4.27. 87누1106).

② 행정처분에 이미 부담이 부가되어 있는 상태에서 그 의무의 범위 또는 내용 등을 변경하는 부관의 사후변경은, 법률에 명문의 규정이 있거나 그 변경이 미리 유보되어 있는 경우 또는 상대방의 동의가 있는 경우에 한하여 허용되는 것이 원칙이지만, 사정변경으로 인하여 당초에 부담을 부가한 목적을 달성할 수 없게 된 경우에도 그 목적달성에 필요한 범위 내에서 예외적으로 허용된다(대판 1997.5.30. 97누2627).

④ 행정기본법 제17조 제4항에 대한 옳은 내용이다.

> **제17조 【부관】** ④ 부관은 다음 각 호의 요건에 적합하여야 한다.
> 1. 해당 처분의 목적에 위배되지 아니할 것
> 2. 해당 처분과 실질적인 관련이 있을 것
> 3. 해당 처분의 목적을 달성하기 위하여 필요한 최소한의 범위일 것

17 Ⅵ 행정소송 정답 ③

정답 분석

③ 행정처분의 취소 또는 무효확인을 구하는 행정소송은 다른 법률에 특별한 규정이 없는 한 그 처분을 행한 행정청을 피고로 하여야 하며, 행정처분을 행할 적법한 권한 있는 상급 행정청으로부터 내부위임을 받은 데 불과한 하급 행정청이 권한 없이 행정처분을 한 경우에도 실제로 그 처분을 행한 하급 행정청을 피고로 하여야 할 것이지 그 처분을 행할 적법한 권한 있는 상급 행정청을 피고로 할 것이 아니다(대판 1991.2.22. 90누5641).

선지 분석

① 건축협의 취소는 상대방이 다른 지방자치단체 등 행정주체라 하더라도 '행정청이 행하는 구체적 사실에 관한 법집행으로서의 공권력 행사'(행정소송법 제2조 제1항 제1호)로서 처분에 해당한다고 볼 수 있고, 지방자치단체인 원고가 이를 다툴 실효적 해결 수단이 없는 이상, 원고는 건축물 소재지 관할 허가권자인 지방자치단체의 장을 상대로 항고소송을 통해 건축협의 취소의 취소를 구할 수 있다(대판 2014.2.27. 2012두22980).

② 노동위원회법 제27조 제1항에 대한 옳은 내용이다.

> 제27조 【중앙노동위원회의 처분에 대한 소송】 ① 중앙노동위원회의 처분에 대한 소송은 중앙노동위원회 위원장을 피고(被告)로 하여 처분의 송달을 받은 날부터 15일 이내에 제기하여야 한다.

④ 수용재결에 불복하여 취소소송을 제기하는 때에는 이의신청을 거친 경우에도 수용재결을 한 중앙토지수용위원회 또는 지방토지수용위원회를 피고로 하여 수용재결의 취소를 구하여야 하고, 다만 이의신청에 대한 재결 자체에 고유한 위법이 있음을 이유로 하는 경우에는 그 이의재결을 한 중앙토지수용위원회를 피고로 하여 이의재결의 취소를 구할 수 있다고 보아야 한다(대판 2010.1.28. 2008두1504).

18 Ⅵ 행정소송 정답 ③

정답 분석

③ 교도소장이 수형자 甲을 '접견내용 녹음·녹화 및 접견 시 교도관 참여대상자'로 지정한 사안에서, 위 지정행위는 수형자의 구체적 권리의무에 직접적 변동을 가져오는 행정청의 공법상 행위로서 항고소송의 대상이 되는 '처분'에 해당한다(대판 2014.2.13. 2013두20899).

선지 분석

① 감사원의 변상판정처분에 대하여서는 행정소송을 제기할 수 없고, 재결에 해당하는 재심의 판정에 대하여서만 감사원을 피고로 하여 행정소송을 제기할 수 있다(대판 1984.4.10. 84누91).

② 증액경정처분은 당초 처분과 증액되는 부분을 포함하여 전체로서 하나의 과세표준과 세액을 다시 결정하는 것이어서 당초 처분은 증액경정처분에 흡수되어 독립된 존재가치를 상실하고 오직 증액경정처분만이 쟁송의 대상이 된다(대판 2004.2.13. 2002두9971).

④ 국세환급금결정에 의하여 비로소 환급청구권이 확정되는 것은 아니므로, 위 국세환급금결정이나 이 결정을 구하는 신청에 대한 환급거부결정은 납세의무자가 갖는 환급청구권의 존부나 범위에 구체적이고 직접적인 영향을 미치는 처분이 아니어서 항고소송의 대상이 되는 처분이라고 볼 수 없다(대판 2009.11.26. 2007두4018).

19 Ⅵ 이송 및 병합 정답 ④

정답 분석

④ 관련청구소송의 이송 및 병합에 대한 규정(행정소송법 제10조)은 당사자소송에 준용한다.

> 행정소송법 제44조 【준용규정】 ② 제10조의 규정은 당사자소송과 관련청구소송이 각각 다른 법원에 계속되고 있는 경우의 이송과 이들 소송의 병합의 경우에 준용한다.

선지 분석

① 행정소송법 제10조 제1항에 대한 옳은 내용이다.

> 제10조 【관련청구소송의 이송 및 병합】 ① 취소소송과 다음 각 호의 1에 해당하는 소송(이하 "관련청구소송"이라 한다)이 각각 다른 법원에 계속되고 있는 경우에 관련청구소송이 계속된 법원이 상당하다고 인정하는 때에는 당사자의 신청 또는 직권에 의하여 이를 취소소송이 계속된 법원으로 이송할 수 있다.
> 1. 당해 처분 등과 관련되는 손해배상·부당이득반환·원상회복 등 청구소송
> 2. 당해 처분 등과 관련되는 취소소송

② 손해배상청구 등의 민사소송이 행정소송에 관련청구로 병합되기 위해서는 그 청구의 내용 또는 발생원인이 행정소송의 대상인 처분 등과 법률상 또는 사실상 공통되거나, 그 처분의 효력이나 존부 유무가 선결문제로 되는 등의 관계에 있어야 함이 원칙이다(대판 2000.10.27. 99두561).

③ 행정소송법 제38조, 제10조에 의한 관련청구소송의 병합은 본래의 항고소송이 적법할 것을 요건으로 하는 것이어서 본래의 항고소송이 부적법하여 각하되면 그에 병합된 관련청구도 소송요건을 흠결한 부적합한 것으로 각하되어야 한다(대판 2001.11.27. 2000두697).

20 Ⅵ 판결의 효력 정답 ①

정답 분석

① 판례는 판결의 기속력에 결과제거의무(원상회복의무)가 포함된다고 보며, 근거조항으로 행정소송법 제30조 제1항을 들기도 한다.

> 🔨 【관련 판례】
> 어떤 행정처분을 위법하다고 판단하여 취소하는 판결이 확정되면 행정청은 취소판결의 기속력에 따라 그 판결에서 확인된 위법사유를 배제한 상태에서 다시 처분을 하거나 그 밖에 위법한 결과를 제거하는 조치를 할 의무가 있다(행정소송법 제30조). 그리고 행정처분이 불복기간의 경과로 인하여 확정될 경우 그 확정력은, 처분으로 인하여 법률상 이익을 침해받은 자가 해당 처분이나 재결의 효력을 더 이상 다툴 수 없다는 의미일 뿐, 더 나아가 판결에 있어서와 같은 기판력이 인정되는 것은 아니어서 처분의 기초가 된 사실관계나 법률적 판단이 확정되고 당사자들이나 법원이 이에 기속되어 모순되는 주장이나 판단을 할 수 없게 되는 것은 아니다(대판 2019.10.17. 2018두104).

> **행정소송법 제30조【취소판결 등의 기속력】** ① 처분 등을 취소하는 확정판결은 그 사건에 관하여 당사자인 행정청과 그 밖의 관계행정청을 기속한다.

선지 분석

② 행정소송법 제34조 제1항, 제30조 제2항에 대한 옳은 내용이다.

> **제34조【거부처분취소판결의 간접강제】** ① 행정청이 제30조 제2항의 규정에 의한 처분을 하지 아니하는 때에는 제1심 수소법원은 당사자의 신청에 의하여 결정으로써 상당한 기간을 정하고 행정청이 그 기간 내에 이행하지 아니하는 때에는 그 지연기간에 따라 일정한 배상을 할 것을 명하거나 즉시 손해배상을 할 것을 명할 수 있다.
>
> **제30조【취소판결 등의 기속력】** ② 판결에 의하여 취소되는 처분이 당사자의 신청을 거부하는 것을 내용으로 하는 경우에는 그 처분을 행한 행정청은 판결의 취지에 따라 다시 이전의 신청에 대한 처분을 하여야 한다.

③ 행정소송법 제30조 제2항에 의하면, 행정청의 거부처분을 취소하는 판결이 확정된 경우에는 처분을 행한 행정청이 판결의 취지에 따라 이전 신청에 대하여 재처분을 할 의무가 있다. 행정처분의 적법 여부는 행정처분이 행하여진 때의 법령과 사실을 기준으로 판단하는 것이므로 확정판결의 당사자인 처분 행정청은 종전 처분 후에 발생한 새로운 사유를 내세워 다시 거부처분을 할 수 있고, 그러한 처분도 위 조항에 규정된 재처분에 해당한다(대판 2011.10.27. 2011두14401).

④ 영업의 금지를 명한 영업허가취소처분 자체가 나중에 행정쟁송절차에 의하여 취소되었다면 그 영업허가취소처분은 그 처분시에 소급하여 효력을 잃게 되며, 그 영업허가취소처분에 복종할 의무가 원래부터 없었음이 확정되었다고 봄이 타당하고, 영업허가취소처분이 장래에 향하여서만 효력을 잃게 된다고 볼 것은 아니므로 그 영업허가취소처분 이후의 영업행위를 무허가영업이라고 볼 수는 없다(대판 1993.6.25. 93도277).

21 　Ⅲ 개인정보 보호법 　　　정답 ④

정답 분석

④ '상당한 기한 내에'가 아닌 지체 없이 알려야 한다.

> **개인정보 보호법 제34조【개인정보 유출 등의 통지·신고】** ① 개인정보처리자는 개인정보가 분실·도난·유출(이하 이 조에서 "유출등"이라 한다)되었음을 알게 되었을 때에는 지체 없이 해당 정보주체에게 다음 각 호의 사항을 알려야 한다.

선지 분석

① 개인정보 보호법 제29조에 대한 옳은 내용이다.

> **제29조【안전조치의무】** 개인정보처리자는 개인정보가 분실·도난·유출·위조·변조 또는 훼손되지 아니하도록 내부 관리계획 수립, 접속기록 보관 등 대통령령으로 정하는 바에 따라 안전성 확보에 필요한 기술적·관리적 및 물리적 조치를 하여야 한다.

② 개인정보 보호법 제32조의2 제1항·제2항에 대한 옳은 내용이다.

> **제32조의2【개인정보 보호 인증】** ① 보호위원회는 개인정보처리자의 개인정보 처리 및 보호와 관련한 일련의 조치가 이 법에 부합하는지 등에 관하여 인증할 수 있다.
> ② 제1항에 따른 인증의 유효기간은 3년으로 한다.

③ 개인정보 보호법 제28조의2 제1항에 대한 옳은 내용이다.

> **제28조의2【가명정보의 처리 등】** ① 개인정보처리자는 통계작성, 과학적 연구, 공익적 기록보존 등을 위하여 정보주체의 동의 없이 가명정보를 처리할 수 있다.

22 　Ⅶ 공무원 　　　정답 ②

정답 분석

② 직위해제처분이 공무원에 대한 불이익처분이기는 하나 징계처분과 같은 성질의 처분이라 할 수 없다(대판 1976.4.13. 75누121).

선지 분석

① 군인사법 및 그 시행령의 관계 규정에 따르면, 원고와 같이 진급예정자 명단에 포함된 자는 진급예정자명단에서 삭제되거나 진급선발이 취소되지 않는 한 진급예정자 명단 순위에 따라 진급하게 되므로, 이 사건 처분과 같이 진급선발을 취소하는 처분은 진급예정자로서 가지는 원고의 이익을 침해하는 처분이라 할 것이고, 한편 군인사법 및 그 시행령에 이 사건 처분과 같이 진급예정자 명단에 포함된 자의 진급선발을 취소하는 처분을 함에 있어 행정절차에 준하는 절차를 거치도록 하는 규정이 없을 뿐만 아니라 위 처분이 성질상 행정절차를 거치기 곤란하거나 불필요하다고 인정되는 처분이라고 보기도 어렵다고 할 것이어서 이 사건 처분이 행정절차법의 적용이 제외되는 경우에 해당한다고 할 수 없으며, 나아가 원고가 수사과정 및 징계과정에서 자신의 비위행위에 대한 해명기회를 가졌다는 사정만으로 이 사건 처분이 행정절차법 제21조 제4항 제3호, 제22조 제4항에 따라 원고에게 사전통지를 하지 않거나 의견제출의 기회를 주지 아니하여도 되는 예외적인 경우에 해당한다고 할 수 없으므로, 피고가 이 사건 처분을 함에 있어 원고에게 의견제출의 기회를 부여하지 아니한 이상, 이 사건 처분은 절차상 하자가 있어 위법하다(대판 2007.9.21. 2006두20631).

③ 당연퇴직의 인사발령은 법률상 당연히 발생하는 퇴직사유를 공적으로 확인하여 알려주는 이른바 관념의 통지에 불과하다(헌재 2003.10.30. 2002헌가24).

④ 국민으로부터 널리 공무를 수탁하여 국민 전체를 위해 근무하는 공무원의 지위를 고려할 때 공무원의 품위손상행위는 본인은 물론 공직사회에 대한 국민의 신뢰를 실추시킬 우려가 있으므로 지방공무원법 제55조는 국가공무원법 제63조와 함께 공무원에게 직무와 관련된 부분은 물론 사적인 부분에 있어서도 건실한 생활을 할 것을 요구하는 '품위유지의무'를 규정하고 있고, 여기에서 '품위'라 함은 주권자인 국민의 수임자로서의 직책을 맡아 수행해 나가기에 손색이 없는 인품을 말한다(대판 1998.2.27. 97누18172).

23 Ⅶ 병역법 정답 ④

정답 분석

④ 대체역이 아니라 보충역에 해당한다.

> 병역법 제5조 【병역의 종류】① 병역은 다음 각 호와 같이 구분한다.
> 3. 보충역: 다음 각 목의 어느 하나에 해당하는 사람
> 가. 병역판정검사 결과 현역 복무를 할 수 있다고 판정된 사람 중에서 병력수급(兵力需給) 사정에 의하여 현역병입영 대상자로 결정되지 아니한 사람
> 나. 다음의 어느 하나에 해당하는 사람으로 복무하고 있거나 그 복무를 마친 사람

선지 분석

① 병역법 제5조 제1항 제4호에 대한 옳은 내용이다.

> 제5조 【병역의 종류】① 병역은 다음 각 호와 같이 구분한다.
> 4. 병역준비역: 병역의무자로서 현역, 예비역, 보충역, 전시근로역 및 대체역이 아닌 사람

② 병역법 제5조 제1항 제1호에 대한 옳은 내용이다.

> 제5조 【병역의 종류】① 병역은 다음 각 호와 같이 구분한다.
> 1. 현역: 다음 각 목의 어느 하나에 해당하는 사람
> 가. 징집이나 지원에 의하여 입영한 병(兵)
> 나. 이 법 또는 군인사법에 따라 현역으로 임용 또는 선발된 장교(將校)·준사관(準士官)·부사관(副士官) 및 군간부후보생

③ 병역법 제5조 제1항 제5호에 대한 옳은 내용이다.

> 제5조 【병역의 종류】① 병역은 다음 각 호와 같이 구분한다.
> 5. 전시근로역: 다음 각 목의 어느 하나에 해당하는 사람
> 가. 병역판정검사 또는 신체검사 결과 현역 또는 보충역 복무는 할 수 없으나 전시근로소집에 의한 군사지원업무는 감당할 수 있다고 결정된 사람
> 나. 그 밖에 이 법에 따라 전시근로역에 편입된 사람

24 Ⅶ 공물법 정답 ①

정답 분석

① 도로의 특별사용은 반드시 독점적, 배타적인 것이 아니라 그 사용목적에 따라서는 도로의 일반사용과 병존이 가능한 경우도 있고, 이러한 경우에는 도로점용 부분이 동시에 일반공중의 교통에 공용되고 있다고 하여 도로점용이 아니라고 말할 수 없다(대판 1998.9.22. 96누7342).

선지 분석

② 행정재산에 해당하는 국유의 공공용물은 시효취득이 인정되지 않는다.

> 국유재산법 제7조 【국유재산의 보호】② 행정재산은 민법 제245조에도 불구하고 시효취득의 대상이 되지 아니한다.

③ 국유 하천부지는 공공용 재산이므로 그 일부가 사실상 대지화되어 그 본래의 용도에 공여되지 않는 상태에 놓여 있더라도 국유재산법령에 의한 용도폐지를 하지 않은 이상 당연히 잡종재산으로 된다고는 할 수 없다(대판 1997.8.22. 96다10737).

④ 공용폐지의 의사표시는 명시적이든 묵시적이든 상관없으나 적법한 의사표시가 있어야 하며, 행정재산이 사실상 본래의 용도에 사용되고 있지 않다는 사실만으로 공용폐지의 의사표시가 있었다고 볼 수 없고, 원래의 행정재산이 공용폐지되어 취득시효의 대상이 된다는 입증책임은 시효취득을 주장하는 자에게 있다(대판 1997.8.22. 96다10737).

25 Ⅲ 행정절차법 정답 ③

정답 분석

③ 처분기간을 미리 공표'하여야' 한다.

> 행정절차법 제19조 【처리기간의 설정·공표】① 행정청은 신청인의 편의를 위하여 처분의 처리기간을 종류별로 미리 정하여 공표하여야 한다.

선지 분석

① 행정절차법 제9조 제3호에 대한 옳은 내용이다.

> 제9조 【당사자 등의 자격】 다음 각 호의 어느 하나에 해당하는 자는 행정절차에서 당사자 등이 될 수 있다.
> 3. 그 밖에 다른 법령 등에 따라 권리·의무의 주체가 될 수 있는 자

② 행정절차법 제10조 제1항에 대한 옳은 내용이다.

> 제10조 【지위의 승계】① 당사자 등이 사망하였을 때의 상속인과 다른 법령 등에 따라 당사자 등의 권리 또는 이익을 승계한 자는 당사자 등의 지위를 승계한다.

④ 행정절차법 제24조 제1항·제3항에 대한 옳은 내용이다.

> 제24조 【처분의 방식】① 행정청이 처분을 할 때에는 다른 법령 등에 특별한 규정이 있는 경우를 제외하고는 문서로 하여야 하며, 다음 각 호의 어느 하나에 해당하는 경우에는 전자문서로 할 수 있다.
> 1. 당사자등의 동의가 있는 경우
> 2. 당사자가 전자문서로 처분을 신청한 경우
> ③ 처분을 하는 문서에는 그 처분 행정청과 담당자의 소속·성명 및 연락처(전화번호, 팩스번호, 전자우편주소 등을 말한다)를 적어야 한다.

01 Ⅶ 광역행정

정답 분석

④ 광역행정은 지방자치의 불신이나 필요성의 소멸에서 나온 것이 아니라, 교통통신의 발달에 따른 생활권과 행정권의 불일치 등 새로운 사회환경에 대한 요구에 의해서 등장한 개념이다.

선지 분석

① 광역행정이란 인접한 몇 개의 지방자치단체가 기존의 행정구역을 초월하여 발생되는 공동의 행정수요를 계획적이고 종합적으로 처리하기 위한 행정이다.

② 분쟁조정이 자치단체 간 타율적, 수직적, 소극적 협력이라면 광역행정은 보다 자율적, 수평적, 적극적, 전략적 협력방안이라 할 수 있다.

③ 광역적인 행정처리로는 행정의 지역적인 세세한 부분까지 침투가 이루어지기는 힘들기 때문에 기초자치단체의 행정수요가 경시되어 집권화를 초래할 우려가 있다.

02 Ⅳ 엽관주의

정답 분석

① 행정이 복잡할수록 엽관주의를 도입하기 어렵다. 엽관주의가 도입된 19세기 초 당시의 행정은 수요가 전문적이지 않고 다양하지 않았기 때문에 행정전문가가 아닌 정치인이 행정의 업무를 처리할 수 있었다.

선지 분석

② 정당정치의 이념을 공직인사에 도입하기 위해 엽관주의를 도입하였다. 국민에 대한 공약이나 정책을 강력하게 추진하기 위해서는, 대통령 측근에 정치적 이념을 같이하는 사람을 임용하는 것이 필요했기 때문이다.

③ 상류계급의 엘리트들이 미국 건국초기부터 관직을 장기간 지배하면서 관직이 부패되었기 때문에, 엽관주의를 통해 소수의 의사를 대변할 수 있는 정치인들에게 관직을 공유해야 한다고 보았다.

④ 엽관주의는 대통령이 교체되면 공무원들도 교체되는 등 신분보장이 약해, 부정부패가 발생할 가능성이 높다.

03 Ⅱ 델파이기법

정답 분석

ㄱ. 다른 사람의 아이디어에 자기 의견을 첨가하여 새로운 아이디어를 도출하는 것은 브레인스토밍에 대한 설명이다.

ㄴ. 작위적으로 특정 조직원들 또는 집단을, 반론을 제기하는 집단으로 지정하고, 이들이 제기하는 반론과 이에 대한 제안자의 옹호 과정을 통하여 의사결정을 유도하는 것은 지명반론자기법이다.

ㅁ. 여러 이론의 인과관계에 관한 가정에 기초하여 미래를 예측하는 연역적·양적 분석기법은 이론적 예측에 대한 설명이다. 델파이기법은 예측가의 통찰력이나 직관적 판단에 의존하여 대상 분야를 예측하는 질적 분석기법 중 하나이다.

선지 분석

ㄷ. 델파이기법은 관련 분야의 전문지식을 가진 전문가들에게 익명성을 보장해주고 각각 독자적으로 형성한 판단을 종합하고 정리하여 예측결과를 도출한다.

ㄹ. 델파이기법은 개별적 판단을 집계하여 다시 배부함으로써 의견의 수정기회를 제공하는 과정을 반복적으로 수행한다.

04 Ⅱ 정책결정의 불확실성

정답 분석

③ 적극적 대처방안은 불확실한 것을 확실하게 하려는 것으로 과학적인 예견이나 경쟁기관과의 협상 등의 방법을 활용한다. 소극적 대처방안은 불확실한 것을 주어진 것으로 보고 이에 대처하는 것으로 중첩이나 가외성을 확보하는 방법 등을 활용한다.

선지 분석

① 상황의 복잡성과 동태성 등 문제상황의 특성과, 재산이나 지식 등 이용자의 특성이 불확실성의 원인이 된다.

② 인간의 인지능력 한계 등을 감안하고 완화된(제한적) 합리성을 추구하여 불확실성에 대처할 수 있다.

④ 악조건 가중분석은 최선의 대안에는 최악의 상황을, 다른 대안에는 최선의 상황을 가정하는 분석방법이다.

05 Ⅰ 행태론

정답 분석

ㄱ. 행태론은 사회현상(사회과학)과 자연과학은 본질적으로 동일하다는 전제하에 논리실증주의 방법을 적용한다.

ㄴ. 행태론은 가치와 사실을 분리하고 사실 중심의 연구를 추구하지만, 가치판단적 요소의 존재를 인정하지 않았던 것은 아니다.

선지 분석

ㄷ. 행태론은 집단이 개인에 의해 정의되고 구성되는 방법론적 개체주의 입장을 취한다.

ㄹ. 행태론은 명백한 자극과 반응으로 볼 수 있는 행동만을 연구대상으로 삼는 심리학적 행동주의와는 달리, 질문에 따른 반응을 통해 파악할 수 있는 태도, 의견, 개성 등도 행태에 포함시키고 있다.

06 Ⅵ 옴부즈만제도
정답 ②

정답 분석

② 국민권익위원회는 우리나라의 옴부즈만제도가 맞지만 대통령 소속이 아닌 국무총리 소속이다.

선지 분석

① 옴부즈만제도는 1809년 스웨덴에서 처음 명문화되었다.

③ 우리나라와 프랑스의 옴부즈만은 행정부 소속이다. 대부분의 나라의 옴부즈만은 의회 소속이지만, 의회가 옴부즈만의 활동을 지휘·감독할 수 있다는 것은 아니다. 옴부즈만은 입법부로부터 직무상 독립된 기관이며 불편부당의 기관이다.

④ 합목적성에 위배되는 행위란 위법행위는 아니지만 부당행위, 비능률, 신청에 대한 무응답 등의 행위를 말하며 합법성뿐만 아니라 합목적성에 위배되는 행정행위도 옴부즈만의 조사대상이 된다.

관련 법령

부패방지 및 국민권익위원회의 설치와 운영에 관한 법률상 국민권익위원회

제11조【국민권익위원회의 설치】① 고충민원의 처리와 이에 관련된 불합리한 행정제도를 개선하고, 부패의 발생을 예방하며 부패행위를 효율적으로 규제하도록 하기 위하여 국무총리 소속으로 국민권익위원회를 둔다.

07 Ⅴ 예산의 종류
정답 ①

정답 분석

① 준예산은 새로운 회계연도가 개시될 때까지 예산안이 국회에서 의결되지 못한 경우를 대비해 만들어진 제도이다.

선지 분석

② 수정예산은 정부가 국회에 예산안을 제출한 이후 예산이 아직 최종 의결되기 전에 국내외 사회경제적 여건의 변화로 예산의 내용 일부를 변경한 예산이다.

③ 가예산은 회계연도 개시 전까지 예산이 의결되지 못하는 경우를 대비하여, 의회가 미리 1개월분 예산만 의결하여 정부로 하여금 집행할 수 있도록 한 예산을 의미한다. 가예산은 프랑스가 채택하고 있다.

④ 잠정예산은 회계연도 개시 전까지 예산이 의결되지 못하는 경우를 대비하여, 의회가 기간과 상관없이 예산을 의결하여 정부로 하여금 집행할 수 있도록 한 예산을 의미한다. 잠정예산은 미국, 일본, 영국, 캐나다가 채택하고 있다.

🖋️ 이것도 알면 합격!

예산의 종류

구분	기간	국회의결	지출 항목	체택국가
준예산	무제한	불필요	한정적	우리나라, 독일
가예산	1개월	필요	전반적	프랑스
잠정예산	무제한	필요	전반적	미국, 일본, 영국, 캐나다

08 Ⅶ 지방재정
정답 ④

정답 분석

④ 지방재정은 부담능력이 아닌 행정서비스로부터 받은 이익에 따른 응익성의 성격이 강하다. 부담능력에 따른 응능성은 국가재정의 특징이다.

선지 분석

① 국가재정은 효율성뿐만 아니라 공평성, 경제안정 등의 포괄적인 기능을 수행하는 반면, 지방재정은 효율적인 자원배분기능이 상대적으로 강조된다.

② 지방자치단체는 지역별 자원의 분포나 개발정도, 입지산업의 유형 등에 따라 소득의 격차가 나타나게 되는데, 이러한 지방재정의 수직적, 수평적 재정격차는 우리나라 지방자치의 문제점으로 지적된다.

③ 의존재원은 국가나 광역자치단체로부터 제공받는 수입을 말하며, 재정수요에 필요한 부족재원을 국가가 보전해주는 지방교부세와 자치단체의 행정수행에 소요되는 경비의 일부 또는 전부를 용도를 지정하여 교부하는 국가보조금 등이 있다.

09 Ⅴ 예산의 편성과정
정답 ③

정답 분석

③ 예산요구서는 6월 31일이 아닌 5월 31일까지 각 중앙관서의 장이 기획재정부장관에게 제출하여야 한다.

선지 분석

① 매년 1월 31일까지 중앙관서의 장은 기획재정부장관에게 중기사업계획서를 제출하여야 한다.

② 기획재정부장관은 매년 3월 31일까지 예산안 편성지침을 각 중앙관서의 장에게 시달해야 한다.

④ 예산안은 국무회의의 심의와 대통령의 승인을 거쳐 회계연도 개시 120일 전까지 국회에서 제출되고 회계연도 개시 30일 전까지 본회의 의결로 확정되어야 한다.

관련 법령

국가재정법상 예산의 편성과정

제28조【중기사업계획서의 제출】각 중앙관서의 장은 매년 1월 31일까지 해당 회계연도부터 5회계연도 이상의 기간 동안의 신규사업 및 기획재정부장관이 정하는 주요 계속사업에 대한 중기사업계획서를 기획재정부장관에게 제출하여야 한다.

제29조【예산안편성지침의 통보】① 기획재정부장관은 국무회의의 심의를 거쳐 대통령의 승인을 얻은 다음 연도의 예산안편성지침을 매년 3월 31일까지 각 중앙관서의 장에게 통보하여야 한다.

제31조【예산요구서의 제출】① 각 중앙관서의 장은 제29조의 규정에 따른 예산안편성지침에 따라 그 소관에 속하는 다음 연도의 세입세출예산·계속비·명시이월비 및 국고채무부담행위 요구서를 작성하여 매년 5월 31일까지 기획재정부장관에게 제출하여야 한다.

정답 분석

① 담당관은 전문적 지식을 활용하여 중앙기관의 장, 차관, 차장 등의 밑에서 정책의 기획, 계획의 입안, 연구·조사를 실시하며 계선의 장을 보좌하는 참모(막료)기관을 말한다.

선지 분석

② 특별지방행정기관은 특정한 중앙행정기관에 소속되어, 당해 관할구역 내에서 시행되는 소속 중앙행정기관의 권한에 속하는 행정사무를 관장하는 국가의 지방행정기관이다.

③ 보조기관은 행정기관의 의사 또는 판단의 결정이나 표시를 보조하는 기관으로 차관, 차장, 실장, 국장 등이 있으며 보좌기관은 행정기관이 그 기능을 원활하게 수행할 수 있도록 기관장이나 보조기관을 보좌하는 기관으로 차관보, 담당관, 심의관 등이 있다.

④ 행정기구의 설치와 지방공무원의 정원은 인건비 등 대통령령으로 정하는 기준에 따라 그 지방자치단체의 조례로 정한다.

관련 법령

지방자치법상 행정기구와 공무원

제125조【행정기구와 공무원】① 지방자치단체는 그 사무를 분장하기 위하여 필요한 행정기구와 지방공무원을 둔다.
② 제1항에 따른 행정기구의 설치와 지방공무원의 정원은 인건비 등 대통령령으로 정하는 기준에 따라 그 지방자치단체의 조례로 정한다.

정답 분석

② 추밀원령을 제정한 국가는 영국이다. 영국은 추밀원령을 계기로 실적주의가 확립되고 미국은 펜들턴(pendleton)법의 제정으로 실적주의의 기초가 마련되었다.

선지 분석

① 실적주의는 정당에의 충성을 강조하는 엽관주의가 부정부패 및 행정의 전문성 저하 등의 폐해를 가져오자, 이를 극복하기 위해 등장하였다.

③ 실적주의는 공무원이 어떤 정당에도 치우치지 않게 함으로써 행정의 공정성을 확보하고, 지속적인 행정수행을 위해 신분보장을 강화한다.

④ 실적주의는 객관적이고 능력위주의 인사행정에 주력하므로, 행정의 비인간화가 나타날 수 있으며 사회적 약자에게 불리할 수 있다.

정답 분석

ㄱ. 신행정론은 내부적인 관리보다는 정책 및 문제지향성을 강조하여 대내외적인 의사결정보다 정책문제의 해결을 중시하였다.

ㄹ. 신행정론은 관리과학, 체제분석보다는 거시적인 정책분석을 중시하는 정책과학적 입장을 견지하였다.

선지 분석

ㄴ. 신행정론은 관료제와 계층제적 권위를 중심으로 하는 전통적 조직이론에 반발하면서, 동태적·탈관료제적 조직을 강조하였다.

ㄷ. 신행정론은 행정의 종국적 근원을 시민으로 보며 시민참여, 수익자에 의한 평가 등 고객의 참여를 강조하였다.

정답 분석

② 과학적 관리론은 합리적·기계적 인간관을 바탕으로, 경제적 요인만으로도 구성원들이 효율적인 업무를 해낼 수 있다고 보았다. 리더십은 조직 구성원들의 응집력 확보나 동기부여를 중시하는 인간관계론에서부터 연구가 시작되었다.

선지 분석

① 리더십이란 조직목표의 달성을 위하여 구성원이 자발적으로 적극적 행동을 하도록 동기를 부여하고 영향력을 미치는 관리자의 쇄신적, 창의적인 능력을 말한다.

③ 리더는 구성원의 혁신, 개발, 창조를 중시하고 관리자는 구성의 관리, 유지를 중시한다는 점에서 리더와 관리자는 다른 개념이라고 할 수 있다.

④ 성좌적 자질론은 별자리 자질론이라고도 불리며, 자질은 상황에 따라 가변적이기 때문에 여러 자질을 갖춘 사람이 리더로서 적합하다고 본다. 상황에 따라서 각각 리더의 건강, 지구력, 설득력 등 다양한 자질이 요구되는 경우를 의미한다.

정답 분석

① 프로그램화된 SOP나 프로그램 목록에 의한 관례화된 결정은 분석이 아닌 습관에 의한 결정에 해당한다. 분석에 의한 결정은 단계를 밟아 의식적으로 내리는 결정을 말하며, 합리모형에서 나타나는 결정이 대표적인 예이다.

선지 분석

② 만족모형은 인지능력의 한계로 인해 완전한 합리성을 가지지 못 하고, 제한된 합리성에 근거하여 만족화를 추구한다.

③ 사이버네틱스모형은 복잡하고 복수의 의사결정자들이 참여하는 상황 하에서 제한된 합리성에 만족하며 점진적 적응을 통하여 집단차원의 의사결정을 설명하려는 모형이다.

④ 합리모형은 목표나 가치를 가장 완전하고 합리적으로 달성할 수 있는 대안을 추구한다. 이 때 목표와 수단의 연쇄관계(goal-means chain)를 인정하지 않으며 가치·목표와 사실·수단을 엄격히 구분하여 분석하는 목표·수단분석(goal-means analysis)을 실시한다.

15 Ⅶ 주민직접참여제도 정답 ④

정답 분석

ㄱ, ㄴ, ㄷ 모두 주민조례청구대상에 제외되는 사항이다(주민조례발안에 관한 법률 제4조). 법령을 위반하는 사항, 지방세·사용료·수수료·부담금의 부과·징수 또는 감면에 관한 사항, 행정기구의 설치·변경에 관한 사항 또는 공공시설의 설치를 반대하는 사항은 주민조례청구대상에서 제외된다.

관련 법령

주민조례발안에 관한 법률상 주민조례청구

제2조 【주민조례청구권자】 18세 이상의 주민으로서 다음 각 호의 어느 하나에 해당하는 사람은 해당 지방자치단체의 의회에 조례를 제정하거나 개정 또는 폐지할 것을 청구할 수 있다.
1. 해당 지방자치단체의 관할 구역에 주민등록이 되어 있는 사람
2. 출입국관리법 제10조에 따른 영주(永住)할 수 있는 체류자격 취득일 후 3년이 지난 외국인으로서 같은 법 제34조에 따라 해당 지방자치단체의 외국인등록대장에 올라 있는 사람

제4조 【주민조례청구 제외 대상】 다음 각 호의 사항은 주민조례청구 대상에서 제외한다.
1. 법령을 위반하는 사항
2. 지방세·사용료·수수료·부담금을 부과·징수 또는 감면하는 사항
3. 행정기구를 설치하거나 변경하는 사항
4. 공공시설의 설치를 반대하는 사항

16 Ⅱ 정책집행의 하향적 접근방법 정답 ②

정답 분석

ㄱ. 정책집행의 하향적 접근방법은 성공적인 정책집행을 위한 명확한 지침을 제공하기 때문에, 집행과정에서의 문제점을 예견할 수 있는 체크리스트의 역할을 수행한다.

ㄷ. 정책집행의 하향적 접근방법은 정치행정이원론을 바탕으로 정책집행을 단순히 결정 내용을 충실하게 이행하는 과정으로 인식하기 때문에 비정치적이고 기술적인 특징이 있다.

선지 분석

ㄴ. 정책집행의 하향적 접근방법은 버만(Berman)의 정형적 접근방법, 엘모어(Elmore)의 전향적 접근방법과 같은 맥락이다.

ㄹ. 정책집행의 하향적 접근방법은 정책결정자가 집행과정에 대하여 절대적 영향력을 행사하며, 최고결정자의 리더십을 성공적 정책집행의 핵심으로 본다.

17 Ⅱ 내적 타당도 저해요인 정답 ③

정답 분석

③ 우유급식의 효과를 평가하는 데 있어서 우유급식으로 인한 체중 증가와 함께 아이가 자연히 크는 경우는 성숙효과의 예에 해당한다. 성숙효과는 평가에 동원된 실험집단이 정책효과와는 관계없이 스스로 성장함으로써 나타날 수 있는 효과이다. 역사적 요인은 연구기간 동안에 일어나는 사건이 실험집단에 영향을 미쳐 대상변수에 중요한 영향을 끼치는 경우이다.

선지 분석

① 외재적 요인은 정책의 대상이 되는 실험집단과 그렇지 않은 통제집단(비교집단)이 동등하게 선발되지 못하고 처음부터 다른 특성을 가져 정책결과에 영향을 미치는 현상으로, 선발요소라고도 한다.

② 측정요소는 실험집단들 자신이 측정받고 있다는 사실을 감지하면 의도적인 행위나 무의식적인 반응을 나타냄으로써 인과적 추론의 타당성을 저해하는 것을 말한다.

④ 모방효과는 통제집단의 구성원이 실험집단 구성원의 행동을 모방하는 오류이다.

이것도 알면 합격!

정책평가의 내적 타당도 저해요인

선발요소 (외재적 요인)	실험집단과 통제집단의 표본선정과정상의 오류 (동질성 부족)
역사적 요소 (사건효과)	실험기간 동안에 일어난 역사적 사건이 실험에 영향을 미치게 되는 것
성숙효과 (성장효과)	실험기간 중 집단구성원의 자연적 성장이나 발전에 의한 효과로서 실험기간이 길어질수록 사건효과나 성장효과는 커짐
측정요소	실험 전에 측정한 사실 그 자체가 연구되는 현상에 영향을 주는 것

18 Ⅳ 성과계약평가 정답 ②

정답 분석

② 성과계약평가는 정기평정의 경우 12월 31일을 기준으로 하여 연 1회 실시한다. 5급 이하의 공무원을 대상으로 하는 근무성적평가의 경우, 연 2회의 근무성적평가가 원칙이다.

선지 분석

① 성과계약평가는 직무분석을 통해 도출된 성과책임을 바탕으로 성과목표를 설정, 관리, 평가하고 그 결과를 보수에 반영하는 제도이다.

③ 성과계약의 평가대상은 일반적으로 4급 이상 공무원 및 연구관, 지도관이다. 다만, 소속장관이 성과계약평가가 적합하다고 인정하는 경우에는 예외적으로 5급 이하 공무원도 가능하다.

④ 소속 장관은 조직의 내·외부적 요인으로 인하여 성과계약의 내용을 수정할 필요가 있는 경우에는 성과계약 체결 당사자 간의 합의로 성과계약의 내용을 변경하게 할 수 있다(공무원 성과평가 등에 관한 규정 제9조 제2항).

19 　 Ⅴ 예산의 형식 　 정답 ②

정답 분석

ㄱ. 예산총칙에는 세입세출예산, 계속비, 국고채무부담행위에 관한 총괄적 규정과 국채 또는 차입금의 한도액, 재정증권의 발행 등 기타 예산집행에 관하여 필요한 사항을 규정하고 있다.

ㄷ. 계속비는 경비의 총액과 연부액을 정하여 미리 국회의 의결을 얻어 완성에 수년도를 요하는 공사나 제조 및 연구, 개발 사업에 수년도에 거쳐 지출하는 경비를 뜻한다.

선지 분석

ㄴ. 세출예산은 행정부를 엄격히 구속하므로 입법부의 승인 없이는 지출이 불가능하지만, 세입예산은 단순한 추정치에 불과하므로 세입예산상 과목이 없어도 징수가 가능하다.

ㄹ. 국고채무부담행위는 국가가 예산의 확보 없이 미리 국회의 의결로 채무를 부담하는 행위이다.

20 　 Ⅴ 계획예산제도(PPBS) 　 정답 ①

정답 분석

① 계획예산제도는 단기적이 아닌 장기적 관점에서 프로그램을 선택하고 장기계획과 예산을 유기적으로 연결시키는 전략적인 연동예산이다.

선지 분석

② 조직목표를 가능한 한 수치로 명확히 설정하여 선택한 목표의 효과적 달성을 위한 활동을 산출로 표시한다.

③ 예산과 기획에 관한 의사결정을 일원화시킴으로써 최고관리층의 권한을 지나치게 강화시킬 수 있다.

④ 예산을 부서별로 접근하지 않고 정책별로 접근하기 때문에 부서 간 의사교환이 활발해지고 문제점을 이해함으로써 조직의 통합적 운영이 가능해져 개별부서 간 갈등과 대립이 완화될 수 있다.

21 　 Ⅳ 직위분류제 　 정답 ③

정답 분석

③ 직위분류제는 개방형 임용을 택하여 적재적소에 유능한 사람을 배치할 수 있으나 신분보장이 미흡하다는 단점이 있다. 하지만 엽관제에 의한 보수의 불평등을 해소하고, '동일업무의 동일보수'라는 합리적 사상에 기초하여 보수체계의 합리성을 확보하기 용이하다.

선지 분석

① 직무의 종류와 곤란도, 책임도를 기준으로 하여 직군·직렬별과 등급별로 공직을 분류한다.

② 농업사회나 전통적인 신분적 계급제도가 없이 곧바로 산업화가 실현된 미국, 캐나다 등지에서 주로 발달하였다.

④ 직무수행의 적격자를 공직의 내부에서만 찾지 않고 모든 계층에서 외부인사의 임용이 자유로운 구조를 가진 개방형 인사제도이다.

22 　 Ⅰ 신공공관리론과 뉴거버넌스론 　 정답 ③

정답 분석

③ 정부의 기능을 방향잡기에 국한시키려는 의도나 민영화 등 시장주의적 개혁이 결과적으로 서비스연계망을 확대시켰다는 점 등으로 볼 때, 신공공관리론은 뉴거버넌스의 이론적 토대가 되었다고 할 수 있다.

선지 분석

① 신공공관리론은 시장을 통한 정부의 역할 축소를 주장하고, 뉴거버넌스론은 시민의 참여와 협의를 통한 정부의 역할 축소를 주장한다.

② 신공공관리론은 경쟁의 원리를 중시하지만, 뉴거버넌스론은 시장주의에 입각한 경쟁보다는 신뢰를 기반으로 조정과 협조를 중시한다.

④ 신공공관리론은 조직 내부의 분권화를 통한 조직 내 분석수준을 갖는 반면, 뉴거버넌스는 정부, 시장, 민간, 비영리부문 등 다양한 조직의 조직 간 분석수준을 갖는다.

🏛 **이것도 알면 합격!**

신공공관리론과 뉴거버넌스론의 비교

구분	신공공관리	뉴거버넌스
인식론적 기초	신자유주의·신공공관리	공동체주의·참여주의
관리기구	시장주의	서비스연계망에 의한 공동생산
관리가치	결과(효율성, 생산성)	과정 (민주성, 정치성, 신뢰)
분석수준	조직 내	조직 간
혁신의 초점	정부재창조(미국)	시민재창조(영국)
서비스	민영화, 민간위탁	공동생산 (시민·기업의 참여)

23 　 Ⅲ 책임운영기관 　 정답 ②

정답 분석

② 책임운영기관은 정부가 수행하는 사무 중 공공성을 유지하면서도 경쟁원리에 따라 운영하는 것이 바람직한 사무를 자율적으로 담당하는 기관이다.

선지 분석

① 우리나라는 김대중 정부(1999년 1월) 때 책임운영기관의 설치·운영에 관한 법률을 제정하였고 국립중앙극장, 국립재활원 등에서 처음 실시되었다.

③ 기획이나 결정기관이 아니라 집행중심의 조직으로서 정책집행 및 서비스 전달기능을 수행한다.

④ 소속책임운영기관장은 소속중앙행정기관장이 5년 범위 내에서(특별한 사유가 없는 한 2년 이상) 임기제 공무원으로 채용한다.

24 Ⅰ 공익의 과정설과 실체설   정답 ①

정답 분석

ㄱ. 슈버트(Schubert)는 과정설의 입장에서 공익이 민주적 정부이론의 중심에 놓여 있다고 주장했다.

ㄷ. 실체설은 개인의 사익을 초월한 공동체 전체의 공익이 따로 있다고 보는 견해이다.

선지 분석

ㄴ. 실체설은 공익을 전체주의·집단주의적 관점에서 보는 입장으로, 정책결정의 엘리트이론, 합리모형과 유사하다. 과정설은 공익을 다원주의·현실주의·개인주의적 관점에서 보는 입장이다.

ㄹ. 실체설의 대표 학자에는 플라톤(Platon)과 루소(Rousseau) 등이 있고, 과정설의 대표 학자에는 린드블룸(Lindblom), 하몬(Harmon) 등이 있다.

ㅁ. 과정설은 공익에 대한 개념 및 인식이 매우 소극적이어서, 대립적인 이익들을 평가할 기준을 제시하지 못한다.

25 Ⅱ 로위(Lowi)의 정책유형   정답 ③

정답 분석

ㄴ. 구성정책은 정부의 성격 규정이나 정부기구의 구성, 행정체제를 조직하는 정책으로 그 예로는 정부기관 신설, 공무원 모집, 선거구 조정 등이 있다.

ㄹ. 재분배정책은 경제적 보상의 기본관계를 재구성하는 정책으로, 기득권자나 비용부담자의 저항이 심하기 때문에 집행이 용이하지 않다는 단점이 있다.

선지 분석

ㄱ. 다원주의 정치관계는 배분정책이 아닌 규제정책에서 주로 볼 수 있다. 규제정책은 규제로 인하여 손익을 보는 관련집단 간의 갈등으로 포획이나 지대추구 등이 나타난다.

ㄷ. 엘리트이론이 적용되는 것은 재분배정책이다. 재분배정책은 가진 자의 부를 거두어 가지지 못한 자에게 이전해주기 때문에 엘리트집단과 피지배계급 간의 갈등이 나타나게 된다.

이것도 알면 합격!

로위(Lowi)의 정책유형

구분	개념	과정상 특징	예
구성정책	행정체제 정비	게임의 법칙, 권위적 성격, 총체적 성격	정부기관 신설, 선거구역 획정
배분정책	서비스 배분	포크배럴, 로그롤링	SOC, 보조금
규제정책	제약과 통제	다원주의 (포획과 지대추구)	진입규제, 독과점 규제
재분배 정책	부의 이전	엘리트이론	사회보장정책, 계급정책

▶ 셀프 체크

권장 풀이 시간	75분(OMR 표기 시간 포함)
실제 풀이 시간	___시 ___분 ~ ___시 ___분
맞힌 답의 개수	___개 / 75개

제3회 실전모의고사
모바일 자동 채점 + 성적 분석 서비스
바로 가기(gosi.Hackers.com)

QR코드를 이용하여 해커스공무원의
'모바일 자동 채점 + 성적 분석 서비스'로 바로 접속하세요!
* 해커스공무원 사이트의 가입자에 한해 이용 가능합니다.

▶ 정답

제1과목 국어

01	④	06	③	11	③	16	④	21	①
02	③	07	③	12	④	17	②	22	②
03	②	08	②	13	③	18	③	23	④
04	①	09	③	14	①	19	④	24	①
05	④	10	①	15	③	20	③	25	③

제2과목 행정법

01	④	06	④	11	②	16	③	21	①
02	③	07	④	12	③	17	④	22	③
03	②	08	③	13	①	18	②	23	①
04	③	09	③	14	④	19	③	24	③
05	①	10	④	15	①	20	②	25	①

제3과목 행정학

01	①	06	④	11	④	16	③	21	③
02	②	07	①	12	②	17	②	22	①
03	②	08	③	13	①	18	①	23	③
04	③	09	②	14	④	19	③	24	②
05	③	10	③	15	②	20	③	25	②

▶ 취약 단원 분석표

제1과목 국어

단원	맞힌 답의 개수
어법	/ 10
비문학	/ 6
문학	/ 6
어휘	/ 2
혼합	/ 1
TOTAL	/ 25

제2과목 행정법

단원	맞힌 답의 개수
I 일반론	/ 4
II 행정작용	/ 4
III 행정과정	/ 3
IV 실효성 확보수단	/ 4
V 손해전보	/ 2
VI 행정쟁송	/ 5
VII 행정법각론	/ 3
TOTAL	/ 25

제3과목 행정학

단원	맞힌 답의 개수
I 행정학 총설	/ 2
II 정책학	/ 5
III 행정조직론	/ 6
IV 인사행정론	/ 3
V 재무행정론	/ 2
VI 지식정보화 사회와 환류론	/ 4
VII 지방행정론	/ 3
TOTAL	/ 25

01   어법   문장 (문장 성분)   정답 ④

정답 설명

④ 시험에 떨어진 주체가 '민희'이므로 '민희조차'는 문장의 주어이고, ① '어서들', ② '4년마다', ③ '가로수길도'는 부사어이므로 밑줄 친 부분의 문장 성분이 다른 하나는 ④이다. 참고로, '민희조차'에 쓰인 '조차'는 이미 어떤 것이 포함되고 그 위에 더함의 뜻을 나타내는 보조사이며, 주격 조사 '가'로 바꾸어 쓸 수 있다.

오답 분석

① '어서들'은 부사 '어서'와 문장의 주어가 복수임을 나타내는 보조사 '들'이 결합한 말로, 용언 '타라'를 수식하고 있으므로 부사어이다.

② '4년마다'는 체언 '4년'에 '앞말이 가리키는 시기에 한 번씩'의 뜻을 나타내는 보조사인 '마다'가 결합한 말로, 용언 '치러진다'를 수식하고 있으므로 부사어이다. 이때, '4년마다'의 조사 '마다'는 시간을 나타내는 부사격 조사 '에'로 바꾸어 쓸 수 있다.

③ '가로수길도'는 체언 '가로수길'에 '이미 어떤 것이 포함되고 그 위에 더함'의 뜻을 나타내는 보조사인 '도'가 결합한 말로, 용언 '피었다'를 수식하고 있으므로 부사어이다. 이때, '가로수길도'의 조사 '도'는 처소를 나타내는 부사격 조사 '에'로 바꾸어 쓸 수 있다.

02   어법   한글 맞춤법 (맞춤법에 맞는 표기)   정답 ③

정답 설명

③ 한글 맞춤법에 따라 바르게 표기된 것은 ③ '짧다-짤막한-짤따란'이다. 용언의 어간 뒤에 자음으로 시작된 접미사가 붙는 말은 어간의 원형을 밝혀 적어야 하나, '짤막한'과 '짤따란'은 겹받침 'ㄼ'에서 끝소리 'ㅂ'이 드러나지 않으므로 소리 나는 대로 표기한다.

오답 분석

① 널직한(×) → 널찍한(○): '널찍한[널찌칸]'은 어간의 겹받침 'ㄼ'에서 끝소리가 드러나지 않고 앞에 있는 받침 'ㄹ'만 소리 나는 경우에 해당하므로 원형을 밝혀 적지 않고, 소리 나는 대로 적어야 한다.

② 굵직한(×) → 굵직한(○): '굵직한[국찌칸]'은 어간의 겹받침 'ㄺ'에서 끝소리가 드러나므로 어간과 접미사의 원형을 밝혀 '굵직한'으로 적는다.

④ 얇다란(×) → 얄따란(○): '얄따란[얄따란]'은 어간의 겹받침 'ㄼ'에서 끝소리가 드러나지 않고 앞에 있는 받침 'ㄹ'만 소리 나는 경우에 해당하므로 원형을 밝혀 적지 않고, 소리 나는 대로 적어야 한다.

03   문학+어휘   주제 및 중심 내용 파악   정답 ②

정답 설명

② 제시된 시는 타인을 더 사랑하지 못했던 자신의 삶에 대한 고백과 반성을 그린 작품이므로, 시의 주제로 가장 적절한 한자어는 ②이다.
- 내성(內省): 자신을 돌이켜 살펴봄

오답 분석

① 좌절(挫折): 1. 마음이나 기운이 꺾임 2. 어떠한 계획이나 일 등이 도중에 실패로 돌아감

③ 이기(利己): 자기 자신의 이익만을 꾀함

④ 회고(回告): 돌아보아서 고함

📝 **이것도 알면 합격!**

문정희, '비망록'

1. 주제: 과거의 삶에 대한 반성과 남을 사랑하는 사람이 되고픈 소망

2. 특징
  (1) 담담한 어조로 자신의 삶에 대한 반성적 인식을 드러냄
  (2) 유사한 통사 구조의 반복을 통해 화자의 마음가짐을 강조함

04   어휘   속담, 한자 성어   정답 ①

정답 설명

① '굴러온 돌이 박힌 돌 뺀다'와 '賊反荷杖(적반하장)'은 서로 의미가 유사하지 않으므로 답은 ①이다.
- 굴러온 돌이 박힌 돌 뺀다: 외부에서 들어온 지 얼마 안 되는 사람이 오래전부터 있던 사람을 내쫓거나 해치려 함을 이르는 말
- 賊反荷杖(적반하장): '도둑이 도리어 매를 든다'라는 뜻으로, 잘못한 사람이 아무 잘못도 없는 사람을 나무람을 이르는 말

오답 분석

② • 벙어리 속은 벙어리가 안다: 같은 처지에 있는 사람이라야 그 마음을 알 수 있음을 비유적으로 이르는 말
  • 同病相憐(동병상련): '같은 병을 앓는 사람끼리 서로 가엾게 여긴다'라는 뜻으로, 어려운 처지에 있는 사람끼리 서로 가엾게 여김을 이르는 말

③ • 미역국 먹고 생선 가시 내랴: '미역국을 먹고 생선 가시를 낼 수 없는데도 내놓으라 한다'라는 뜻으로, 불가능한 일을 자꾸 우겨 댐을 비꼬는 말
  • 緣木求魚(연목구어): '나무에 올라가서 물고기를 구한다'라는 뜻으로, 도저히 불가능한 일을 굳이 하려 함을 비유적으로 이르는 말

④ • 발만 보고도 무엇까지 보았다고: 남의 일을 크게 과장하여 말을 하는 경우를 비꼬는 말
  • 針小棒大(침소봉대): 작은 일을 크게 불리어 떠벌림

05   비문학   주제 및 중심 내용 파악   정답 ④

정답 설명

④ 3문단에서 유전자 변형체가 질병을 치료하여 긍정적인 효과를 미칠 수도 있지만 진화 과정에서 어떤 위험을 초래할지 예측 및 통제하는 것이 불가능하다고 하였다. 이를 미루어 보아 유전자 변형 기술은 위험성이 통제되지 않아 신중하게 개발되어야 함을 이끌어낼 수 있으므로 글의 주장으로 적절한 것은 ④이다.

① 2문단 1~2번째 줄을 통해 인간을 포함한 생물은 종족 보존을 위해 진화를 거듭해 왔음을 알 수 있다. 그러나 이는 진화 과정에서 유전자 변형체가 인체에 미치는 영향을 설명하기 위한 부분적인 내용이며, 3문단에서 유전자 변형을 통해 신체 기능을 향상시키는 것이 인간의 진화 과정에서 어떤 위험을 초래할지 예측할 수 없으니 신중해야 함을 강조하고 있으므로 ①은 제시문의 주장으로 적절하지 않다.

[관련 부분]
- 기계와 컴퓨터가 진화를 하지 않는 것과 달리 생물은 종족의 보존을 위해 진화를 거듭한다.
- 진화 과정을 거치며 이 행위(유전자 변형체를 인공적으로 이식하는 것)가 어떤 위험을 초래할지는 예측할 수 없으며 통제할 수도 없을 것이다.

② 2문단을 통해 유전적 결함이 오히려 인체에 도움을 주는 경우도 있음을 확인할 수 있으나, 이는 유전적 물질이 긍정적인 방향 또는 부정적인 방향 모두로 변화할 수 있다는 점을 설명하기 위한 부분적인 내용이며, 이를 통해 유전적 결함에 대한 편견을 개선해야 한다는 내용은 이끌어 낼 수 없으므로 제시문의 주장으로 적절하지 않다.

③ 제시문에서 확인할 수 없는 내용이다.

06 어법 외래어 표기 정답 ③

③ 외래어 표기 용례로 올바른 것은 '크레셴도'이다. 이탈리아어의 표기 세칙에 따라 'crescendo'의 'sce'는 '셰'로 적는다.

① latte[láːtei] 라떼(×) → 라테(○): 이탈리아어 표기 세칙에 따라 같은 자음 't'가 겹쳤을 때에는 겹치지 않는 경우와 같이 적어야 하므로 'latte'는 '라테'로 적는다. 참고로, 예외적으로 자음 '-mm-', '-nn-'의 경우는 'ㅁㅁ', 'ㄴㄴ'으로 적는다.

② buffet[búfei] 부페(×) → 뷔페(○): 프랑스어의 외래어 표기법에 따라 'buffet'는 '뷔페'로 적는다.

④ consortium[kənsóːrʃiəm] 콘소시엄(×) → 컨소시엄(○): 모음 [ə]는 '어'로 적어야 하므로 'consortium'은 '컨소시엄'으로 적는다.

07 어법 국어의 로마자 표기 정답 ③

③ ⓒ 싸리재 Ssarijae(○): 된소리되기는 국어의 로마자 표기에 반영하지 않는다. 그러나 '싸리재'의 'ㅆ'은 된소리되기로 인한 것이 아니므로 'ss'로 적는다.

① ㉠ 덕동산 Deokddongsan(×) → Deokdongsan(○): 국어의 로마자 표기에서 된소리되기는 표기에 반영하지 않으므로 '덕동산[덕똥산]'은 'Deokdongsan'으로 적는다.

② ⓛ 광한루 Gwanghanlu(×) → Gwanghallu(○): '광한루[광할루]'의 받침 'ㄴ'은 뒤 음절 '루'의 초성 [ㄹ]로 인해 [ㄹ]로 발음되는 자음 동화(유음화)가 일어난다. 자음 동화는 표기에 반영하여 적어야 하므로 'Gwanghallu'으로 적는다.

④ ⓔ 낭림산맥 Nangrimsanmaek(×) → Nangnimsanmaek(○): '낭림산맥[낭:님산맥]'의 '림'은 앞 음절 '낭'의 받침 [ㅇ]으로 인해 뒤 음절 '림'이 [님]으로 발음되는 자음 동화(비음화)가 일어난다. 자음 동화는 표기에 반영하여 적어야 하므로 'Nangnimsanmaek'으로 적는다.

📝 이것도 알면 합격!

음운 변화와 관련된 로마자 표기법

1. 음운 변화가 일어날 때에는 변화의 결과에 따라 적음

음운 변화	예
자음 동화	백마[뱅마] Baengma, 종로[종노] Jongno, 신문로[신문노] Sinmunno, 신라[실라] Silla, 왕십리[왕심니] Wangsimni, 별내[별래] Byeollae
'ㄴ', 'ㄹ'이 덧나는 경우	학여울[항녀울] Hangnyeoul, 알약[알략] allyak
구개음화	해돋이[해도지] haedoji, 같이[가치] gachi, 굳히다[구치다] guchida
ㄱ, ㄷ, ㅂ, ㅈ + ㅎ → 거센소리	좋고[조코] joko, 놓다[노타] nota, 잡혀[자펴] japyeo, 낳지[나치] nachi

2. 다만, 체언에서 'ㄱ, ㄷ, ㅂ' 뒤에 'ㅎ'이 따를 때에는 'ㅎ'을 밝혀 적음
   예 묵호 Mukho, 집현전 Jiphyeonjeon

3. 된소리되기는 표기에 반영하지 않음
   예 압구정 Apgujeong, 낙동강 Nakdonggang, 죽변 Jukbyeon, 울산 Ulsan, 합정 Hapjeong, 팔당 Paldang, 샛별 saetbyeol, 낙성대 Nakseongdae

08 문학 작품에 대한 지식 (시조) 정답 ②

② 제시된 작품은 이황의 '도산십이곡(陶山十二曲)'으로, 자연의 속성에 빗대어 학문 수양의 의지를 밝히고 있는 작품이다. 중장에서 '流水(유수)'는 밤낮으로 그치지 않는다는 내용이 드러나야 하므로 ㉠에는 '晝夜(주야)'가 들어가는 것이 적절하며, 종장에서는 그치지 않는 물과 같이 학문에 정진하고자 하는 의지가 드러나야 하므로 ㉡에는 '그치디'가 들어가야 한다.

青山(청산)은 어찌하여 영원히 푸르며
流水(유수)는 ㉠ 밤낮으로 그치지 않는가?
우리도 ㉡ 그치지 말고 언제나 푸르리라.

이황, '도산십이곡'의 구성

전반부(제1~6곡)	언지(言地)	자신이 세운 도산 서원 주변을 둘러보며 자연 속에서 일어나는 감흥을 노래함
후반부(제7~12곡)	언학(言學)	학문 수양에 힘쓰고자 하는 의지를 드러냄

---

09 | **어법** 한글 맞춤법 (띄어쓰기) | 정답 ③

정답 설명

③ 보살펴드렸다(×) → 보살펴∨드렸다(○): '보살피다(본용언) + 드리다(보조 용언)'가 결합한 형태로, 이때 '드리다'는 보조 용언이므로 3음절 이상의 본용언과 띄어 쓰는 것이 원칙이다.

오답 분석

① 알려드릴게요(○): '알리다(본용언) + 드리다(보조 용언)'가 결합한 형태로, 이때 '드리다'는 보조 용언이므로 본용언과 띄어 쓰는 것이 원칙이나 본용언의 활용형이 '알려'와 같이 2음절 이하일 때는 '알려드리다'와 같이 붙여 쓰는 것도 허용한다.

② 말씀드리기(○): 이때 '-드리다'는 '공손한 행위'의 뜻을 더하고 동사를 만드는 접미사이므로 앞말에 붙여 써야 한다. 참고로 '긴 말씀(을) 드리다, 위로(의) 말씀(을) 드리다'와 같이 '말씀'을 꾸며 주는 관형어가 있는 경우에는 '말씀∨드리다'로 띄어 쓴다.

④ 도와드렸다(○): 이때 '도와드리다'는 '도와주다'의 높임 표현이므로 붙여 쓴다.

---

10 | **어법** 한글 맞춤법 (맞춤법에 맞는 표기) | 정답 ①

정답 설명

① 맞춤법 사용이 올바르지 않은 것으로만 묶인 것은 ① '닝큼, 짭잘한, 꼼꼼이'이다.
- 닝큼(×) → 닝큼(○): 자음을 첫소리로 가지고 있는 음절의 '늬'는 'ㅣ'로 소리 나는 경우가 있더라도 '늬'로 적는다.
- 짭잘한(×) → 짭짤한(○): 한 단어 안에서 같은 음절이나 비슷한 음절이 겹쳐 나는 부분은 같은 글자로 적는다.
- 꼼꼼이(×) → 꼼꼼히(○): 부사의 끝음절이 분명히 '히'로만 소리 나거나, 또는 '이'나 '히'로 소리 나면서 '-하다'가 붙는 어근 뒤에서는 '-히'로 적는다.

오답 분석

② • 틔여(×) → 티어/트여(○): '트이어'의 준말은 '틔어' 또는 '트여'로 쓸 수 있다.
- 등교길(×) → 등굣길(○): '등교(登校) + 길'이 결합한 합성어로, 앞말이 모음 'ㅛ'로 끝나고 뒷말의 첫소리 'ㄱ'이 된소리 [ㄲ]으로 소리 나므로 사이시옷을 받쳐 적는다.

• 쏟뜨리다(○): '쏟다'의 어간에 '강조'의 뜻을 더하는 접미사 '-뜨리다'가 결합한 말로, 같은 의미의 단어로는 '쏟트리다'가 있다.

③ • 굽도리(○): 어간에 '-이'나 '-음/-ㅁ'이 붙어서 명사로 된 것은 그 어간의 원형을 밝혀 적으나, 그 어간의 뜻과 멀어진 것은 원형을 밝혀 적지 않는다. '굽도리'는 '굽다'의 어간에 '돌다'의 어간과 접미사 '-이'가 결합하여 명사가 된 말이나, 어간의 본래 뜻과 멀어진 경우이므로 원형을 밝혀 적지 않는다.

- 우짖다(○): '울- + 짖다'가 결합한 말로, 끝소리가 'ㄹ'인 말과 다른 말이 어울릴 때 'ㄹ' 소리가 나지 않는 것은 소리 나지 않는 대로 적는다.

- 해쓱하다(○): 한 단어 내 두 모음 사이에서 뚜렷한 까닭 없이 나는 된소리는 소리 나는 대로 적는다.

④ • 경쟁율(×) → 경쟁률(○): 모음이나 'ㄴ' 받침 뒤에 이어지는 '률'은 '율'로 적는다.

- 반짇고리(○): '반질(바느질) + 고리'가 결합한 말로, 끝소리가 'ㄹ'인 말과 다른 말이 어울릴 때 'ㄹ' 소리가 'ㄷ' 소리로 나는 것은 'ㄷ'으로 적는다.

- 달성코자(○): '달성하고자'의 준말로, '하'가 통째로 줄지 않고 'ㅏ'만 줄어 들어 'ㅎ'이 뒤에 오는 말의 첫소리와 어울려 거센소리가 되는 경우에는 소리 나는 대로 적는다.

---

11 | **어법** 한글 맞춤법 (준말) | 정답 ③

정답 설명

③ 마뜩찮다(×) → 마뜩잖다(○): '마뜩잖다'는 '마뜩하지 않다'의 준말로, 이미 한 단어로 굳어진 형태이다. 따라서 원형을 밝히지 않고 소리 나는 대로 '잖'으로 적는다.

오답 분석

① 변변찮다(○): '변변찮다'는 '변변하지 않다'의 준말로, '-하지' 뒤에 '않-'이 어울려 '-찮'으로 줄어든다.

② 시답잖다(○): '시답잖다'는 '시답지 않다'의 준말로, 이미 한 단어로 굳어져 원형을 밝히지 않고 소리 나는 대로 '잖'으로 적는다.

④ 올곧잖다(○): '올곧잖다'는 '올곧지 않다'의 준말로, 이미 한 단어로 굳어져 원형을 밝히지 않고 소리 나는 대로 '잖'으로 적는다.

'-지 않다'와 '-하지 않다'의 준말 표기

어미 '-지' 뒤에 '않 -'이 어울리는 경우에는 '-잖-'으로 표기하며 '-하지' 뒤에 '않-'이 어울리는 경우에는 '-찮-'으로 표기한다.

본말	준말	본말	준말
그렇지 않은	그렇잖은	만만하지 않다	만만찮다
적지 않은	적잖은	변변하지 않다	변변찮다

이미 한 단어로 굳어져 원형을 밝혀야 할 필요가 없는 경우에는 소리 나는 대로 '잖', '찮'으로 적는 것이 합리적이다.

본말	준말	본말	준말
달갑지 않다	달갑잖다	오죽하지 않다	오죽잖다
시답지 않다	시답잖다	당하지 않다	당찮다
올곧지 않다	올곧잖다	편하지 않다	편찮다

정답 설명

④ (라)는 동일한 대상이 언어마다 다르게 표현되는 것을 말한다. 이는 언어의 형식과 의미가 가지는 관계가 필연적이지 않음을 뜻하는 것이므로 ㉠ '자의성'에 해당하는 예이다.

오답 분석

① (가)는 언어의 '역사성'에 해당하는 예이다.

② (나)는 언어의 '분절성'에 해당하는 예이다.

③ (다)는 언어의 '규칙성'에 해당하는 예이다.

 이것도 알면 **합격!**

언어의 특징

기호성	언어는 음성과 뜻이 결합하여 나타나는 기호 체계임
자의성	언어의 의미(내용)와 말소리(형식) 사이에는 필연적인 관계가 없음
사회성	어떤 말소리에 일정한 뜻이 주어진 후에는, 그 언어가 언어를 사용하는 사람들 사이에서 사회적 약속으로 굳어진 것이므로 개인이 임의로 바꿀 수 없음
역사성	언어는 시간이 지나면서 새로 만들어지기도 하고(생성), 변하기도 하며(발전), 없어지기도 함(소멸)
분절성	언어는 여러 단위로 나누어지거나 결합할 수 있음. 또한 언어는 연속적으로 이루어져 있는 세계를 불연속적인 것처럼 끊어서 표현함
추상성	'추상(抽象)'이란 서로 다른 개별적인 대상으로부터 공통적인 요소를 뽑는 것으로, 대부분의 단어들은 상당한 수준의 추상화 과정을 거쳐 형성된 개념을 전달함
규칙성	언어에는 일정한 규칙인 문법이 있음
창조성	언어는 때에 따라 새로운 말을 만들어 표현할 수 있음

정답 설명

③ 나중에 커서 어떤 사람이 되고 싶니?: 동사와 형용사의 품사는 용언의 어간에 어미가 결합할 수 있느냐 없느냐에 따라 구분된다. ③의 '크다'는 '사람이 자라서 어른이 되다'를 뜻하며, 이때 '크다'는 '나중에 큰다'와 같이 용언의 어간 '크-'에 현재 시제 선어말 어미 '-ㄴ-'이 결합할 수 있는 동사이다. 반면에 ①②④의 '크다'는 용언의 어간에 어미가 결합할 수 없으므로 모두 형용사이다. 따라서 밑줄 친 부분의 품사가 다른 하나는 ③이다.

오답 분석

①②④의 '크다'는 모두 용언의 어간에 현재 시제 선어말 어미 '-ㄴ-'이 결합할 수 없는 형용사이다.

① 너에게 기대하는 바가 크다: 이때 '크다'는 '일의 규모, 범위, 정도, 힘 등이 대단하거나 강하다'를 뜻하는 형용사이다.

② 단독 범행이 아닐 가능성이 크다: 이때 '크다'는 '가능성 등이 많다'를 뜻하는 형용사이다.

④ 책의 구성은 크게 둘로 나눌 수 있다: 이때 '크다'는 '대강', '대충'의 뜻을 나타내는 형용사이다.

 이것도 알면 **합격!**

동사와 형용사의 구분

1. 구분 방법

의미로 구분	동작이나 과정을 나타내면 동사이고, 성질이나 상태를 나타내면 형용사임	
어미 결합 여부로 구분	현재 시제 선어말 어미 '-는-/-ㄴ-'과 관형사형 어미 '-는'	→ 결합할 수 있으면 동사
	의도의 어미 '-려', 목적의 어미 '-러'	→ 결합할 수 없으면 형용사
	명령형 어미 '-아라/-어라', 청유형 어미 '-자'	

2. 헷갈리기 쉬운 동사와 형용사

동사	늙다, 자다, 맞다, 모자라다, 쪼들리다, 닮다, 쑤시다, 붐비다, 잘생기다
형용사	알맞다, 걸맞다, 건강하다, 급급하다, 없다, 젊다, 성실하다, 정직하다
동사, 형용사 모두 쓰이는 단어	크다, 감사하다, 있다, 늦다, 밝다, 길다

정답 설명

① 문맥상 ㉠에는 '망연한', ㉡에는 '여전히 기다릴 도리밖에 없다는 것'이 들어가야 한다.

㉠: 역사 안에 있는 사람들 대부분이 아무 말도 없이 멍하니 난로 불빛을 응시하고 있는 상황이므로 '망연한'이 들어가야 한다.
• 망연하다: 아무 생각이 없이 멍하다.

㉡: 앞 문장에서 삶을 열차에 비유해 '열차를 세울 수도 탈 수도 없다'라고 표현하였으므로 남겨진 자기 몫의 삶은 '(그 열차를) 여전히 기다릴 도리밖에 없다는 것'으로 추론할 수 있다.

 이것도 알면 **합격!**

임철우, '사평역'의 줄거리 및 주제 의식

'사평역'은 눈 내리는 겨울밤을 배경으로 시골 간이역 대합실에서 막차를 기다리는 사람들의 삶과 내면 의식을 그린 작품이다. 30대 중반의 농부와 병든 아버지, 교도소에서 출감한 중년의 사내, 대학에서 제적 당한 청년, 서울 여자 등 여러 인물의 사연을 통해 '사는 것이 과연 무엇인가'하는 삶에 대한 성찰을 전하고 있다.

15 어휘 한자어의 표기 　　　정답 ③

정답 설명

③ 辨濟(분별할 변, 건널 제)(○): '남에게 진 빚을 갚음'을 뜻하는 '辨濟(변제)'가 문맥에 맞게 쓰였다.

오답 분석

① 開進(열 개, 나아갈 진)(×) → 開陳(열 개, 베풀 진)(○): 문맥상 '주장이나 사실 등을 밝히기 위하여 의견이나 내용을 드러내어 말하거나 글로 씀'을 뜻하는 '開陳(개진)'으로 쓰는 것이 적절하다.
  • 開進(개진): 사람의 지혜나 문물이 열려 점차 발달함

② 有勢(있을 유, 형세 세)(×) → 遊說(놀 유, 달랠 세)(○): 문맥상 '자기 의견 또는 자기 소속 정당의 주장을 선전하며 돌아다님'을 뜻하는 '遊說(유세)'로 쓰는 것이 적절하다.
  • 有勢(유세): 1. 세력이 있음 2. 자랑삼아 세력을 부림

④ 剖決(쪼갤 부, 결단할 결)(×) → 否決(아닐 부, 결단할 결)(○): 문맥상 '의논한 안건을 받아들이지 않기로 결정함'을 뜻하는 '否決(부결)'로 쓰는 것이 적절하다.
  • 剖決(부결): 시비나 선악을 판단하여 결정함

16 문학 시구의 의미 　　　정답 ④

정답 설명

④ ⓔ의 '산꿩도 섧게 울은 슬픈 날'은 가족을 잃고 여승이 된 여인의 비애감을 드러내는 표현으로, 이때 '산꿩'은 감정 이입의 대상은 맞으나 화자의 정서를 드러내는 것이 아닌 여승이 된 여인의 정서를 드러낸다. 따라서 적절하지 않은 설명은 ④이다.
  • 감정 이입: 상대방과 자신을 서로 동일하게 여겨 상대방처럼 느끼고 생각하는 것

오답 분석

① ⑦의 '나'는 여승의 삶을 관찰자적 입장에서 바라보는 화자이며, '서러워졌다'라는 표현을 통해 시적 화자가 여승의 기구한 삶에 연민을 느끼고 있음을 알 수 있다.

② ⓛ은 화자와 여인이 처음 만났던 날을 회상한 것으로, 시간의 흐름이 뒤바뀐 역순행적 구성 방식으로 시상이 전개되고 있다.

③ ⓒ은 남편에 이어 어린 딸마저 잃은 여인의 비극적인 삶을 함축적으로 보여 주는 부분이다.

🎓 이것도 알면 합격!

백석, '여승'의 역순행적 구성 방식

'여승'은 시간의 흐름에 따른 순행적 구성이 아닌 역순행적 구성 방식으로 시상을 전개하고 있다. 여인의 비극적 삶을 2~4연에 걸쳐 압축적으로 제시함으로써 시의 주제 의식이 선명하게 드러난다.

연 구분	시간	내용
1연	현재	여승을 바라보는 시적 화자
2연		화자와 여인의 첫 만남
3연	과거	남편과 딸을 모두 잃은 여인의 비극적인 삶
4연		한을 이기지 못하고 여승이 된 여인

17 비문학 내용 추론 　　　정답 ②

정답 설명

② 제시문은 분수의 특성에 대해 설명하는 글로, 이때 '물의 운명'이란 높은 데서 낮은 데로 흐르는 물의 자연스러운 성질을 의미한다. 반면 '도전하는 물줄기', '문명의 질서', '힘의 동력'은 이러한 자연스러운 물의 성질에 반하여 땅에서 하늘로 뻗쳐 올라가는 분수의 특성과 유사한 의미를 가지므로 문맥적 의미가 다른 하나는 ②이다.

18 비문학 관점 및 태도 파악 　　　정답 ③

정답 설명

③ 윗글과 〈보기〉를 바르게 이해한 것으로 가장 적절한 것은 ③이다.
  • 윗글: 필자는 잘못된 외래어 수용 태도가 우리말에 끼치는 부정적 영향과 우려되는 상황에 대해 말하고, 우리 옛말을 되살리거나 다듬는 작업을 매우 가치 있는 일이라고 평가하고 있다. 이를 통해 윗글은 우리말 다듬기의 필요성에 대해 주장하고 있음을 알 수 있다.
  • 〈보기〉: 끝에서 1~5번째 줄을 통해 인류사회의 구성원이 누구나 평등한 관계에서 자기의 언어와 문화를 발전시키는 것이 세계화를 위한 방법이라고 언급하고 있다.

오답 분석

① 윗글과 〈보기〉 모두 외래어의 무분별한 수용과 영어의 공용어화에 대해 부정적인 입장을 취하고 있긴 하나, 외래 문화와 외국어를 배척해야 한다는 입장을 취하고 있는 부분은 확인할 수 없다.

② 윗글에서는 4문단을 통해 무분별한 외래어 수용을 극복하기 위한 현재의 노력에 대해 언급하고 있으나, 〈보기〉에서는 확인할 수 없다.
[관련 부분] 그러나 지금의 상황을 살펴보면 희망적인 측면이 전혀 없는 것은 아니다. 근래에 와서 외래어의 남용을 경계하고 고유어를 살려 쓰자는 주장이 힘을 얻으면서 ~ 이미 그 결과물들이 속속 나와 실제 말글살이에 도움을 주고 있다.

④ 윗글은 1문단을 통해 '외래어 표기'의 문제점이 아닌 '외래어 수용 태도'에 대해 부정적인 관점을 취하고 있음을 알 수 있다. 참고로 〈보기〉가 영어의 공용어화에 대해 부정적인 관점을 취한다는 내용은 맞는 설명이다.
[관련 부분]
  • 윗글: 잘못된 외래어 수용 태도는 우리말에 두 가지 방식으로 큰 손상을 주게 되는데 ~ 이런 식의 외래어 수용 태도 때문에, 고유 어휘는 꼼짝 못하고 죽어가거나 비천한 지위로 떨어질 수밖에 없는 것이다.
  • 〈보기〉: 영어의 우상을 섬기는 제단에 몸을 던져 기꺼이 희생물이 되어야 남들보다 앞설 수 있다고 한다. 그것은 심한 착각이다. 그 반대의 방향으로 나아가는 것이 우리가 택할 길이다.

④ 제시문의 밑줄 친 부분은 '잘못된 외래어 수용 태도가 우리말에 손상을 주는 두 가지 방식'에 대한 '예시'가 사용되었다. 이와 같은 내용 전개 방식이 사용된 것은 ④로, ④ 역시 수치 지도가 활용되는 예를 들어 내용을 전개하고 있다. 참고로 ④는 '지리 정보 체계[GIS]'의 뜻을 규정하는 '정의'도 사용되었다.

① 정의: '기업 결합'의 뜻을 분명하게 규정하고 있다.

② 인과: 언어가 소멸하는 원인에 대해 밝히고 있다.

③ 과정: 눈 벽돌로 얼음집을 만드는 변화 과정에 초점을 맞춰 설명하고 있다.

③ '구보'는 '경성역 삼등 대합실'의 군중 속에서 고독을 피할 수 있을 것이라 기대하지만, 오히려 그곳에서 타인에게 무관심한 사람들을 보며 고독감을 느끼게 된다. 따라서 작품에 대한 설명으로 적절하지 않은 것은 ③이다.
[관련 부분] 그는 눈앞의 경성역을 본다. ~ 다만 구보는 고독을 삼등 대합실 군중 속에서 피할 수 있으면 그만이다. 그러나 오히려 고독은 그곳에 있었다.

① 4문단 끝에서 1~4번째 줄을 통해 타인에게 무관심한 도시인들의 모습이 드러난다.
[관련 부분] 그네들은 거의 옆의 사람에게 한마디 말을 건네는 일도 없이, 오직 자기네들 사무에 바빴고, 그리고 간혹 말을 건네도, 그것은 자기네가 타고 갈 열차의 시각이나 그러한 것에 지나지 않았다.

② '경성역'이라는 표현을 통해 작품의 시대적 배경이 일제 강점기임을 알 수 있다. 작가는 목적지가 분명한 사람들과는 대조적으로 정처 없이 배회하고 있는 '구보'의 모습을 통해 식민지 시대를 살아가는 무기력한 지식인의 일상을 보여 주고 있다.

④ '구보'가 정해진 목적지 없이 서울 거리를 배회하며 느끼는 내면 의식의 변화를 '의식의 흐름 기법'으로 서술하고 있다.
• 의식의 흐름 기법: 등장인물의 머릿속에 떠오르는 생각, 기억, 내면의 느낌 등을 연속적인 흐름 그대로 적는 기법

박태원, '소설가 구보 씨의 일일'

1. 주제: 1930년대 무기력한 지식인의 눈에 비친 도시의 일상과 그의 내면 의식

2. 특징
   (1) 한 시점으로 여러 곳의 상황을 동시에 기술하는 '몽타주 기법'이 사용됨
   (2) 직접 관찰한 내용을 노트에 적고 그것을 그대로 소설화하는 고현학적 창작 기법이 드러남
   (3) 특별한 서사 구조 없이 인물의 내면 의식을 따라 내용을 기술하는 '의식의 흐름 기법'이 사용됨

① 훑는다[훈는다](×) → [훌른다](○): 겹받침 'ㄾ'은 자음으로 시작하는 어미 앞에서 [ㄹ]로 발음하며, 이때 받침 [ㄹ] 뒤에 오는 'ㄴ'은 유음화로 인해 [ㄹ]로 발음되므로 '훑는다'의 표준 발음은 [훌른다]이다.

② 아니오[아니오/아니요](○): '아니오'는 [아니오]로 발음하는 것을 원칙으로 하되, [아니요]로 발음하는 것도 허용한다.

③ 삼일절[사밀쩔](○): '삼일절'에서 받침 'ㅁ'은 연음하여 발음하고, 받침 'ㄹ' 뒤에 오는 'ㅈ'은 된소리로 발음하므로 '삼일절'의 표준 발음은 [사밀쩔]이다.

④ 고갯짓[고개찓/고갣찓](○): 앞말이 모음이고, 뒷말이 첫소리가 안울림 예사소리 'ㅈ'인 단어 앞에 사이시옷이 올 때는 'ㅈ'만 된소리로 발음하는 것을 원칙으로 하되, [고갣찓]과 같이 사이시옷을 [ㄷ]으로 발음하는 것도 허용한다.

② 〈보기〉는 선비의 인격적 조건인 '지조' 정신에 대해 설명하고 있으며, 이와 가장 가까운 내용을 담은 것은 ②이다. ②는 안민영의 '매화사'로, 추운 겨울에 피는 꽃인 매화의 지조와 절개를 예찬하고 있으며 이때 '매화'는 '선비'를 의인화하여 표현한 것이다. 따라서 '매화사'는 지조 높은 선비의 모습을 상징적으로 표현한 작품이므로 정답은 ②이다.

① 이황의 시조로, 자연에 순응하며 순리대로 살아 가려는 마음을 담은 작품이다.

③ 임제의 시조로, 황진이의 죽음을 애도하며 인생의 허무함을 노래한 작품이다.

④ 한호의 시조로, 세속에서 벗어나 자연 속의 소박한 풍류를 추구하는 자연 친화적 삶의 태도가 드러난 작품이다.

① 이런들 어떠하며 저런들 어떠하랴?
  시골에 묻혀 사는 어리석은 사람이 이렇게 산다고 해서 어떠하랴?
  더구나 자연을 버리고는 살 수 없는 마음을 고쳐 무엇하랴?
② 얼음같이 맑고 깨끗한 모습과 구슬처럼 아름다운 바탕이여,
  눈 속에 피어난 바로 너로구나.
  가만히 향기를 풍기며 저녁에 뜨는 달을 기다리니
  아마도 아담한 풍치와 높은 절개는 너뿐인가 하노라.
③ 푸른 풀이 우거진 골짜기에 자느냐 누웠느냐.
  그 곱고 아름다운 얼굴은 어디 가고 백골(白骨)만 묻혔느냐.
  잔 잡아 권할 이 없으니 그것을 슬퍼하노라.
④ 짚으로 만든 방석을 내지 마라. 낙엽엔들 앉지 못하겠느냐.
  관솔불을 켜지 마라. 어제 졌던 밝은 달이 다시 떠오른다.
  아이야, 변변하지 않은 술과 나물일지라도 좋으니 없다 말고 내오너라.

정답 설명

④ 제시된 작품은 시적 대상인 '바위'에 인격적 속성을 부여(의인화)하여 외적 시련(비, 바람, 구름, 원뢰)에 굴복하지 않고 인간적인 감정(애련, 희로)에 휘둘리지 않는 모습을 형상화하고 있다. 이를 통해 자신을 내적으로 단련하려는 화자의 태도를 표현하고 있으므로 답은 ④이다.

오답 분석

① 제시된 작품은 처음과 끝이 '~되리라'로 종결되는 강인한 어조를 사용하고 있으나, 이는 '바위'와 같은 초극적 삶을 다짐하는 화자의 의지를 나타내는 것일 뿐 나라와 민족을 위하여 제 몸을 바쳐 일하려는 지사적 기개를 표현한 것은 아니므로 적절하지 않다.

② 생명마저 망각한 초탈의 경지에 이른 화자의 모습을 8~9행에서 '흐르는 구름'과 '머언 원뢰'로 함축적으로 표현했으므로 '구름'과 '원뢰'는 외부의 자극이나 시련을 의미함을 알 수 있다.

③ 제시된 작품에서 시상의 극적 전환은 나타나지 않으므로 적절하지 않다.

정답 설명

① 7문단을 통해 유명 연예인이 광고에 출연함으로써 유행 효과가 일어남을 알 수 있으나, 이러한 광고가 상품에 대한 신뢰도를 높인다는 내용은 제시문에서 확인할 수 없다. 따라서 정답은 ①이다.

오답 분석

② 6문단을 통해 '스마트 카트' 기술이 소비자에게 '상품의 인기도'라는 정보를 제공함으로써 구매를 유도한다는 점을 알 수 있다.
[관련 부분] 이렇게 모아진 구매 정보는 각 상품이 진열된 선반에 붙어 있는 화면에 게시된다. ~ 고객들에게 인기 있는 상품으로 드러나면 안심하고 그것을 사기로 결정한다. 반면에 아무도 사지 않는 상품이라면 주저하지 않고 선반 위에 도로 올려놓는다.

③ 4문단을 통해 유행 효과는 타인의 행동을 따라하는 군집 지능과 밀접한 연관이 있음을 을 알 수 있다.
[관련 부분] 심리학자들은 이 유행 효과의 배후에 '군집 지능'이 있다고 말한다. ~ 군집 지능에 따라 행동한다는 것은 다른 사람들이 어떤 행동을 하면 본능적으로 그 행동을 따라 한다는 것을 뜻한다.

④ 3문단 1~5번째 줄을 통해 베스트셀러 목록에 오르는 것만으로도 책의 수요가 증대될 수 있음을 알 수 있다.
[관련 부분] 어떤 책이 베스트셀러 목록에 올랐다는 것은 많은 사람들이 그 책을 읽을 만하다고 평가한다는 것을 뜻한다. ~ 베스트셀러 목록에 오르면서 상승 작용에 의해 수요가 더욱 커질 수 있는 이유가 바로 여기에 있다.

정답 설명

③ (라)-(가)-(다)-(나)의 순서가 가장 자연스럽다.

순서	중심 내용	순서 판단의 단서와 근거
(라)	이집트에서 발전된 '음력': 나일강의 물, 농사와 관계가 있음	글의 중심 화제인 이집트에서 발전된 역(曆)에 대해 소개하며, 가장 처음 만들어진 음력에 대해 설명함
(가)	나일강의 범람(홍수) 사이의 기간이 일정하지 않음	키워드 '나일강의 범람': (라)에서 제시된 나일강의 물, 즉 농사와 관계가 있는 음력을 만들었으나 더 규칙적인 사건이 필요함을 설명하고 있음
(다)	• 시리우스 별의 규칙성 • 한 해 시작의 기준이 된 시리우스 별의 출현	키워드 '이런 사건': (다) 문단에서 언급된 '더 규칙적인 사건'을 의미하므로 (다)에 이어 제시되는 것이 적절함
(나)	'양력'의 등장: 음력의 문제점인 달의 운동에 따른 변화를 해결함	앞서 언급된 음력의 문제점을 극복한 '양력'을 소개하고 있으므로 가장 마지막에 제시되는 것이 적절함

01 Ⅰ 평등의 원칙

정답 ④

정답 분석

④ 그 직무의 특성에 따라 차별적으로 취급하는 것은 합리적 차별에 해당한다고 보아 평등의 원칙에 위반되지 아니한다.

> ⚖️ 관련 판례
>
> 대략 같은 정도의 비위를 저지른 자들에 대하여 그 구체적인 직무의 특성, 금전 수수의 경우에는 그 액수와 횟수, 의도적·적극적 행위인지 여부, 개전의 정이 있는지 여부 등에 따라 징계의 종류의 선택과 양정에 있어서 차별적으로 취급하는 것은 사안의 성질에 따른 합리적 차별로서 이를 자의적 취급이라고 할 수 없어 평등의 원칙 내지 형평에 반하지 아니한다(대판 2008.6.26. 2008두6387).

선지 분석

① 평등위반 여부를 심사함에 있어 엄격한 심사척도에 의할 것인지, 완화된 심사척도에 의할 것인지는 입법자에게 인정되는 입법형성권의 정도에 따라 달라지게 될 것이나, 헌법에서 특별히 평등을 요구하고 있는 경우와 차별적 취급으로 인하여 관련 기본권에 대한 중대한 제한을 초래하게 된다면 입법형성권은 축소되어 보다 엄격한 심사척도가 적용되어야 할 것이다(헌재 1999.12.23. 98헌마363).

② 재량권 행사의 준칙인 행정규칙이 그 정한 바에 따라 되풀이 시행되어 행정관행이 이루어지게 되면 평등의 원칙이나 신뢰보호의 원칙에 따라 행정기관은 그 상대방에 대한 관계에서 그 규칙에 따라야 할 자기구속을 받게 된다(대판 2009.12.24. 2009두7967).

③ 평등의 원칙은 본질적으로 같은 것을 자의적으로 다르게 취급함을 금지하는 것이고, 위법한 행정처분이 수차례에 걸쳐 반복적으로 행하여졌다 하더라도 그러한 처분이 위법한 것인 때에는 행정청에 대하여 자기구속력을 갖게 된다고 할 수 없다(대판 2009.6.25. 2008두13132).

02 Ⅰ 행정상 법률관계

정답 ③

정답 분석

③ 민사소송이 아닌 행정소송의 대상이다.

> ⚖️ 관련 판례
>
> 국가나 지방자치단체에 근무하는 청원경찰은 국가공무원법이나 지방공무원법상의 공무원은 아니지만, 다른 청원경찰과는 달리 그 임용권자가 행정기관의 장이고, 국가나 지방자치단체로부터 보수를 받으며, 산업재해보상보험법이나 근로기준법이 아닌 공무원연금법에 따른 재해보상과 퇴직급여를 지급받고, 직무상의 불법행위에 대하여도 민법이 아닌 국가배상법이 적용되는 등의 특질이 있으며 그 외 임용자격, 직무, 복무의무 내용 등을 종합하여 볼 때, 그 근무관계를 사법상의 고용계약관계로 보는 어려우므로 그에 대한 징계처분의 시정을 구하는 소는 행정소송의 대상이지 민사소송의 대상이 아니다(대판 1993.7.13. 92다47564).

선지 분석

① 행정청이 자신과 상대방 사이의 법률관계를 일방적인 의사표시로 종료시켰다고 하더라도 곧바로 의사표시가 행정청으로서 공권력을 행사하여 행하는 행정처분이라고 단정할 수는 없고, 관계 법령이 상대방의 법률관계에 관하여 구체적으로 어떻게 규정하고 있는지에 따라 의사표시가 항고소송의 대상이 되는 행정처분에 해당하는지 아니면 공법상 계약관계의 일방 당사자로서 대등한 지위에서 행하는 의사표시인지를 개별적으로 판단하여야 한다(대판 2015.8.27. 2015두41449).

② 중소기업기술정보진흥원장이 甲 주식회사와 중소기업 정보화지원사업 지원대상인 사업의 지원에 관한 협약을 체결하였는데, 협약이 甲 회사에 책임이 있는 사업실패로 해지되었다는 이유로 협약에서 정한 대로 지급받은 정부지원금을 반환할 것을 통보한 사안에서, 중소기업 정보화지원사업에 따른 지원금 출연을 위하여 중소기업청장이 체결하는 협약은 공법상 대등한 당사자 사이의 의사표시의 합치로 성립하는 공법상 계약에 해당한다(대판 2015.8.27. 2015두41449).

④ 지방자치단체가 설립·경영하는 학교의 부지 확보, 부지의 사용료 지급 등의 사무는 특별한 사정이 없는 한 지방교육자치의 주체인 지방자치단체의 고유사무인 자치사무라 할 것이고, 국가는 법률과 예산의 범위 안에서 지방교육자치를 실현하고 있는 지방자치단체에게 재정을 지원할 의무가 있다고 할 것이며, 이러한 국가의 지원범위를 벗어나 지방자치단체가 법률상 원인 없이 국유재산을 학교부지로 임의 사용하는 경우에는 민법상 부당이득이 성립될 수 있다고 할 것이다(대판 2014.12.24. 2011다92497).

03 Ⅰ 개인적 공권

정답 ②

정답 분석

② 공사중지명령의 해제를 요구할 수 있는 조리상 권리가 인정된다.

> ⚖️ 관련 판례
>
> 지방자치단체장이 공장시설을 신축하는 회사에 대하여 사업승인 내지 건축허가 당시 부가하였던 조건을 이행할 때까지 신축공사를 중지하라는 명령을 한 경우, 위 회사에게는 중지명령의 원인사유가 해소되었음을 이유로 당해 공사중지명령의 해제를 요구할 수 있는 권리가 조리상 인정된다(대판 2007.5.11. 2007두1811).

선지 분석

① 상수원보호구역 설정의 근거가 되는 수도법 제5조 제1항 및 동 시행령 제7조 제1항이 보호하고자 하는 것은 상수원의 확보와 수질보전일 뿐이고, 그 상수원에서 급수를 받고 있는 지역주민들이 가지는 상수원의 오염을 막아 양질의 급수를 받을 이익은 직접적이고 구체적으로는 보호하고 있지 않음이 명백하여 위 지역주민들이 가지는 이익은 상수원의 확보와 수질보호라는 공공의 이익이 달성됨에 따라 반사적으로 얻게 되는 이익에 불과하므로 지역주민들에 불과한 원고들에게는 위 상수원보호구역변경처분의 취소를 구할 법률상의 이익이 없다(대판 1995.9.26. 94누14544).

③ 한의사 면허는 경찰금지를 해제하는 명령적 행위(강학상 허가)에 해당하고, 한약조제시험을 통하여 약사에게 한약조제권을 인정함으로써 한의사들의 영업상 이익이 감소되었다고 하더라도 이러한 이익은 사실상의 이익에 불과하고 약사법이나 의료법 등의 법률에 의하여 보호되는 이익이라고는 볼 수 없다(대판 1998.3.10. 97누4289).

④ 기간제로 임용되어 임용기간이 만료된 국·공립대학의 조교수는 교원으로서의 능력과 자질에 관하여 합리적인 기준에 의한 공정한 심사를 받아 위 기준에 부합되면 특별한 사정이 없는 한 재임용되리라는 기대를 가지고 재임용 여부에 관하여 합리적인 기준에 의한 공정한 심사를 요구할 법규상 또는 조리상 신청권을 가진다(대판 2004.4.22. 2000두7735 전합).

---

04 Ⅰ 행정법의 효력 정답 ③

정답 분석

③ 수강신청이 있은 후 징계요건을 완화하는 학칙개정이 있고, 이어 당해 시험이 실시되어 그 개정된 학칙에 따라 징계처분을 한 것은 부진정소급효에 해당하므로, 구 학칙의 존속에 관한 학생의 신뢰보호를 침해한 위법한 행정에 해당한다고 볼 수 없다.

> **⚖ 관련 판례**
>
> 소급효는 이미 과거에 완성된 사실관계를 규율의 대상으로 하는 이른바 진정소급효와 과거에 시작하였으나 아직 완성되지 아니하고 진행과정에 있는 사실관계를 규율대상으로 하는 이른바 부진정소급효를 상정할 수 있는바, 대학이 성적불량을 이유로 학생에 대하여 징계처분을 하는 경우에 있어서 수강신청이 있은 후 징계요건을 완화하는 학칙개정이 이루어지고 이어 당해 시험이 실시되어 그 개정학칙에 따라 징계처분을 한 경우라면 이는 이른바 부진정소급효에 관한 것으로서 구 학칙의 존속에 관한 학생의 신뢰보호가 대학당국의 학칙개정의 목적달성보다 더 중요하다고 인정되는 특별한 사정이 없는 한 위법이라고 할 수 없다 (대판 1989.7.11. 87누1123).

선지 분석

① 법령 등 공포에 관한 법률 제13조에 대한 옳은 내용이다.

> 제13조 【시행일】 대통령령, 총리령 및 부령은 특별한 규정이 없으면 공포한 날부터 20일이 경과함으로써 효력을 발생한다.

② 기존의 법에 의하여 형성되어 이미 굳어진 개인의 법적 지위를 사후 입법을 통하여 박탈하는 것 등을 내용으로 하는 진정소급입법은 개인의 신뢰보호와 법적 안정성을 내용으로 하는 법치국가원리에 의하여 특단의 사정이 없는 한 헌법적으로 허용되지 아니하는 것이 원칙이고, 다만 일반적으로 국민이 소급입법을 예상할 수 있었거나 법적 상태가 불확실하고 혼란스러워 보호할 만한 신뢰이익이 적은 경우와 소급입법에 의한 당사자의 손실이 없거나 아주 경미한 경우 그리고 신뢰보호의 요청에 우선하는 심히 중대한 공익상의 사유가 소급입법을 정당화하는 경우 등에는 예외적으로 진정소급입법이 허용된다(헌재 1999.7.22. 97헌바76).

④ 구 주택개량촉진에 관한 임시조치법(1973.3.5. 법률 제2581호, 실효)이 그 시행기간의 경과로 실효되어도 시행 당시 그 법에 의하여 이루어진 재개발구역 지정이 근거 법령의 실효로 그 효력을 잃는 것은 아니다(대판 2000.6.23. 99다71559).

---

05 Ⅱ 기속행위와 재량행위 정답 ①

정답 분석

① 허가 등의 행정처분은 원칙적으로 처분시의 법령과 허가기준에 의하여 처리되어야 하고 허가신청 당시의 기준에 따라야 하는 것은 아니며, 비록 허가신청 후 허가기준이 변경되었다 하더라도 그 허가관청이 허가신청을 수리하고도 정당한 이유 없이 그 처리를 늦추어 그 사이에 허가기준이 변경된 것이 아닌 이상 변경된 허가기준에 따라서 처분을 하여야 한다(대판 2006.8.25. 2004두2974).

선지 분석

② 기속행위가 아닌 재량행위 내지 자유재량행위에 속하는 것이라고 본다.

> **⚖ 관련 판례**
>
> 구 도시계획법 및 관련 법령의 규정을 살펴보면, 도시의 무질서한 확산을 방지하고 도시주변의 자연환경을 보전하여 도시민의 건전한 생활환경을 확보하기 위하여 지정되는 개발제한구역 내에서는 구역 지정의 목적상 건축물의 건축이나 그 용도변경은 원칙적으로 금지되고, 다만 구체적인 경우에 위와 같은 구역 지정의 목적에 위배되지 아니할 경우 예외적으로 허가에 의하여 그러한 행위를 할 수 있게 되어 있음이 위와 같은 관련 규정의 체재와 문언상 분명한 한편, 이러한 건축물의 용도변경에 대한 예외적인 허가는 그 상대방에게 수익적인 것에 틀림이 없으므로, 이는 그 법률적 성질이 재량행위 내지 자유재량행위에 속하는 것이라고 할 것이고, 따라서 그 위법 여부에 대한 심사는 재량권 일탈·남용의 유무를 그 대상으로 한다(대판 2001.2.9. 98두17593).

③ 행정청의 폭넓은 재량이 인정되는 것이 아니라, 법에서 정한 요건을 구비한 때에는 이를 반드시 허가하여야 한다.

> **⚖ 관련 판례**
>
> 식품위생법상의 유흥접객업허가는 성질상 일반적 금지에 대한 해제에 불과하므로 허가권자는 허가신청이 법에서 정한 요건을 구비한 때에는 이를 반드시 허가하여야 하고, 다만 자신의 재량으로 공익상의 필요가 있는지를 판단하여 허가 여부를 결정할 수 있는 것이며, 그러한 경우에도 위 재량권은 허가를 제한하여 달성하려는 공익과 이로 인하여 받게 되는 상대방의 불이익을 교량하여 신중히 행사되어야 할 것이다(대판 1992.10.23. 91누10183).

④ 구 공유수면관리법에 따른 공유수면의 점·사용허가는 특정인에게 공유수면 이용권이라는 독점적 권리를 설정하여 주는 처분으로서 그 처분(= 특허)의 여부 및 내용의 결정은 원칙적으로 행정청의 재량에 속한다고 할 것이다(대판 2004.5.28. 2002두5016).

> **🔖 이것도 알면 합격!**

구분	기속행위	재량행위
문언	'~하여야 한다'	'~할 수 있다'
법적 성질	• 강학상 허가 • 주로 침익적 행위 • 기본권 관련성	• 강학상 특허 • 주로 수익적 행위 • 공익 관련성

정답 분석

④ 7일이 아닌 14일이 지난 때에 그 효력이 발생한다.

> **행정절차법 제15조 【송달의 효력 발생】** ③ 제14조 제4항의 경우에는 다른 법령 등에 특별한 규정이 있는 경우를 제외하고는 공고일부터 14일이 지난 때에 그 효력이 발생한다. 다만, 긴급히 시행하여야 할 특별한 사유가 있어 효력 발생 시기를 달리 정하여 공고한 경우에는 그에 따른다.
>
> **제14조 【송달】** ④ 다음 각 호의 어느 하나에 해당하는 경우에는 송달받을 자가 알기 쉽도록 관보, 공보, 게시판, 일간신문 중 하나 이상에 공고하고 인터넷에도 공고하여야 한다.
> 1. 송달받을 자의 주소 등을 통상적인 방법으로 확인할 수 없는 경우
> 2. 송달이 불가능한 경우

선지 분석

① 행정절차법은 제3자인 이해관계인에 대한 통지의무를 규정하고 있지 않다. 다만, 개별법에서 통지의무를 부과하고 있는 경우가 있다.

② 행정처분의 효력발생요건으로서의 도달이란 상대방이 그 내용을 현실적으로 양지할 필요까지는 없고, 다만 양지할 수 있는 상태에 놓여짐으로써 충분하다(대판 1989.9.26. 89누4963).

③ 내용증명우편이나 등기우편과는 달리, 보통우편의 방법으로 발송되었다는 사실만으로는 그 우편물이 상당기간 내에 도달하였다고 추정할 수 없고 송달의 효력을 주장하는 측에서 증거에 의하여 도달사실을 입증하여야 한다(대판 2002.7.26. 2000다25002).

정답 분석

④ 선행처분인 대집행계고처분에 불가쟁력이 발생하였더라도 후행처분의 효력을 다투는 취소소송에서 위법한 것이라고 주장할 수 있다.

> 🔨 **관련 판례**
>
> 대집행의 계고, 대집행영장에 의한 통지, 대집행의 실행, 대집행에 요한 비용의 납부명령 등은 타인이 대신하여 행할 수 있는 행정의무의 이행을 의무자의 비용부담하에 확보하고자 하는, 동일한 행정목적을 달성하기 위하여 단계적인 일련의 절차로 연속하여 행하여지는 것으로서, 서로 결합하여 하나의 법률효과를 발생시키는 것이므로, 선행처분인 계고처분이 하자가 있는 위법한 처분이라면, 비록 그 하자가 중대하고도 명백한 것이 아니어서 당연무효의 처분이라고 볼 수 없고 행정소송으로 효력이 다투어지지도 아니하여 이미 불가쟁력이 생겼으며, 후행처분인 대집행영장발부통보처분 자체에는 아무런 하자가 없다고 하더라도, 후행처분인 대집행영장발부통보처분의 취소를 청구하는 소송에서 청구원인으로 선행처분인 계고처분이 위법한 것이기 때문에 그 계고처분을 전제로 행하여진 대집행영장발부통보처분도 위법한 것이라는 주장을 할 수 있다(대판 1996.2.9. 95누12507).

선지 분석

① 표준지공시지가결정은 이를 기초로 한 수용재결 등과는 별개의 독립된 처분으로서 서로 독립하여 별개의 법률효과를 목적으로 하지만, … 위법한 표준지공시지가결정에 대하여 그 정해진 시정절차를 통하여 시정하도록 요구하지 않았다는 이유로 위법한 표준지공시지가를 기초로 한 수용재결 등 후행 행정처분에서 표준지공시지가결정의 위법을 주장할 수 없도록 하는 것은 수인한도를 넘는 불이익을 강요하는 것으로서 국민의 재산권과 재판받을 권리를 보장한 헌법의 이념에도 부합하는 것이 아니다. 따라서 표준지공시지가결정이 위법한 경우에는 그 자체를 행정소송의 대상이 되는 행정처분으로 보아 그 위법 여부를 다툴 수 있음은 물론, 수용보상금의 증액을 구하는 소송에서도 선행처분으로서 그 수용대상 토지 가격 산정의 기초가 된 비교표준지공시지가결정의 위법을 독립한 사유로 주장할 수 있다(대판 2008.8.21. 2007두13845).

② 구 병역법의 각 규정에 의하면, 보충역편입처분 등의 병역처분은 구체적인 병역의무부과를 위한 전제로서 징병검사 결과 신체등위와 학력·연령 등 자질을 감안하여 역종을 부과하는 처분임에 반하여, 공익근무요원소집처분은 보충역편입처분을 받은 공익근무요원소집대상자에게 기초적 군사훈련과 구체적인 복무기관 및 복무분야를 정한 공익근무요원으로서의 복무를 명하는 구체적인 행정처분이므로, 위 두 처분은 후자의 처분이 전자의 처분을 전제로 하는 것이기는 하나 각각 단계적으로 별개의 법률효과를 발생하는 독립된 행정처분이라고 할 것이므로, … 보충역편입처분에 대하여 쟁송을 제기하여야 할 것이며, 그 처분을 다투지 아니하여 이미 불가쟁력이 생겨 그 효력을 다툴 수 없게 된 경우에는, 병역처분변경신청에 의하는 경우는 별론으로 하고, 보충역편입처분에 하자가 있다고 할지라도 그것이 당연무효라고 볼만한 특단의 사정이 없는 한 그 위법을 이유로 공익근무요원소집처분의 효력을 다툴 수 없다(대판 2002.12.10. 2001두5422).

③ 건물철거명령에 대한 소원이나 소송을 제기하여 그 위법함을 소구하는 절차를 거치지 아니하였다면 위 선행행위인 건물철거명령은 적법한 것으로 확정되었다고 할 것이니 후행 행위인 대집행계고처분에서는 동 건물이 무허가건물이 아닌 적법한 건축물이라는 주장이나 그러한 사실인정을 하지 못한다(대판 1982.7.27. 81누293).

정답 분석

③ 그 하자가 치유되었다고 볼 수 없다.

> 🔨 **관련 판례**
>
> 과세처분이 있은 지 4년이 지나서 그 취소소송이 제기된 때에 보정된 납세고지서를 송달하였다는 사실이나 오랜 기간(4년)의 경과로써 과세처분의 하자가 치유되었다고 볼 수는 없다(대판 1983.7.26. 82누420).

선지 분석

① 하자 있는 행정행위의 치유나 전환은 행정행위의 성질이나 법치주의의 관점에서 볼 때 원칙적으로 허용될 수 없는 것이지만, 행정행위의 무용한 반복을 피하고 당사자의 법적 안정성을 위해 이를 허용하는 때에도 국민의 권리와 이익을 침해하지 않는 범위에서 구체적 사정에 따라 합목적적으로 인정해야 할 것이다(대판 1983.7.26. 82누420).

② 과세처분시 납세고지서에 과세표준, 세율, 세액의 산출근거 등이 누락된 경우에는 늦어도 과세처분에 대한 불복여부의 결정 및 불복신청에 편의를 줄 수 있는 상당한 기간 내에 보정행위를 하여야 그 하자가 치유된다 할 것이다(대판 1983.7.26. 82누420).

④ 주택재개발정비사업조합 설립추진위원회가 주택재개발정비사업조합 설립인가처분의 취소소송에 대한 1심 판결 이후 정비구역 내 토지 등 소유자의 4분의 3을 초과하는 조합설립동의서를 새로 받았다고 하더라도, 위 설립인가처분의 하자가 치유된다고 볼 수 없다(대판 2010.8.26. 2010두2579).

---

09 Ⅳ 대집행　　　　　　　　　　　　정답 ③

정답 분석

③ 단순한 부작위의무의 위반, 즉 관계 법령에 정하고 있는 절대적 금지나 허가를 유보한 상대적 금지를 위반한 경우에는 당해 법령에서 그 위반자에 대하여 위반에 의하여 생긴 유형적 결과의 시정을 명하는 행정처분의 권한을 인정하는 규정을 두고 있지 아니한 이상, 법치주의의 원리에 비추어 볼 때 위와 같은 부작위의무로부터 그 의무를 위반함으로써 생긴 결과를 시정하기 위한 작위의무를 당연히 끌어낼 수는 없으며, 또 위 금지규정(특히 허가를 유보한 상대적 금지규정)으로부터 작위의무, 즉 위반결과의 시정을 명하는 권한이 당연히 추론(推論)되는 것도 아니다(대판 1996.6.28. 96누4374).

선지 분석

① 제2차, 제3차의 계고처분은 제1차 계고처분에 대한 대집행기한의 연기통지에 불과하다고 본다.

> ⚖️ 관련 판례
>
> 건물의 소유자에게 위법건축물을 일정기간까지 철거할 것을 명함과 아울러 불이행할 때에는 대집행한다는 내용의 철거대집행 계고처분을 고지한 후 이에 불응하자 다시 제2차, 제3차 계고서를 발송하여 일정기간까지의 자진철거를 촉구하고 불이행하면 대집행을 한다는 뜻을 고지하였다면 행정대집행법상의 건물철거의무는 제1차 철거명령 및 계고처분으로서 발생하였고 제2차, 제3차의 계고처분은 새로운 철거의무를 부과한 것이 아니고, 다만 대집행기한의 연기통지에 불과하므로 행정처분이 아니다(대판 1994.10.28. 94누5144).

② 토지의 인도의무는 대집행의 대상이 될 수 없다.

> ⚖️ 관련 판례
>
> 피수용자 등이 기업자에 대하여 부담하는 수용대상 토지의 인도의무에 관한 구 토지수용법 제63조·제64조·제77조 규정에서의 '인도'에는 명도도 포함되는 것으로 보아야 하고, 이러한 명도의무는 그것을 강제적으로 실현하면서 직접적인 실력행사가 필요한 것이지 대체적 작위의무라고 볼 수 없으므로 특별한 사정이 없는 한 행정대집행법에 의한 대집행의 대상이 될 수 있는 것이 아니다(대판 2005.8.19. 2004다2809).

④ 계고서라는 1장의 문서로 한 건축법상 철거명령과 행정대집행상 계고처분은 각각 독립적인 처분으로 본다.

> ⚖️ 관련 판례
>
> 계고서라는 명칭의 1장의 문서로서 일정기간 내에 위법건축물의 자진철거를 명함과 동시에 그 소정기한 내에 자진철거를 하지 아니할 때에는 대집행할 뜻을 미리 계고한 경우라도 건축법에 의한 철거명령과 행정대집행법에 의한 계고처분은 독립하여 있는 것으로서 각 그 요건이 충족되었다고 볼 것이다(대판 1992.6.12. 91누13564).

---

10 Ⅳ 질서위반행위규제법　　　　　　　　　정답 ④

정답 분석

④ 하나의 행위가 2 이상의 질서위반행위에 해당하는 경우(질서위반행위규제법 제13조 제1항)를 제외하고, 2 이상의 질서위반행위가 경합하는 경우(질서위반행위규제법 제13조 제2항)에는 각각의 과태료를 부과하도록 규정하고 있다.

> **질서위반행위규제법 제13조【수 개의 질서위반행위의 처리】** ① 하나의 행위가 2 이상의 질서위반행위에 해당하는 경우에는 각 질서위반행위에 대하여 정한 과태료 중 가장 중한 과태료를 부과한다.
> ② 제1항의 경우를 제외하고 2 이상의 질서위반행위가 경합하는 경우에는 각 질서위반행위에 대하여 정한 과태료를 각각 부과한다. 다만, 다른 법령(지방자치단체의 조례를 포함한다. 이하 같다)에 특별한 규정이 있는 경우에는 그 법령으로 정하는 바에 따른다.

선지 분석

① 질서위반행위규제법 제8조에 대한 옳은 내용이다.

> **제8조【위법성의 착오】** 자신의 행위가 위법하지 아니한 것으로 오인하고 행한 질서위반행위는 그 오인에 정당한 이유가 있는 때에 한하여 과태료를 부과하지 아니한다.

② 질서위반행위규제법 제10조 제1항에 대한 옳은 내용이다.

> **제10조【심신장애】** ① 심신(心神)장애로 인하여 행위의 옳고 그름을 판단할 능력이 없거나 그 판단에 따른 행위를 할 능력이 없는 자의 질서위반행위는 과태료를 부과하지 아니한다.

③ 질서위반행위규제법 제12조 제2항에 대한 옳은 내용이다.

> **제12조【다수인의 질서위반행위 가담】** ② 신분에 의하여 성립하는 질서위반행위에 신분이 없는 자가 가담한 때에는 신분이 없는 자에 대하여도 질서위반행위가 성립한다.

해커스군무원 행정직 FINAL 봉투모의고사(국어＋행정법＋행정학)

정답 분석

② 본세의 산출세액이 없다 하더라도 가산세만 독립하여 부과·징수할 수 있다.

> ⚖️ 관련 판례
>
> 가산세는 과세권의 행사와 조세채권의 실현을 용이하게 하기 위하여 세법에 규정된 의무를 정당한 이유 없이 위반한 납세자에게 부과하는 일종의 행정상 제재로서, 개별 세법에 의하여 산출한 법인세 등 본세에 가산세를 가산한 금액을 본세의 명목으로 징수한다 하더라도 이는 징수절차의 편의상 본세의 세액에 가산하여 함께 징수하는 것일 뿐 세법이 정하는 바에 의하여 성립·확정되는 본세와는 그 성질이 다르므로, 본세의 산출세액이 없는 경우에는 가산세도 부과·징수하지 아니한다는 등의 특별한 규정이 없는 한, 본세의 산출세액이 없다 하더라도 가산세만 독립하여 부과·징수할 수 있다(대판 2007.3.15. 2005두12725).

선지 분석

① 세법상 가산세는 과세권의 행사 및 조세채권의 실현을 용이하게 하기 위하여 납세자가 정당한 이유 없이 법에 규정된 신고·납세의무 등을 위반한 경우에 법이 정하는 바에 의하여 부과하는 행정상의 제재로서 납세자의 고의·과실은 고려되지 아니하는 것이며 법령의 부지 따위는 그 정당한 사유에 해당한다고 볼 수 없다(대판 1994.8.26. 93누20467).

③ 관세추징부과처분취소 소송에서 승소한 자들이 위 부과처분을 한 행정청을 상대로 기납부한 추징금액 이외에 위 납부금액에 국세기본법 제52조, 같은 법 시행령 제30조의 규정을 유추적용한 가산금을 첨가하여 지급할 의무가 있다는 권리관계의 확인을 구하는 것은 민사소송으로 제기되어야 할 것이고 행정소송 중 이른바 당사자소송에 의할 것은 아니다(대판 1984.12.26. 82누344).

④ 공익사업을 위한 토지 등의 취득 및 보상에 관한 법률 제87조의 '보상금'에는 같은 법 제30조 제3항에 따른 지연가산금도 포함된다고 보아, 수용재결에서 인정된 가산금에 관하여 재결서 정본을 받은 날부터 판결일까지의 기간에 대하여 소송촉진 등에 관한 특례법 제3조에 따른 법정이율을 적용하여 산정한 가산금을 지급할 의무가 있다고 본 원심 판단을 수긍하였다(대판 2019.1.17. 2018두54675).

🗳️ 이것도 알면 합격!

새로운 의무이행확보수단

금전적 제재	과징금, 부과금, 가산세, 가산금 등
비금전적 제재	공급거부, 공표, 관허사업의 제한, 행정행위의 철회·정지, 취업제한, 해외여행제한, 세무조사 등

정답 분석

③ 명예훼손을 판단하는 데 있어서 행정청은 무거운 주의의무를 가지며, 언론이나 사인보다 훨씬 더 엄격한 기준이 요구된다.

> ⚖️ 관련 판례
>
> 행정상의 공표의 방법으로 실명을 공개함으로써 타인의 명예를 훼손한 경우, 그 대상자에 관하여 적시된 사실의 내용이 진실이라는 증명이 없더라도 그 공표의 주체가 공표 당시 이를 진실이라고 믿었고 또 그렇게 믿을 만한 상당한 이유가 있다면 위법성이 없는 것이고, 이 점은 언론을 포함한 사인에 의한 명예훼손의 경우와 다를 바가 없다 하겠으나, 그러한 상당한 이유가 있는지 여부의 판단에 있어서는 실명공표 자체가 매우 신중하게 이루어져야 한다는 요청에서 비롯되는 무거운 주의의무와 공권력을 행사하는 공표 주체의 광범한 사실조사 능력, 그리고 공표된 사실이 진실하리라는 점에 대한 국민의 강한 기대와 신뢰 등에 비추어 볼 때 사인의 행위에 의한 경우보다는 훨씬 더 엄격한 기준이 요구되므로, 그 공표사실이 의심의 여지 없이 확실히 진실이라고 믿을 만한 객관적이고도 타당한 확증과 근거가 있는 경우가 아니라면 그러한 상당한 이유가 있다고 할 수 없다(대판 1998.5.22. 97다57689).

선지 분석

① 공표는 그 달성하고자 하는 행정목적을 위하여 필요한 최소한도에 그쳐야 하는 등 비례원칙에 의한 한계가 있고, 개인의 인격권과 프라이버시권 등 기본권과 이익형량하여 공익상 필요성이 큰 경우에만 허용되어야 하고, 개인의 프라이버시권의 '핵심영역'을 침해하는 것도 허용되지 않는다.

② 판례는 예방적 금지소송을 인정하지 않는 입장이다.

> ⚖️ 관련 판례
>
> 피고에 대하여 이 사건 신축건물의 준공처분을 하여서는 아니 된다는 내용의 부작위를 구하는 원고의 예비적 청구는 행정소송에서 허용되지 아니하는 것이므로 부적법하다(대판 1987.3.24. 86누182).

④ 헌법재판소법은 명문의 규정을 두고 있지는 않으나, 같은 법 제68조 제1항 헌법소원심판절차에서도 가처분의 필요성이 있을 수 있고 또 이를 허용하지 아니할 상당한 이유를 찾아볼 수 없으므로, 가처분이 허용된다(대판 1998.5.22. 97다57689).

13 Ⅴ 행정상 손실보상 정답 ①

정답 분석

① 사업시행지 밖에서 발생한 간접손실에 대하여도 일정한 조건하에서 보상을 청구할 수 있다.

> ⚖ **관련 판례**
>
> 공공사업시행지구 밖에 위치한 영업과 공작물 등에 대한 간접손실에 대하여도 일정한 조건하에서 이를 보상하도록 규정하고 있는 점에 비추어, 공공사업의 시행으로 인하여 그러한 손실이 발생하리라는 것을 쉽게 예견할 수 있고 그 손실의 범위도 구체적으로 이를 특정할 수 있는 경우라면 그 손실의 보상에 관하여 공공용지의 취득 및 손실보상에 관한 특례법 시행규칙의 관련 규정 등을 유추적용할 수 있다고 해석함이 상당하다(대판 1999.10.8. 99다27231).

선지 분석

② 개발제한구역의 지정으로 인한 개발가능성의 소멸과 그에 따른 지가의 하락이나 지가상승률의 상대적 감소는 토지소유자가 감수해야 하는 사회적 제약의 범주에 속하는 것으로 보아야 한다. 자신의 토지를 장래에 건축이나 개발목적으로 사용할 수 있으리라는 기대가능성이나 신뢰 및 이에 따른 지가상승의 기회는 원칙적으로 재산권의 보호범위에 속하지 않는다. 구역지정 당시의 상태대로 토지를 사용·수익·처분할 수 있는 이상, 구역지정에 따른 단순한 토지이용의 제한은 원칙적으로 재산권에 내재하는 사회적 제약의 범주를 넘지 않는다(헌재 1998.12.24. 89헌마214).

③ 공공용물에 관하여 적법한 개발행위 등이 이루어짐으로 말미암아 이에 대한 일정범위의 사람들의 일반사용이 종전에 비하여 제한받게 되었다 하더라도 특별한 사정이 없는 한 그로 인한 불이익은 손실보상의 대상이 되는 특별한 손실에 해당한다고 할 수 없다(대판 2002.2.26. 99다35300).

④ 문화적, 학술적 가치는 특별한 사정이 없는 한 그 토지의 부동산으로서의 경제적, 재산적 가치를 높여 주는 것이 아니므로 토지수용법 제51조 소정의 손실보상의 대상이 될 수 없으니, 이 사건 토지가 철새 도래지로서 자연 문화적인 학술가치를 지녔다 하더라도 손실보상의 대상이 될 수 없다(대판 1989.9.12. 88누11216).

14 Ⅴ 국가배상 정답 ④

정답 분석

④ 국가배상법 제5조 제1항 소정의 "공공의 영조물"이라 함은 국가 또는 지방자치단체에 의하여 특정 공공의 목적에 공여된 유체물 내지 물적 설비를 지칭하며, 특정 공공의 목적에 공여된 물이라 함은 일반공중의 자유로운 사용에 직접적으로 제공되는 공공용물에 한하지 아니하고, 행정주체 자신의 사용에 제공되는 공용물도 포함하며 국가 또는 지방자치단체가 소유권, 임차권 그밖의 권한에 기하여 관리하고 있는 경우뿐만 아니라 사실상의 관리를 하고 있는 경우도 포함한다(대판 1995.1.24. 94다45302).

선지 분석

① 설치·관리상의 하자를 인정하지 않는다.

> ⚖ **관련 판례**
>
> 고등학교 3학년 학생이 교사의 단속을 피해 담배를 피우기 위하여 3층 건물 화장실 밖의 난간을 지나다가 실족하여 사망한 사안에서 학교 관리자에게 그와 같은 이례적인 사고가 있을 것을 예상하여 복도나 화장실 창문에 난간으로의 출입을 막기 위하여 출입금지장치나 추락위험을 알리는 경고표지판을 설치할 의무가 있다고 볼 수는 없다는 이유로 학교시설의 설치·관리상의 하자는 없다(대판 1997.5.16. 96다54102).

② 수인한도를 넘는 피해가 요구된다.

> ⚖ **관련 판례**
>
> 국가배상법 제5조 제1항에 정하여진 '영조물의 설치 또는 관리의 하자'라 함은 공공의 목적에 공여된 영조물이 그 용도에 따라 갖추어야 할 안전성을 갖추지 못한 상태에 있음을 말하고, 안전성을 갖추지 못한 상태, 즉 타인에게 위해를 끼칠 위험성이 있는 상태라 함은 당해 영조물을 구성하는 물적 시설 그 자체에 있는 물리적·외형적 흠결이나 불비로 인하여 그 이용자에게 위해를 끼칠 위험성이 있는 경우뿐만 아니라, 그 영조물이 공공의 목적에 이용됨에 있어 그 이용상태 및 정도가 일정한 한도를 초과하여 제3자에게 사회통념상 수인할 것이 기대되는 한도를 넘는 피해를 입히는 경우까지 포함된다고 보아야 한다(대판 2005.1.27. 2003다49566).

③ 도로의 점유·관리자가 그에 대한 관리 가능성이 없다면 도로의 관리·보존상의 하자가 인정되지 않는다.

> ⚖ **관련 판례**
>
> 편도 2차선 도로의 1차선 상에 교통사고의 원인이 될 수 있는 크기의 돌멩이가 방치되어 있는 경우, 도로의 점유·관리자가 그에 대한 관리 가능성이 없다는 입증을 하지 못하는 한 이는 도로의 관리·보존상의 하자에 해당한다(대판 1998.2.10. 97다32536).

15 Ⅵ 행정심판 정답 ①

정답 분석

① 행정심판법상 선정대표자는 청구인들 중에서 선정할 수 있다.

> **행정심판법 제15조 【선정대표자】** ① 여러 명의 청구인이 공동으로 심판청구를 할 때에는 청구인들 중에서 3명 이하의 선정대표자를 선정할 수 있다.

> ⚖ **관련 판례**
>
> 행정심판절차에서 청구인들이 당사자가 아닌 자를 선정대표자로 선정하였더라도 행정심판법 제11조에 위반되어 그 선정행위는 그 효력이 없다(대판 1991.1.25. 90누7791).

② 헌법 제107조 제3항에 대한 옳은 내용이다.

> 제107조 ③ 재판의 전심절차로서 행정심판을 할 수 있다. 행정심판의 절차는 법률로 정하되, 사법절차가 준용되어야 한다.

③ 행정심판법 제27조 제3항·제6항에 대한 옳은 내용이다.

> 제27조 【심판청구의 기간】 ③ 행정심판은 처분이 있었던 날부터 180일이 지나면 청구하지 못한다. 다만, 정당한 사유가 있는 경우에는 그러하지 아니하다.
> ⑥ 행정청이 심판청구 기간을 알리지 아니한 경우에는 제3항에 규정된 기간에 심판청구를 할 수 있다.

④ 행정처분의 상대방이 아닌 제3자가 이해관계인으로서 행정심판을 청구하는 경우에 그가 행정심판법 제18조 제3항 본문의 청구기간 내에 심판청구를 제기하지 아니하였다 하더라도 그 심판청구기간 내에 심판청구가 가능하였다는 특별한 사정이 없는 한 동 조항 단서에서 규정하고 있는 기간을 지키지 못한 정당한 사유가 있는 때에 해당한다고 보아 심판청구기간의 제한을 받지 아니한다고 할 것이다(대판 1991.5.28. 90누1359).

③ 행정심판의 재결에 불복하는 행정심판을 재청구할 수 없다.

> 행정심판법 제51조 【행정심판 재청구의 금지】 심판청구에 대한 재결이 있으면 그 재결 및 같은 처분 또는 부작위에 대하여 다시 행정심판을 청구할 수 없다.

① 행정청이 식품위생법령에 따라 영업자에게 행정제재처분을 한 후 그 처분을 영업자에게 유리하게 변경하는 처분을 한 경우, 변경처분에 의하여 당초 처분은 소멸하는 것이 아니고 당초부터 유리하게 변경된 내용의 처분으로 존재하는 것이므로, 변경처분에 의하여 유리하게 변경된 내용의 행정제재가 위법하다 하여 그 취소를 구하는 경우 그 취소소송의 대상은 변경된 내용의 당초 처분이지 변경처분은 아니고, 제소기간의 준수 여부도 변경처분이 아닌 변경된 내용의 당초 처분을 기준으로 판단하여야 한다(대판 2007.4.27. 2004두9302).

② 행정심판법 제17조 제2항에 대한 옳은 내용이다.

> 제17조 【피청구인의 적격 및 경정】 ② 청구인이 피청구인을 잘못 지정한 경우에는 위원회는 직권으로 또는 당사자의 신청에 의하여 결정으로써 피청구인을 경정(更正)할 수 있다.

④ 행정심판법 제31조 제1항에 대한 옳은 내용이다.

> 제31조 【임시처분】 ① 위원회는 처분 또는 부작위가 위법·부당하다고 상당히 의심되는 경우로서 처분 또는 부작위 때문에 당사자가 받을 우려가 있는 중대한 불이익이나 당사자에게 생길 급박한 위험을 막기 위하여 임시지위를 정하여야 할 필요가 있는 경우에는 직권으로 또는 당사자의 신청에 의하여 임시처분을 결정할 수 있다.

④ 행정청은 행정기본법 제35조 제1항에 따라 특정인을 위한 행정서비스를 제공받는 자에게 법령으로 정하는 바에 따라 수수료를 받을 수 있다.

> 제35조 【수수료 및 사용료】 ① 행정청은 특정인을 위한 행정서비스를 제공받는 자에게 법령으로 정하는 바에 따라 수수료를 받을 수 있다.
> ② 행정청은 공공시설 및 재산 등의 이용 또는 사용에 대하여 사전에 공개된 금액이나 기준에 따라 사용료를 받을 수 있다.
> ③ 제1항 및 제2항에도 불구하고 지방자치단체의 경우에는 지방자치법에 따른다.

① 특별한 규정이 있는 경우를 제외하고는 법령의 효력 발생 전에 종결된 사실관계 또는 법률관계에 대해서는 적용되지 아니한다.

> 행정기본법 제14조 【법 적용의 기준】 ① 새로운 법령 등은 법령 등에 특별한 규정이 있는 경우를 제외하고 그 법령 등의 효력 발생 전에 완성되거나 종결된 사실관계 또는 법률관계에 대해서는 적용되지 아니한다.
> ② 당사자의 신청에 따른 처분은 법령 등에 특별한 규정이 있거나 처분 당시의 법령 등을 적용하기 곤란한 특별한 사정이 있는 경우를 제외하고는 처분 당시의 법령 등에 따른다.
> ③ 법령 등을 위반한 행위의 성립과 이에 대한 제재처분은 법령 등에 특별한 규정이 있는 경우를 제외하고는 법령 등을 위반한 행위 당시의 법령 등에 따른다. 다만, 법령 등을 위반한 행위 후 법령 등의 변경에 의하여 그 행위가 법령 등을 위반한 행위에 해당하지 아니하거나 제재처분 기준이 가벼워진 경우로서 해당 법령 등에 특별한 규정이 없는 경우에는 변경된 법령 등을 적용한다.

② 처분에 재량이 있는 경우에는 인공지능 기술을 적용한 시스템으로 처분을 할 수 없다.

> 행정기본법 제20조 【자동적 처분】 행정청은 법률로 정하는 바에 따라 완전히 자동화된 시스템(인공지능 기술을 적용한 시스템을 포함한다)으로 처분을 할 수 있다. 다만, 처분에 재량이 있는 경우는 그러하지 아니하다.

③ 공법상 계약의 체결시 계약의 목적 및 내용을 명확하게 적은 계약서를 작성하여야 한다.

> 행정기본법 제27조 【공법상 계약의 체결】 ① 행정청은 법령 등을 위반하지 아니하는 범위에서 행정목적을 달성하기 위하여 필요한 경우에는 공법상 법률관계에 관한 계약(이하 "공법상 계약"이라 한다)을 체결할 수 있다. 이 경우 계약의 목적 및 내용을 명확하게 적은 계약서를 작성하여야 한다.

18 Ⅵ 행정소송의 제소기간 정답 ②

정답 분석

② 취소소송의 제소기간을 준수한 것으로 보지 않는다.

> **관련 판례**
>
> 처분이 있음을 안 날부터 90일을 넘겨 청구한 부적법한 행정심판청구에 대한 재결이 있은 후 재결서를 송달받은 날부터 90일 이내에 원래의 처분에 대하여 취소소송을 제기하였다고 하여 취소소송이 다시 제소기간을 준수한 것으로 되는 것은 아니다(대판 2011.11.24. 2011두18786).

선지 분석

① 통상 고시 또는 공고에 의하여 행정처분을 하는 경우에는 그 처분의 상대방이 불특정 다수인이고, 그 처분의 효력이 불특정 다수인에게 일률적으로 적용되는 것이므로, 그 행정처분에 이해관계를 갖는 자는 고시 또는 공고가 있었다는 사실을 현실적으로 알았는지 여부에 관계없이 고시가 효력을 발생하는 날에 행정처분이 있음을 알았다고 보아야 하고, 따라서 그에 대한 취소소송은 그 날로부터 90일 이내에 제기하여야 한다(대판 2006.4.14. 2004두3847).

③ 이미 제소기간이 지남으로써 불가쟁력이 발생하여 불복청구를 할 수 없었던 경우라면 그 이후에 행정청이 행정심판청구를 할 수 있다고 잘못 알렸다고 하더라도 그 때문에 처분 상대방이 적법한 제소기간 내에 취소소송을 제기할 수 있는 기회를 상실하게 된 것은 아니므로 이러한 경우에 잘못된 안내에 따라 청구된 행정심판 재결서 정본을 송달받은 날부터 다시 취소소송의 제소기간이 기산되는 것은 아니다. 불가쟁력이 발생하여 더 이상 불복청구를 할 수 없는 처분에 대하여 행정청의 잘못된 안내가 있었다고 하여 처분 상대방의 불복청구 권리가 새로이 생겨나거나 부활한다고 볼 수는 없기 때문이다(대판 2012.9.27. 2011두27247).

④ 행정소송법 제20조가 제소기간을 규정하면서 '처분 등이 있은 날' 또는 '처분 등이 있음을 안 날'을 각 제소기간의 기산점으로 삼은 것은 그때 비로소 적법한 취소소송을 제기할 객관적 또는 주관적 여지가 발생하기 때문이므로, 처분 당시에는 취소소송의 제기가 법제상 허용되지 않아 소송을 제기할 수 없다가 위헌결정으로 인하여 비로소 취소소송을 제기할 수 있게 된 경우, 객관적으로는 '위헌결정이 있은 날', 주관적으로는 '위헌결정이 있음을 안 날' 비로소 취소소송을 제기할 수 있게 되어 이때를 제소기간의 기산점으로 삼아야 한다(대판 2008.2.1. 2007두20997).

19 Ⅵ 판결의 효력 정답 ①

정답 분석

① 사정판결에서는 처분의 위법성에 대한 기판력이 인정된다.

> **행정소송법 제28조【사정판결】** ① 원고의 청구가 이유있다고 인정하는 경우에도 처분 등을 취소하는 것이 현저히 공공복리에 적합하지 아니하다고 인정하는 때에는 법원은 원고의 청구를 기각할 수 있다. 이 경우 법원은 그 판결의 주문에서 그 처분 등이 위법함을 명시하여야 한다.

선지 분석

② 그 요건인 '현저히 공공복리에 적합하지 아니한가'의 여부를 판단할 때에는 위법·부당한 행정처분을 취소·변경하여야 할 필요와 그 취소·변경으로 발생할 수 있는 공공복리에 반하는 사태 등을 비교·교량하여 그 적용 여부를 판단하여야 한다(대판 2009.12.10. 2009두8359).

③ 사정판결은 당사자의 명백한 주장이 없는 경우에도 기록에 나타난 여러 사정을 기초로 직권으로 할 수 있는 것이나, 그 요건인 현저히 공공복리에 적합하지 아니한지 여부는 위법한 행정처분을 취소·변경하여야 할 필요와 그 취소·변경으로 인하여 발생할 수 있는 공공복리에 반하는 사태 등을 비교·교량하여 판단하여야 한다(대판 2006.9.22. 2005두2506).

④ 행정처분이 위법한 때에는 이를 취소함이 원칙이고, 그 위법한 처분을 취소·변경하는 것이 도리어 현저히 공공의 복리에 적합하지 않은 경우에 극히 예외적으로 위법한 행정처분의 취소를 허용하지 않는다는 사정판결을 할 수 있으므로, 사정판결의 적용은 극히 엄격한 요건 아래 제한적으로 하여야 한다(대판 2018.10.12. 2016두46670).

20 Ⅵ 무효등 확인소송 정답 ②

정답 분석

② 쾌적한 환경에서 생활할 수 있는 이익을 향수할 수 있는 주체라고 보지 아니하여, 무효등 확인을 구할 법률상 이익을 인정하지 않았다.

> **관련 판례**
>
> 자연인이 아닌 甲 수녀원은 쾌적한 환경에서 생활할 수 있는 이익을 향수할 수 있는 주체가 아니므로 위 처분으로 위와 같은 생활상의 이익이 직접적으로 침해되는 관계에 있다고 볼 수도 없으며, 위 처분으로 환경에 영향을 주어 甲 수녀원이 운영하는 쨈 공장에 직접적이고 구체적인 재산적 피해가 발생한다거나 甲 수녀원이 폐쇄되고 이전해야 하는 등의 피해를 받거나 받을 우려가 있다는 점 등에 관한 증명도 부족하다는 이유로, 甲 수녀원에 처분의 무효 확인을 구할 원고적격이 없다(대판 2012.6.28. 2010두2005).

선지 분석

① 행정처분의 근거 법률에 의하여 보호되는 직접적이고 구체적인 이익이 있는 경우에는 행정소송법 제35조에 규정된 '무효확인을 구할 법률상 이익'이 있다고 보아야 하고, 이와 별도로 무효확인소송의 보충성이 요구되는 것은 아니므로 행정처분의 무효를 전제로 한 이행소송 등과 같은 직접적인 구제수단이 있는지 여부를 따질 필요가 없다고 해석함이 상당하다(대판 2008.3.20. 2007두6342 전합).

③ 절차상 또는 형식상 하자로 무효인 행정처분에 대하여 행정청이 적법한 절차 또는 형식을 갖추어 다시 동일한 행정처분을 하였다면, 종전의 무효인 행정처분에 대한 무효확인 청구는 과거의 법률관계의 효력을 다투는 것에 불과하므로 무효확인을 구할 법률상 이익이 없다(대판 2010.4.29. 2009두16879).

④ 행정처분의 당연무효를 선언하는 의미에서 그 취소를 구하는 행정소송을 제기하는 경우에는 전치절차와 그 제소기간의 준수 등 취소소송의 제소요건을 갖추어야 한다(대판 1987.6.9. 87누219).

정답 분석

① 지방의회는 수정안을 의결할 수 없다.

> ⚖ 관련 판례
>
> 지방의회의원이 지방자치단체의 장이 조례안으로서 제안한 행정기구를 종류 및 업무가 다른 행정기구로 전환하는 수정안을 발의하여 지방의회가 의결 및 재의결하는 것은 지방자치단체의 장의 고유 권한에 속하는 사항의 행사에 관하여 사전에 적극적으로 개입하는 것으로서 허용되지 아니한다(대판 2005.8.19. 2005추48).

선지 분석

② 지방자체단체로서의 도는 1개의 법인이 존재할 뿐이고, 다만 사무의 영역에 따라 도지사와 교육감이 별개의 집행 및 대표기관으로 병존할 뿐이므로 도 교육감이 도를 대표하여 도지사가 대표하는 도를 상대로 제기한 소유권 확인의 소는 자기가 자기를 상대로 제기한 것으로 권리보호의 이익이 없어 부적법하다(대판 2001.5.8. 99다69341).

③ 집행기관의 구성원의 전부 또는 일부를 지방의회가 임면하도록 하는 것은 지방의회가 집행기관의 인사권에 사전에 적극적으로 개입하는 것이어서 원칙적으로 허용되지 않지만, 지방자치단체의 집행기관의 구성원을 집행기관의 장이 임면하되 다만 그 임면에 지방의회의 동의를 얻도록 하는 것은 지방의회가 집행기관의 인사권에 소극적으로 개입하는 것으로서 지방자치법이 정하고 있는 지방의회의 집행기관에 대한 견제권의 범위 안에 드는 적법한 것이므로, 지방의회가 조례로써 옴부즈맨의 위촉(임명)·해촉시에 지방의회의 동의를 얻도록 정하였다고 해서 집행기관의 인사권을 침해한 것이라 할 수 없다(대판 1997.4.11. 96추138).

④ 지방자치단체는 그 소관 사무의 범위 내에서 필요한 경우에는 심의 등을 목적으로 자문기관을 조례로 설치할 수 있는 외에, 그 소관 사무의 일부를 독립하여 수행할 필요가 있을 경우에는 합의제 행정기관을 조례가 정하는 바에 의하여 설치할 수 있는바, 그러한 합의제 행정기관에는 그 의사와 판단을 결정하여 외부에 표시하는 권한을 가지는 합의제 행정관청뿐만 아니라 행정주체 내부에서 행정에 관한 의사 또는 판단을 결정할 수 있는 권한만을 가지는 의결기관도 포함되는 것이므로, 지방의회가 재의결한 조례안에서 주민자치위원회가 지역주민이 이용할 수 있도록 동사무소에 설치된 각종 문화·복지·편익시설과 프로그램을 총칭하는 주민자치센터의 운영에 관하여 의결을 할 수 있는 것으로 규정하고 있는 것 자체는, 그러한 의결기관으로서의 주민자치위원회의 설치에 관하여 같은 법 시행령 제41조에서 규정하고 있는 행정자치부 장관의 승인이 가능한 것인지의 여부는 별론으로 하고, 같은 법 제159조 제3항에서 재의결의 효력 배제의 사유로 정하고 있는 법령 위반에 해당한다고 단정할 수 없다(대판 2000.11.10. 2000추36).

정답 분석

③ 항고소송의 대상이 된다고 본다.

> ⚖ 관련 판례
>
> '행정규칙에 의한 불문경고조치'가 비록 법률상의 징계처분은 아니지만 위 처분을 받지 아니하였다면 차후 다른 징계처분이나 경고를 받게 될 경우 징계감경사유로 사용될 수 있었던 표창 공적의 사용가능성을 소멸시키는 효과와 1년 동안 인사기록카드에 등재됨으로써 그 동안은 장관표창이나 도지사표창 대상자에서 제외시키는 효과 등이 있다는 이유로 항고소송의 대상이 되는 행정처분에 해당한다고 본다(대판 2002.7.26. 2001두3532).

선지 분석

① 임용당시 공무원임용결격사유가 있었다면 비록 국가의 과실에 의하여 임용결격자임을 밝혀내지 못하였다 하더라도 그 임용행위는 당연무효로 보아야 한다(대판 1987.4.14. 86누459).

② 국민으로부터 널리 공무를 수탁하여 국민 전체를 위해 근무하는 공무원의 지위를 고려할 때 공무원의 품위손상행위는 본인은 물론 공직사회에 대한 국민의 신뢰를 실추시킬 우려가 있으므로 지방공무원법 제55조는 국가공무원법 제63조와 함께 공무에게 직무와 관련된 부분은 물론 사적인 부분에 있어서도 건실한 생활을 할 것을 요구하는 '품위유지의무'를 규정하고 있고, 여기에서 '품위'라 함은 주권자인 국민의 수임자로서의 직책을 맡아 수행해 나가기에 손색이 없는 인품을 말한다(대판 1998.2.27. 97누18172).

④ 4급 공무원이 당해 지방자치단체 인사위원회의 심의를 거쳐 3급 승진대상자로 결정되고 임용권자가 그 사실을 대내외에 공표까지 하였다면, 그 공무원은 승진임용에 관한 법률상 이익을 가진 자로서 임용권자에 대하여 3급 승진임용 신청을 할 조리상의 권리가 있다(대판 2008.4.10. 2007두18611).

정답 분석

옳지 않은 것은 ㄱ, ㄷ이다.

ㄱ. 여성에 대한 병역의무는 병역법에서 명문으로 규정하고 있다.

> **병역법 제3조【병역의무】** ① 대한민국 국민인 남성은 대한민국 헌법과 이 법에서 정하는 바에 따라 병역의무를 성실히 수행하여야 한다. 여성은 지원에 의하여 현역 및 예비역으로만 복무할 수 있다.

ㄷ. 병역법에 따르지 않은 병역의무에 대한 특례는 규정할 수 없다.

> **병역법 제3조【병역의무】** ② 이 법에 따르지 아니하고는 병역의무에 대한 특례(特例)를 규정할 수 없다.

ㄴ. 병역법 제3조 제4항에 대한 **옳은** 내용이다.

> **제3조【병역의무】**④ 병역의무자로서 6년 이상의 징역 또는 금고의 형(刑)을 선고받은 사람은 병역에 복무할 수 없으며 병적(兵籍)에서 제적된다.

ㄹ. 병역법 제3조 제3항에 대한 **옳은** 내용이다.

> **제3조【병역의무】**③ 제1항에 따른 병역의무 및 지원은 인종, 피부색 등을 이유로 차별하여서는 아니 된다.

24 Ⅲ 행정절차법 정답 ③

정답 분석

③ 직접 응원할 수 있는 행정청에 요청하여야 한다.

> **행정절차법 제8조【행정응원】**③ 행정응원은 해당 직무를 직접 응원할 수 있는 행정청에 요청하여야 한다.

선지 분석

① 행정절차법 제8조 제2항 제1호에 대한 **옳은** 내용이다.

> **제8조【행정응원】**② 제1항에 따라 행정응원을 요청받은 행정청은 다음 각 호의 어느 하나에 해당하는 경우에는 응원을 거부할 수 있다.
> 1. 다른 행정청이 보다 능률적이거나 경제적으로 응원할 수 있는 명백한 이유가 있는 경우

② 행정절차법 제8조 제5항에 대한 **옳은** 내용이다.

> **제8조【행정응원】**⑤ 행정응원을 위하여 파견된 직원은 응원을 요청한 행정청의 지휘·감독을 받는다. 다만, 해당 직원의 복무에 관하여 다른 법령 등에 특별한 규정이 있는 경우에는 그에 따른다.

④ 행정절차법 제8조 제1항 제2호에 대한 **옳은** 내용이다.

> **제8조【행정응원】**① 행정청은 다음 각 호의 어느 하나에 해당하는 경우에는 다른 행정청에 행정응원(行政應援)을 요청할 수 있다.
> 2. 인원·장비의 부족 등 사실상의 이유로 독자적인 직무 수행이 어려운 경우

25 Ⅲ 정보공개 정답 ①

정답 분석

① 국회사무총장이 아닌 행정안전부장관에 대한 내용이다.

> **공공기관의 정보공개에 관한 법률 제26조【국회에의 보고】**① 행정안전부장관은 전년도의 정보공개 운영에 관한 보고서를 매년 정기국회 개회 전까지 국회에 제출하여야 한다.

선지 분석

② 동법 제4조 제3항에 대한 **옳은** 내용이다.

> **제4조【적용 범위】**③ 국가안전보장에 관련되는 정보 및 보안 업무를 관장하는 기관에서 국가안전보장과 관련된 정보의 분석을 목적으로 수집하거나 작성한 정보에 대해서는 이 법을 적용하지 아니한다. 다만, 제8조 제1항에 따른 정보목록의 작성·비치 및 공개에 대해서는 그러하지 아니한다.

③ 동법 제28조에 대한 **옳은** 내용이다.

> **제28조【신분보장】**누구든지 이 법에 따른 정당한 정보공개를 이유로 징계조치 등 어떠한 신분상 불이익이나 근무조건상의 차별을 받지 아니한다.

④ 동법 제23조 제5항에 대한 **옳은** 내용이다.

> **제23조【위원회의 구성 등】**⑤ 위원장·부위원장 및 위원 중 공무원이 아닌 사람은 형법이나 그 밖의 법률에 따른 벌칙을 적용할 때에는 공무원으로 본다.

01 　Ⅰ 큰 정부
정답 ①

정답 분석
① 신공공관리론은 정부기능의 축소와 행정에 시장원리 및 기업운영원리를 도입하는 것으로, 작은 정부의 정책방향에 해당한다. 경제공황 극복을 위한 뉴딜정책, 사회복지 프로그램, 행정우위의 정치행정일원론은 모두 큰 정부의 특징에 해당한다.

02 　Ⅲ 대프트(Daft)의 조직유형
정답 ②

정답 분석
② 사업구조는 불확실한 환경이나 비정형적 기술, 부서 간 상호의존성, 외부지향적인 조직목표를 가진 경우에 유리하나, 규모의 불경제와 비효율성이 나타날 수 있다.

선지 분석
① 기능구조는 조직의 전체 업무를 공동기능별로 부서화한 조직으로, 수평적 조정의 필요성이 낮을 때 효과적이다.
③ 매트릭스구조는 기능부서의 전문성과 사업부서(프로젝트구조)의 신속한 대응성을 결합한 조직이다.
④ 수평구조는 조직구성원이 핵심업무과정을 중심으로 조직화된 구조로서 팀 조직이 대표적이다. 팀 조직은 수직적 계층과 부서 간 경계를 실질적으로 제거하여 개인을 팀 단위로 모은 조직이다.

이것도 알면 합격!

대프트(Daft)의 조직유형

기능구조	조직의 전체 업무를 공동기능별로 부서화한 조직
사업구조	각 사업부서들은 산출물별로 자율적으로 운영
매트릭스구조	기능구조와 사업구조를 화학적으로 결합한 이중적 권한구조
수평구조	조직구성원이 핵심업무과정을 중심으로 조직화된 구조
네트워크구조	부수적인 기능을 외부기관들과 연계하는 유기적인 조직

03 　Ⅶ 지방재정
정답 ②

정답 분석
② 재정자주도란 지방세·세외수입·지방교부세 등 지방자치단체 재정수입 중 특정 목적이 정해지지 않은 일반재원의 비중이다. 재정자주도가 높을수록 지방자치단체가 재량으로 사용할 수 있는 예산의 폭이 넓다.

04 　Ⅳ 근무성적평정상의 오류
정답 ③

정답 분석
ㄴ. 총계적 오류는 평정자의 평정기준이 일정하지 않기 때문에 관대화, 엄격화 경향이 불규칙하게 나타나는 현상이다.
ㄷ. 연쇄효과는 평정자가 가장 중요시하는 하나의 평정요소에 대한 평가결과가 성격이 다른 나머지 평정요소에도 연쇄적으로 영향을 미치는 오류이다. 다수의 평정요소를 평가해야하는 도표식평정척도법에서 주로 나타난다.

선지 분석
ㄱ. 집중화의 오류는 등급별로 최소인원을 필수적으로 배분하는 강제배분법을 통해서 방지할 수 있다.
ㄹ. 방어적 지각에 대한 설명이다. 선택적 지각은 모호한 상황이 있을 때 부분적인 정보만을 받아들여 성급히 판단함으로써 발생하게 되는 오류이다.

이것도 알면 합격!

근무성적평정상의 오류

연쇄효과	하나의 평정요소가 다른 평정요소에 영향을 미치는 오류
집중화의 오류	무난하게 주로 중간등급을 주는 오류
관대화의 오류	실제 수준보다 높게 평가하는 오류
엄격화의 오류	실제 수준보다 낮게 평가하는 오류
규칙적 오류	평정자의 가치관 및 평정기준의 차이에 의한 규칙적 오류
총계적 오류	평정자의 피평정자에 대한 불규칙적 오류
방어적 지각	자신에게 불리한 정보를 회피하고 유리한 것만 받아들이는 오류
논리적 오류	평정요소 간 논리적 상관관계가 있다는 관념에 의한 오류
선입견에 의한 오류	평정자가 갖고 있는 선입견(편견)이 평정에 영향을 미치는 오류

05 　Ⅰ 행태론
정답 ③

정답 분석
③ 행태론은 논리실증주의라는 과학적 방법 및 기술의 신뢰성에만 치중한 나머지, 연구대상과 범위를 행태에만 국한시킨 미시적 분석이다.

선지 분석
① 행태론은 행정의 공공성이나 공행정의 특수성을 과소평가하여 행정의 정체성에 문제를 야기하였다는 비판을 받는다.
② 지나친 객관주의, 조작(수치)주의, 계량주의로 객관화할 수 없는 인간의 내면세계 등 주관적인 영역을 직접 다루지 못한다.
④ 행태론은 공식구조나 제도는 물론 외부환경적 요인을 고려하지 못한 폐쇄적 이론이다.

06 Ⅲ 조직구조의 변수　　정답 ④

정답 분석

④ 공식화는 조직 내의 직무에 대한 규칙 설정의 정도로서 업무절차 및 규범의 제도화·정형화·표준화의 정도이다. 조직이 확실하고 안정적인 환경이거나 규모가 커지면 공식화 수준은 높아진다.

선지 분석

① 환경이 불확실할수록 업무를 표준화하기 어렵기 때문에 공식성의 정도는 낮아지게 된다.

② 역할은 사회적인 관계에서 어떤 위치를 점하는 사람들이 해야 할 것으로 기대되는 행동의 범주를 말하고, 지위는 사회적 체제 속에서 개인이 점하는 위치의 비교적인 가치 또는 존중도를 의미한다.

③ 공식성은 조직 내의 직무가 정형화, 표준화, 법규화되어 있는 정도를 말하는 것으로, 단순하고 반복적인 직무일수록 표준화되어 공식성은 높아진다.

07 Ⅶ 지방자치권　　정답 ①

정답 분석

① 2007년 표준정원제 폐지로 총액인건비제가 도입된 후, 2014년 기준인건비제의 시행을 통하여 자치조직 권한이 확대되는 추세이다.

이것도 알면 합격!

지방자치권

자치입법권	헌법과 지방자치법은 법령의 범위 안에서 자치에 관한 규정(조례)을 제정할 수 있다고 규정하여 자치입법권을 직·간접적으로 제약
자치행정권	자치조직권
	• 기준인건비 • 변천: 표준운영제 → 총액인건비제 → 기준인건비제 • 자치조직의 자율권과 권한 확대
	자치재정권
	• 조세법률주의에 따라 지방 세목을 설치할 수 없음 • 법률로 정하는 바에 따라 지방세 부과 징수 가능 • 사용료 수수료 징수 및 기금 설치 가능

08 Ⅱ 정책집행의 접근방법　　정답 ③

정답 분석

③ 상향적 접근방법은 실제의 정책결정이 일선집행권자의 집행과정에서 구체화되므로 정책결정과 정책집행 간의 엄밀한 구분에 의문을 제기하고, 목표가 상대적으로 일반성과 모호성을 띤다.

선지 분석

① 하향적 접근방법은 정치행정이원론의 시각에서 기계적인 집행(순응)을 이상적인 집행으로 본다.

② 하향적 접근방법은 실패를 반복하지 않도록 정책목표를 달성하기 위한 성공적인 집행조건이나 전략을 규명하고 집행이론을 구축하는데 초점을 둔다.

④ 상향적 접근방법의 정책결정과 집행의 구분이 불필요하다는 관점은, 선출직 공무원에 의한 정책결정과 책임이라는 민주주의의 기본가치에 위배될 수 있다.

이것도 알면 합격!

정책집행의 접근방법

구분	하향적 접근(top-down)	상향적 접근(bottom-up)
정책상황	안정적·구조화	유동적·동태화
정책목표 수정	수정 필요성 없음 (목표 명확)	수정 필요성 높음
결정과 집행	정책결정과 집행의 분리 (이원론)	정책결정과 집행의 통합 (일원론)
관리자의 참여	참여 제한, 충실한 집행이 중요시됨	참여 필요
집행자의 재량	집행자의 재량 불인정	집행자의 재량 인정
정책평가의 기준	집행의 충실성 및 성과	환경에의 적응성 중시, 정책성과는 2차적 기준
집행의 성공요건	정책결정자의 리더십	정책집행자의 재량권
핵심적 법률	있음	없음
연구목적	성공과 실패의 원인 유형화	상황적응적 집행

09 Ⅲ 조직의 원리　　정답 ②

정답 분석

② 조정은 공동목표를 달성하기 위한 집단적 노력을 질서정연하게 배열해 가는 과정으로 할거주의를 완화할 수 있다. 조정은 전문화·분업화와 상반되는 관계에 있다. 행정의 경우 고도의 전문성을 추구할 경우, 각 조직 간에 장벽이 발생하여 할거주의가 발생할 우려가 큰데 이러한 경우에 조정이 필요하게 된다.

선지 분석

① 조직의 원리란 복잡하고 거대한 조직을 가장 합리적으로 편제하고 그것을 능률적으로 관리하여 목표의 효율적 달성을 기하기 위해 적용되는 일반적, 보편적 원리를 말한다.

③ 계층제의 원리란 직무를 권한과 책임의 정도에 따라 등급화하고 상하계층 간에 지휘, 명령복종관계 또는 단일의 의사결정 중추를 확립하는 것으로 역할체제의 일종이다.

④ 부성화의 원리란 동질적인 업무끼리 나누어서 부서화해야 한다는 것으로, 업무의 분류를 추구하는 분업의 원리에 해당한다.

10   IV   엽관주의의 특징   정답 ③

정답 분석

ㄴ. 정치적 충성도에 따라 공직자를 임명하기 때문에 정당의 이념이나 정강정책을 강력히 추진할 수 있다.

ㄹ. 국민의 선거로 당선된 정치인들이 행정업무를 수행하기 때문에 국민의 요구에 대한 대응성을 향상시킬 수 있다.

선지 분석

ㄱ. 엽관주의는 행정능력이 아닌 정당에 대한 충성심을 임명기준으로 삼았기 때문에, 행정의 전문성과 능률성이 저해된다.

ㄷ. 정권이 교체될 경우 대량적인 인력교체로 행정의 안정성과 계속성을 유지하기 곤란하다.

---

11   V   예산의 제도별 특징   정답 ④

정답 분석

ㄷ. 계획예산제도(PPBS)는 장기적 시계하에서 목표나 사업의 대안, 비용과 효과 등을 고려하고, 분석적 기법을 활용하여 자원의 절약 및 예산운영의 합리성 증진에 기여한다.

ㄹ. 자본예산제도(CBS)는 정부예산을 경상지출과 자본지출로 구분하고, 경상지출은 경상수입으로 충당시켜 균형을 이루도록 하지만 자본지출은 적자재정과 공채발행으로 그 수입에 충당하게 함으로써 불균형 예산을 편성하는 제도이다.

선지 분석

ㄱ. 품목별예산제도(LIBS)는 지출예산별 금액이 표시되기 때문에 재정적 한계와 공무원의 회계책임을 명확히 할 수 있으며 합법성 위주의 회계검사가 용이하다.

ㄴ. 성과주의예산제도(PBS)는 예산서에 사업의 목적, 목표에 대한 기술서가 포함되어 있기 때문에 일반 국민이나 입법부가 정부사업의 목적을 쉽게 이해할 수 있다.

📌 **이것도 알면 합격!**

예산제도별 비교

구분	품목별예산	성과주의예산	계획예산
발달연대	1920~1930년대	1950년대	1960년대
예산의 기능	통제(예산을 품목과 연결)	관리(재원을 사업과 연결)	계획(예산을 기획과 연결)
정보의 초점	품목(투입)	기능, 활동(산출)	목표, 정책(효과)
예산의 이념	합법성	능률성	효과성
예산기관의 역할	통제, 감시	능률 향상	정책에의 관심
결정의 유형	점증모형	점증모형	합리모형

---

12   IV   직위분류제의 구성요소   정답 ②

정답 분석

ㄱ. 직렬은 직무의 종류는 유사하나 곤란도, 책임도가 상이한 직급의 군을 말한다.

ㄷ. 직군은 직무의 성질이 광범위하게 유사한 직렬의 군으로 가장 분류의 범위가 큰 요소이다.

선지 분석

ㄴ. 직무의 종류가 유사한 직렬의 집단은 직류가 아니라 직군이다. 직류란 동일한 직렬 내에서 담당분야가 동일한 직무의 집합을 말한다.

ㄹ. 등급에 대한 설명이다. 직급이란 직무의 성질 및 난이도, 책임의 정도가 유사한 직위의 집단을 말한다.

---

13   VI   행정통제의 유형   정답 ①

정답 분석

① 법률 제정, 예산심의, 국정조사 및 국정감사 활동 등은 입법부에 의한 통제에 해당한다.

선지 분석

② 입법부에 의한 통제로는 법률 제정, 공공정책의 결정, 예산심의, 각종 상임위원회의 활동, 국정조사 및 국정감사 활동, 고위공직자의 임명동의·해임건의 및 탄핵권, 기구 개혁, 청원 등이 있다.

③ 정당은 정권 획득을 목적으로 하는 사적 조직으로, 여당은 정부와의 당정협의회 형식으로 진행되고 야당은 정부와 여당에 대한 비판적 자세를 견지한다.

④ 감사원은 제도상 헌법기관이며 대통령 직속기구로 되어 있어 내부적 통제기구에 해당한다.

---

14   III   우리나라의 공기업   정답 ④

정답 분석

④ 공기업의 1차적 목적은 이윤극대화가 아닌 공공서비스 제공과 공익실현이여야 한다. 공기업은 공공성을 확보하기 위하여 정부의 여러 통제를 받는다.

선지 분석

①② 공기업의 성격에 대한 학설은 정부의 출자 비율에 따라서 분류할 수 있는데, 공기업의 자본금을 전액 출자하여 소유하고 있는 경우만 공기업으로 보는 소유주체설과, 전액 출자를 하지 않았으나 운영에 최종책임을 지고 실질적으로 지배하고 있는 경우에도 공기업으로 보는 관리주체설이 있다.

③ 규모의 경제로 인한 자연독점 발생 시 독과점 등의 시장실패를 초래하기 때문에, 이를 방지하기 위하여 공기업을 설치할 수 있다.

15　Ⅱ　정책평가의 기준과 특징　정답 ②

정답 분석

② 목표를 달성하였는지의 여부로서 목표의 명확성을 중요시하는 기준은 효과성이다. 능률성은 비용을 최소화하면서 정책효과 및 산출의 질과 양을 극대화하는 것을 성공적 집행으로 보며 수단의 극대화에 중점을 둔다.

선지 분석

① 주민만족도는 조직외부집단인 주민이나 관련집단의 정치적 지지를 이끌어내며 이해관계나 갈등을 타협·조정했는가의 정도를 말하며, 효과성, 능률성과는 달리 질적이고 주관적인 기준이다.

③ 정책평가의 목적 중에는 정책수단과 결과 간의 인과관계를 검토·확인·검증하여 이론을 구축하고 학문적 인과성을 밝히는 것도 포함된다.

④ 정책평가는 정책수단과 정책효과 간의 인과관계의 경로를 검증하는 과정평가와, 정책수단과 정책효과 간의 인과관계의 결과를 추정하는 총괄평가로 나눌 수 있다.

16　Ⅱ　정책대안의 탐색　정답 ③

정답 분석

③ 대안의 장단점을 비교하는 기준으로 크게 소망성과 실현가능성이 있으며 그 중 일차적으로 고려해야 할 기준은 실현가능성이다. 소망성에는 공평성, 대응성, 효과성 등이 있으며 실현가능성에는 기술적 실현가능성, 경제적 실현가능성, 법적 실현가능성 등이 있다.

선지 분석

① 대안의 탐색이란 문제를 해결할 수 있는 가능한 모든 정책대안을 발굴하는 것으로 대안의 식별(소극적 탐색)과 창출(적극적 탐색)을 포함한다.

② 정책대안결과의 예측방법에는 추세연장기법을 활용하는 방법과 이론적 모형을 활용하는 방법 그리고 주관적 판단(통찰력)에 의한 예측이 있다.

④ 칼도-힉스(Kaldor-Hicks) 보상기준이란 사회전체적인 총후생이 총비용보다 크다면 늘어난 효용으로 손실을 보상해줄 수 있으므로 대안 채택이 가능하다는 입장이다. 비용편익분석 등에 이용되는 일반적인 정책분석 기준 중 하나이다.

17　Ⅱ　합리모형의 특징　정답 ②

정답 분석

② 합리모형은 목표나 가치가 명확하게 고정되어 있다고 가정하고, 목표와 수단 간의 인과관계에 입각하여 목표수단분석을 실시한다. 이를 위해서는 목표의 명확한 인식이 필요한데, 실제 행정에서는 명확한 목표의 설정이 곤란한 경우가 많다.

선지 분석

① 합리모형은 경제학에 근거를 둔 모형으로 정책결정자가 이성과 고도의 합리성에 따라 행동하고 결정한다고 보며, 목표달성의 극대화를 위한 합리적 대안의 탐색을 추구하는 이상적 모형이다.

③ 합리모형은 인간이 모든 대안들을 고려할 수 있다는 객관적 합리성에 근거한 의사결정자의 전지전능을 가정한다.

④ 합리모형은 정책문제 자체에 대한 분석만을 강조하고 외적인 요인(정치적 지지 등)에 대한 고려가 없으므로 분석과정이 매우 폐쇄적이다.

18　Ⅴ　영기준예산제도(ZBB)　정답 ①

정답 분석

① 영기준예산제도는 모든 사업을 재검토한다는 점에서 재정운영의 경직성을 타파하고 탄력성을 확보할 수 있다.

선지 분석

② 영기준예산제도는 매년 반복적으로 모든 예산을 전면적으로 재검토하는 데 많은 시간과 노력이 필요하기 때문에 공무원들로부터 환영받지 못하였다.

③ 영기준예산제도는 총체예산, 무전제예산, 백지상태예산으로도 불리며 점증주의를 극복하기 위하여 경제적 합리성을 제도화한 것이다.

④ 영기준예산제도는 우선순위가 낮은 사업의 폐지를 통하여 조세부담의 증가를 막고 이를 통해 예산의 감축을 기하여 자원난의 극복에 기여한다.

19　Ⅵ　전자거버넌스　정답 ③

정답 분석

③ 전자거버넌스는 기존 거버넌스보다 정보에 접근하는 것이 편리하여 의사표현의 자유가 보장되고 시민참여가 증가한다. 참여비용이 감소함에 따라 저비용과 고효율의 정치문화 창출이 가능하고, 정책결정의 합리성을 제고할 수 있다.

선지 분석

② 전자거버넌스는 인터넷을 통한 여론수렴 및 투표, 국민신문고, 사이버 국회 및 정당과 같은 수단을 통해 형성된다. 또한 시민의 온라인 참여 및 토론, 지지후보나 정책 등을 인터넷을 통해 다른 사람들에게 알리는 일련의 정치적 행위가 나타난다.

④ 전자거버넌스는 전자정보화 → 전자자문 → 전자결정 순으로 발전한다.

🖋️ 이것도 알면 합격!

전자거버넌스의 발전 단계

전자정보화	전자적 채널을 통해 국민에게 정보를 공개하는 단계
전자자문	시민과 선거직공무원 간의 의사소통과 환류가 이루어지는 단계
전자결정	시민의 의견이 정부의 정책과정에 반영되는 단계

20 Ⅵ 우리나라의 옴부즈만제도 정답 ③

정답 분석
③ 우리나라의 옴부즈만은 국민권익위원회가 담당하며, 위원장과 위원의 임기는 각각 3년으로 하되 1차에 한하여 연임할 수 있다(부패방지 및 국민권익위원회의 설치와 운영에 관한 법률 제16조 제2항).

선지 분석
② 소극적인 처분이란 접수거부, 처리지연, 부작위 등에 대한 처분을 말하며 소극적인 처분도 국민권익위원회의 관할사항에 속한다.
④ 일반적인 옴부즈만제도의 경우 직권조사를 하기도 하지만, 우리나라의 옴부즈만제도인 국민권익위원회는 신청에 의한 조사만 가능하며 직권조사 기능이 없다.

21 Ⅵ 우리나라 전자정부 정답 ③

정답 분석
③ 전자정부의 구현·운영 및 발전을 위하여 5년마다 전자정부기본계획을 수립하는 주체는 행정기관 등의 장이 아니라 중앙사무관장기관의 장이다.

선지 분석
① 전자정부법 제2조상 전자정부의 개념이다.
② 전자정부는 정부 내(back office)에서의 효율성을, 정부 밖(front office)에서의 민주성을 행정이념으로 추구한다.
④ 디지털예산회계시스템(dBrain)과 전자조달시스템(나라장터)은 업무재설계를 통해 업무를 축소·재설계하고 정보시스템화한 것으로 평가된다.

22 Ⅲ 리더십이론 정답 ①

정답 분석
① 리더십 연구의 접근방법은 특성론 → 행태론 → 상황론 → 신속성론 순으로 발전하였다.

선지 분석
② 변혁적 리더십의 요소로는 미래에 대한 구상을 유도하는 영감, 새로운 시도에 도전하도록 고무하는 지적자극, 존경심과 자긍심을 심어주고 부하들로부터 존경을 얻는 카리스마 등이 있다.
③ 촉매적 리더십이란 부하로 하여금 형식적 관행을 타파하고 창조적 사고와 학습의지, 관념을 촉발시키는 리더십을 말한다.
④ 발전적 리더십은 변동을 긍정적인 기회로 받아들이고 변동에 유리한 조건을 만드는 데 헌신하는 리더십이다. 변혁적 리더십과 유사하나 변혁적 리더십보다 더 부하중심적이고 리더가 부하에 대해 더 봉사적인 리더십이다.

리더십이론의 발달

특성론	리더의 자질, 속성 규명
행태론	리더행동(행위)의 다양성과 차별성 규명(리더행동유형론)
상황론	리더의 효율성에 영향을 미치는 상황조건 규명
신속성론	변혁적 리더십 등 리더의 속성(카리스마) 중시

23 Ⅲ 조직의 상황변수 정답 ③

정답 분석
③ 안정된 환경하에서는 구성원에 대한 통제가 용이하기 때문에 관료제 조직을 통한 집권화가 유리한 반면, 유동적인 환경하에서는 환경에의 탄력적인 대응이 중요하기 때문에 동태적 조직을 통한 분권화가 유리하다.

선지 분석
① 환경이란 조직 경계 밖의 영역으로 조직에 영향을 미칠 수 있는 모든 요소를 말한다.
② 복잡성은 단순성과 반대되는 개념으로 외부요소의 수와 상이성, 다양성, 이질성을 말한다. 역동성은 안정성과는 반대되는 개념으로 외부요소의 변화의 정도를 의미하는 격동성, 불안정성을 의미한다.
④ 톰슨(Thompson)은 조직이 사용하는 기술의 유형에 따라 갈등정도가 다르며 조직구조도 영향을 받는다고 보았다.

24 Ⅱ 로위(Lowi)의 정책유형 정답 ②

정답 분석
② 로위(Lowi)는 1964년 정책을 분배정책, 규제정책, 재분배정책으로 구분하였으며 1972년에는 여기에 구성정책을 추가하였다.

선지 분석
① 추출정책은 알몬드(Almond)와 포웰(Powell)이 제시한 정책이다.
③ 리플리(Ripley)와 프랭클린(Franklin)은 정책을 분배정책, 경쟁적 규제정책, 보호적 규제정책, 재분배정책으로 구분하였다.
④ 셀리스버리(Salisbury)는 정책을 분배정책, 규제정책, 재분배정책, 자율규제정책으로 구분하였다.

로위(Lowi)의 정책유형

구분		강제력의 적용대상	
		개인의 행위	행위의 환경
강제력의 행사방법	간접적	분배정책	구성정책
	직접적	규제정책	재분배정책

정답 분석

② 지방재정법 제39조에 따르면, 지방예산편성 등 예산과정에 주민이 참여할 수 있는 제도를 마련한다고 되어 있어 주민참여 범위를 예산편성으로만 제한하는 것은 아니다.

선지 분석

① 지방예산편성 등 예산과정의 주민 참여와 관련되는 사항을 심의하기 위하여 지방자치단체의 장 소속으로 주민참여예산위원회 등 주민참여예산기구를 둘 수 있다(지방재정법 제39조 제2항).

③ 주민참여예산기구의 구성·운영과 그 밖에 필요한 사항은 해당지방자치단체의 조례로 정한다(지방재정법 제39조 제5항).

④ 주민참여예산은 주민들이 예산편성과정 등에 직접 참여함으로써 재정민주주의를 구현하기 위한 방안이다.

관련 법령

> **지방재정법상 주민참여예산제도**
>
> 제39조【지방예산 편성 등 예산과정의 주민 참여】① 지방자치단체의 장은 대통령령으로 정하는 바에 따라 지방예산편성 등 예산과정(지방자치법 제47조에 따른 지방의회의 의결사항은 제외한다)에 주민이 참여할 수 있는 제도(이하 이 조에서 "주민참여예산제도"라 한다)를 마련하여 시행하여야 한다.
>
> ② 지방예산편성 등 예산과정의 주민 참여와 관련되는 다음 각 호의 사항을 심의하기 위하여 지방자치단체의 장 소속으로 주민참여예산위원회 등 주민참여예산기구(이하 "주민참여예산기구"라 한다)를 둘 수 있다.
>
> 1. 주민참여예산제도의 운영에 관한 사항
>
> 2. 제3항에 따라 지방의회에 제출하는 예산안에 첨부하여야 하는 의견서의 내용에 관한 사항
>
> 3. 그 밖에 지방자치단체의 장이 주민참여예산제도의 운영에 필요하다고 인정하는 사항
>
> ③ 지방자치단체의 장은 주민참여예산제도를 통하여 수렴한 주민의 의견서를 지방의회에 제출하는 예산안에 첨부하여야 한다.
>
> ④ 행정안전부장관은 지방자치단체의 재정적·지역적 여건 등을 고려하여 대통령령으로 정하는 바에 따라 지방자치단체별 주민참여예산제도의 운영에 대하여 평가를 실시할 수 있다.
>
> ⑤ 주민참여예산기구의 구성·운영과 그 밖에 필요한 사항은 해당 지방자치단체의 조례로 정한다.

▶ 셀프 체크

권장 풀이 시간	75분(OMR 표기 시간 포함)
실제 풀이 시간	___시 ___분 ~ ___시 ___분
맞힌 답의 개수	___개 / 75개

제4회 실전모의고사
모바일 자동 채점 + 성적 분석 서비스
바로 가기(gosi.Hackers.com)

QR코드를 이용하여 해커스공무원의
'모바일 자동 채점 + 성적 분석 서비스'로 바로 접속하세요!
* 해커스공무원 사이트의 가입자에 한해 이용 가능합니다.

▶ 정답

제1과목 국어

01	③	06	②	11	①	16	③	21	③
02	④	07	①	12	④	17	①	22	③
03	②	08	③	13	②	18	③	23	②
04	③	09	③	14	④	19	④	24	③
05	③	10	③	15	①	20	②	25	④

제2과목 행정법

01	①	06	③	11	④	16	①	21	②
02	①	07	③	12	③	17	④	22	①
03	①	08	②	13	②	18	②	23	④
04	④	09	②	14	①	19	④	24	②
05	②	10	①	15	③	20	①	25	④

제3과목 행정학

01	①	06	③	11	②	16	③	21	②
02	④	07	①	12	④	17	④	22	③
03	③	08	③	13	④	18	④	23	④
04	②	09	②	14	④	19	③	24	①
05	④	10	①	15	④	20	②	25	①

▶ 취약 단원 분석표

제1과목 국어

단원	맞힌 답의 개수
어법	/ 7
비문학	/ 8
문학	/ 5
어휘	/ 3
혼합	/ 2
TOTAL	/ 25

제2과목 행정법

단원	맞힌 답의 개수
Ⅰ 일반론	/ 2
Ⅱ 행정작용	/ 5
Ⅲ 행정과정	/ 5
Ⅳ 실효성 확보수단	/ 5
Ⅴ 손해전보	/ 1
Ⅵ 행정쟁송	/ 4
Ⅶ 행정법각론	/ 3
TOTAL	/ 25

제3과목 행정학

단원	맞힌 답의 개수
Ⅰ 행정학 총설	/ 5
Ⅱ 정책학	/ 3
Ⅲ 행정조직론	/ 6
Ⅳ 인사행정론	/ 5
Ⅴ 재무행정론	/ 3
Ⅵ 지식정보화 사회와 환류론	/ 1
Ⅶ 지방행정론	/ 2
TOTAL	/ 25

01　어법　단어 (형태소의 의미)　　정답 ③

정답 설명

③ 주로 체언에 결합하여 격을 나타내는 말은 조사이며, 조사는 문법적 관계만을 나타내는 형식 형태소이므로 ③의 설명은 옳지 않다. 참고로, 형식 형태소로는 조사와 어미 등이 있다.

오답 분석

① 형태소는 더 나누면 뜻을 잃어버리는 최소 의미 단위이므로 옳은 설명이다.

② '아름'은 단독으로 쓰이지 않을 뿐만 아니라 '-답다' 외의 다른 형태소와는 결합하지 않는 유일 형태소이다.

④ 용언의 어간은 실질적인 뜻을 가지고 있으므로 실질 형태소이면서, 홀로 쓰일 수 없는 의존 형태소이다.

🔖 이것도 알면 합격!

형태소의 종류

구분	종류	예 하늘이 매우 맑다
자립성의 유무에 따라	자립 형태소 (홀로 쓰일 수 있는 형태소)	하늘, 매우
	의존 형태소 (홀로 쓰일 수 없는 형태소)	이, 맑-, -다
의미의 유형에 따라	실질 형태소 (실질적인 뜻을 지닌 형태소)	하늘, 매우, 맑-
	형식 형태소 (문법적인 기능을 지닌 형태소)	이, -다

02　어법　올바른 문장 표현　　정답 ④

정답 설명

④ 앞 절인 '대한민국의 주권은 국민에게 있다'와 뒤 절인 '모든 권력은 국민에게서 나오다'가 연결 어미 '-고'로 대등하게 이어진 올바른 문장이다. 참고로, 이때 뒤의 절의 부사격 조사 '에게서'를 영어의 'from'을 직역하여 '모든 권력은 국민으로부터 나오다'와 같은 영어 번역 투 문장으로 쓰지 않도록 유의한다.

오답 분석

① 낮은 취업률은 비단 우리나라만의 문제가 되어 버렸다(×) → 낮은 취업률은 비단 우리나라만의 문제가 아니다(○): 부사어 '비단'은 부정하는 말 앞에서 '다만', '오직'의 뜻으로 쓰이는 부사이므로 이와 호응할 수 있는 부정의 서술어 '아니다'로 고쳐 써야 한다.

② 그는 전기 자동차 회사의 설립과 최근에는 우주 사업도 하고 있다(×) → 그는 전기 자동차 회사를 설립했고 최근에는 우주 사업도 하고 있다(○): 접속 조사 '과'를 통해 이어진 '(그는) 전기 자동차 회사의 설립'과 '(그는) 우주 사업도 하고 있다'의 문장 구조가 대응되지 않는 문장이다. 따라서 선행하는 문장 구조를 후행하는 문장 구조와 동일하게 '(그는) 전기 자동차 회사를 설립했고'와 같이 고쳐 쓰는 것이 적절하다.

③ 정부가 다음 달부터 만 75세 이상 고령층을 대상으로 시작하기로 했다(×) → 정부가 다음 달부터 만 75세 이상 고령층을 대상으로 예방 접종을 시작하기로 했다(○): 서술어 '시작하다'와 호응하는 목적어가 생략되어 있으므로 이와 호응할 수 있는 목적어 '예방접종'을 추가하는 것이 적절하다.

03　어휘　속담, 한자 성어　　정답 ②

정답 설명

② 속담과 한자 성어의 뜻이 가장 비슷한 것은 ②이다.
- 노루 보고 그물 짊어진다: 무슨 일을 미리 준비하지 않고 일을 당해서야 허겁지겁 준비함을 비유적으로 이르는 말
- 갈이천정(渴而穿井): '목이 말라야 비로소 샘을 판다'라는 뜻으로, 미리 준비를 하지 않고 있다가 일이 지나간 뒤에는 아무리 서둘러 봐도 아무 소용이 없음을 이르거나 자기가 급해야 서둘러서 일을 함을 비유적으로 이르는 말

오답 분석

① • 술 익자 체 장수 간다: '술이 익어 체로 걸러야 할 때에 마침 체 장수가 지나간다'라는 뜻으로, 일이 공교롭게 잘 맞아 감을 비유적으로 이르는 말
- 마부위침(磨斧爲針): '도끼를 갈아서 바늘을 만든다'라는 뜻으로, 아무리 어려운 일이라도 끊임없이 노력하면 반드시 이룰 수 있음을 이르는 말

③ • 마당 벌어진 데 웬 솔뿌리 걱정: '마당이 벌어졌는데 그릇이 터졌을 때 필요한 솔뿌리를 걱정한다'라는 뜻으로, 당치도 않은 것으로 사건을 수습하려 하는 어리석음을 비웃는 말
- 소극침주(小隙沈舟): '조그만 틈으로 물이 새어 들어 배가 가라앉는다'라는 뜻으로, 작은 일을 게을리하면 큰 재앙이 닥치게 됨을 이르는 말

④ • 때리는 시늉하면 우는 시늉을 한다: 서로 손발이 잘 맞는다는 말
- 작학관보(雀學鸛步): '참새가 황새의 걸음을 배운다'라는 뜻으로, 자기의 역량은 생각하지 않고 억지로 남을 모방함을 비유적으로 이르는 말

04　문학　작품에 대한 지식 (고대 가요)　　정답 ③

정답 설명

③ 제시된 작품은 '해가(海歌)'로, 이때 '거북'은 수로 부인을 납치한 존재이므로 경외의 대상이 아닌 위협의 대상이다. 따라서 제시된 작품에 대한 설명으로 가장 옳지 않은 것은 ③이다.

오답 분석

① '해가(海歌)'는 신라 성덕왕 때의 노래로, 수로왕의 강림을 기원하는 고대 가요 '구지가'와 내용 및 형식이 매우 유사하다. 이를 통해 '해가'가 '구지가'를 계승한 노래임을 알 수 있다.

② '해가'는 『삼국유사』에 7언 4구의 한역 시가와 배경 설화가 함께 전하는데, 신라 성덕왕 때 순정공이 강릉 태수로 부임하던 도중 바다의 용

이 나타나 그의 아내인 수로 부인을 바닷속으로 끌고 들어갔을 때 백성들이 수로 부인의 귀환을 요구하며 부른 노래로 전해진다.

④ '호명(거북아 거북아) – 명령(수로 부인을 내놓아라) – 가정(내어 놓지 않으면) – 위협(그물로 잡아 구워 먹으리)'의 구조로 이루어져 있다.

🚩 이것도 알면 합격!

'해가'와 '구지가'의 비교

구분		구지가	해가
공통점	성격	노래를 부름으로써 목적을 달성하고자 하는 주술적 성격을 띰	
	어조	상대를 위협하는 말하기 방식임	
	구조	'호명 – 명령 – 가정 – 위협'의 구조로 구성됨	
차이점	요구 내용과 목적	공적인 목적: 임금(수로왕)의 출현	사적인 목적: 수로 부인의 구출
	거북의 역할	소망을 들어주는 존재이자 경외의 대상임	수로 부인을 납치한 부정적 대상임

---

05 문학 작품의 종합적 감상 (시조) 정답 ③

정답 설명

③ ⓒ '가마귀'는 (나)의 중장을 통해 겉과 속이 같은 대상임을 알 수 있는 반면, '白鷺(백로)'는 (나)의 종장을 통해 겉과 속이 같지 않은 대상임을 알 수 있다. 따라서 표리부동한 모습에 비판적 태도를 드러내고 있는 대상은 ⓒ '가마귀'가 아닌 '白鷺(백로)'이므로 답은 ③이다.

· 표리부동(表裏不同): 겉으로 드러나는 언행과 속으로 가지는 생각이 다름

오답 분석

① (가)의 중장을 통해 ⊙ '가마귀'가 '白鷺(백로)'를 시기하는 부정적인 대상으로 표현되고 있음을 알 수 있다.

② (나)의 중장에서 설의법을 사용하여 '가마귀'가 겉은 검지만 양심은 올바른 존재임을 강조하고 있다. 이는 화자가 조선 건국에 협력한 자신(개국 공신)의 태도를 정당화하고 있는 것이며, 조선의 개국 공신을 비난하는 이들을 겉은 희지만 양심은 올바르지 않은 존재로 표현한 것이다.

④ (가)와 (나) 모두 '가마귀'와 '白鷺(백로)'에서 흑백의 색채 대비가 나타난다.

지문 풀이

(가) ⊙ 까마귀 모여 다투는 곳에 백로야 가지 마라.
성이 난 까마귀들이 새하얀 너의 몸빛을 보고 시기하고 미워할 것이니
청강에서 기껏 깨끗이 씻은 너의 결백한 심신(心身)이 더럽혀질까 걱정이 되는구나.

(나) ⓒ 까마귀 겉모습이 검다고 해서 백로야 비웃지 마라
겉은 검다고 해서 속까지 검겠느냐?
아마도 겉이 희고 속 검은 것은 너밖에 없을 것이다.

---

06 어법 단어 (용언의 활용) 정답 ②

정답 설명

② 들려서(×) → 들러서(○): 기본형은 '들르다'로, 어간 '들르-'의 끝소리 'ㅡ'가 모음 어미 앞에서 탈락하므로 '들르- + -어서'는 '들러서'로 적어야 한다. 참고로 '들려서'는 기본형 '들리다'의 활용형으로, 어간 '들리-'의 'ㅣ'와 모음 어미 '-어서'의 'ㅓ'가 결합하여 'ㅕ'로 축약되므로 '들려서'로 적는다.

오답 분석

① 치러서(○): 기본형은 '치르다'로, 어간 '치르-'의 끝소리 'ㅡ'가 모음 어미 앞에서 탈락하므로 '치르- + -어서'는 '치러서'로 적는다. 참고로 '치루다'는 동사 '치르다'의 잘못된 표기이다.

③ 질러서(○): 기본형은 '지르다'로, 어간의 끝음절 '르'가 모음 어미 앞에서 'ㄹㄹ'로 바뀌는 '르' 불규칙 동사이므로 '질러'로 적는다.

④ 갈려서(○): 기본형은 '갈리다'로, 동사 '가르다'의 피동사이다. 이때 어간 '갈리-'의 'ㅣ'와 모음 어미 '-어서'의 'ㅓ'가 결합하여 'ㅕ'로 축약되므로 '갈려서'로 적는다.

---

07 비문학 글의 전략 파악 정답 ①

정답 설명

① IMF 이후 약간의 경기 침체만 보여도 불안해하는 한국인들의 증상(사회적 현상)을 심리학 개념인 '부적응적 불안'으로 설명하고 있으므로 적절하다.

오답 분석

② 1문단에서 주 40시간 근무제가 시행된 직후의 직장인들의 상황(일상의 사례)을 제시하고 있으나, 이는 '부적응적 불안'의 구체적인 사례일 뿐 현상의 위험성을 경고하는 것은 아니므로 적절하지 않다.

③④ 제시문에서 확인할 수 없는 서술 방식이다.

---

08 비문학 세부 내용 파악 정답 ③

정답 설명

③ 4문단 4~5번째 줄을 통해 '부적응적 불안'은 불필요하게 과도한 불안과 공포가 정상적인 삶을 방해하는 것임을 알 수 있다. 이때 5문단 1~3번째 줄에서 부적응적 불안을 겪는 사람은 불안해할 필요가 없는 상황에서도 불안을 유발하는 요인을 찾아내 불안해할 준비를 한다고 하였다. 이를 통해 과도한 불안과 공포를 겪는 사람은 불안할 필요가 없는 상황에서도 불안 요인을 찾을 것임을 알 수 있다. 따라서 답은 ③이다.

오답 분석

① 4문단 1~2번째 줄을 통해 불안과 공포는 인간의 생존을 위해 반드시 필요한 것임을 알 수 있다. 하지만 불안과 공포가 자연에서 생존하기 위해 터득한 진화의 산물인지에 대한 내용은 제시문에서 확인할 수 없다.

② 5문단 끝에서 1~3번째 줄에서 오늘날 IMF를 겪은 한국인들은 집단적인 부적응적 불안을 겪고 있다고 하였다. 이를 통해 부적응적 불안은 후천적으로 획득될 수 있음을 알 수 있다. 또한 부적응적 불안이 인간의 선천적인 정신적 결함인지에 대한 내용은 제시문에서 확인할 수 없다.

④ 5문단 1~3번째 줄에서 불안해 할 필요가 없는 상황에서도 불안을 유발하는 요인을 찾아낸다고 하였다. 즉 부적응적 불안을 겪는 사람의 특징은 불안을 느낄 필요가 없는 안정적인 상황에서도 불안을 유발하는 요인을 찾는 것임을 알 수 있으므로 ④의 설명은 제시문에 대한 이해로 적절하지 않다.

---

09 어법 한글 맞춤법 (띄어쓰기) 정답 ②

정답 설명

② 어려울∨성∨싶다(×) → 어려울∨성싶다(○): '성싶다'는 앞말이 뜻하는 상태를 어느 정도 느끼고 있거나 짐작함을 나타내는 보조 형용사로, 한 단어이므로 붙여 써야 한다.

오답 분석

① 탄∨듯(○): 이때 '듯'은 '유사하거나 같은 정도'의 뜻을 나타내는 의존 명사이므로 앞말과 띄어 쓴다.

③ 온데간데없다(○): '온데간데없다'는 '감쪽같이 자취를 감추어 찾을 수가 없다'를 뜻하는 형용사로, 한 단어이므로 붙여 쓴다.

④ 오∨개국의(○): '개국'은 나라를 세는 단위를 나타내는 의존 명사이므로 수 관형사 '오'와 띄어 쓴다.

🔖 이것도 알면 합격!

유의해야 하는 보조 용언의 띄어쓰기

보조 용언	의미
듯싶다, 듯하다	앞말이 뜻하는 사건이나 상태 따위를 짐작하거나 추측함을 나타내는 말 예 내가 실수한 듯싶다.
마지않다	앞말이 뜻하는 행동을 진심으로 함을 강조하여 나타내는 말 예 환영해 마지않다.
만하다	1. 어떤 대상이 앞말이 뜻하는 행동을 할 타당한 이유를 가질 정도로 가치가 있음을 나타내는 말 예 한 번쯤 먹어볼 만하다. 2. 앞말이 뜻하는 행동을 하는 것이 가능함을 나타내는 말 예 너를 가르칠 만한 능력이 없다.
버릇하다	앞말이 뜻하는 행동을 습관적으로 거듭함을 나타내는 말 예 낮잠을 자 버릇하면 수면의 질이 떨어진다.
뻔하다	앞말이 뜻하는 상황이 실제 일어나지는 않았지만 그럴 가능성이 매우 높음을 나타내는 말 예 하마터면 거울을 깨뜨릴 뻔했다.

성부르다, 성싶다, 성하다	앞말이 뜻하는 상태를 어느 정도 느끼고 있거나 짐작함을 나타내는 말 예 내가 가만히 당하고 있을 성부르냐?
양하다	1. 앞말이 뜻하는 행동을 짐짓 취함을 나타내는 말 예 시치미를 떼고 아무것도 모르는 양했다. 2. 앞말이 뜻하는 모양을 하고 있음을 나타내는 말 예 표정을 보아하니 기분이 좋은 양하다.
직하다	앞말이 뜻하는 내용이 발생할 가능성이 많음을 나타내는 말 예 언젠가는 있음 직한 일이다.
척하다	앞말이 뜻하는 행동이나 상태를 거짓으로 그럴듯하게 꾸밈을 나타내는 말 예 공부를 하는 척하며 스마트폰을 했다.

---

10 비문학 내용 추론 정답 ③

정답 설명

③ ㉠ 앞에서 '초자아'가 '이드'의 욕구를 사회적으로 용인되는 행동으로 바꾼다고 하였고, ㉠ 뒤에서 인간은 꿈을 통해 욕망을 드러내며, 이에 대한 해석이 가능하다는 프로이트의 의견을 제시하고 있다. 따라서 '이드'는 '초자아'에 의해 통제받아 꿈을 통해서만 소망을 실현할 수 있으므로 ㉠에 들어갈 말로 가장 적절한 것은 ③이다.

오답 분석

①④ 제시문을 통해 추론할 수 없으므로 적절하지 않다.

② 끝에서 5~6번째 줄을 통해 인간이 꿈에서 자신의 욕망을 드러냄은 알 수 있으나 이를 통해 욕망을 해소하여 도덕적인 사회를 만든다는 내용은 추론할 수 없다.

---

11 문학 시구의 의미 정답 ①

정답 설명

① 제시된 작품에서 화자는 '당신'을 기다리며 심의, 도포, 자리옷 등 '당신'에게 줄 옷을 정성스럽게 지어 놓았다. 이처럼 화자는 옷을 짓는 행위로 '당신'에 대한 정성과 사랑을 드러내고 있으므로 ㉠ '옷을 다 지어 놓았습니다'가 임에 대한 사랑의 표현이라는 ①의 이해는 적절하다.

오답 분석

② 화자는 마음이 아플 때 '수놓기'를 하면 '맑은 노래'가 자신의 마음이 된다고 표현한다. 이를 통해 '수놓기'는 화자가 마음을 정화하는 방법이자 사랑하는 임을 기다리는 행위를 의미함을 알 수 있다. 즉 '수놓는 금실'은 '수놓기'를 완성하기 위한 도구이며 임을 사랑하고 있는, 임의 실상을 구현해 나가는 화자의 분신이므로 ㉡ '수놓는 금실'이 '임의 분신'이라는 ②는 적절하지 않다.

③ 화자는 '당신'이 부재한 상황에서 수를 놓으며 정신을 수양하고 있고 그 과정의 결과물로 ⓒ '맑은 노래'를 얻는다. 다시 말해, 화자에게 '수 놓기'는 임을 기다리며 마음을 다스리는 방법이라고 할 수 있고 그 결과물인 ⓒ'맑은 노래'는 번뇌를 견뎌낸 후 얻게 되는 '마음의 정화와 위안'임을 알 수 있다. 따라서 ⓒ '맑은 노래'가 '임의 응답'이라는 ③은 적절하지 않다.

④ 화자에게 주머니에 수를 놓는 것은 당신을 기다리는 행위임과 동시에 그에 대한 정성과 사랑을 표현하는 행위이다. 이러한 점에서 미루어 볼 때, 주머니를 완성한다는 것은 당신을 기다리는 행위의 종결을 뜻하므로 ⓓ '짓고 싶어서 다 짓지 않는 것'은 당신에 대한 영원한 사랑을 역설적으로 강조하는 것임을 알 수 있다. 따라서 ⓓ '짓고 싶어서 다 짓지 않는 것'이 화자의 저항 의지를 나타낸다는 ④는 적절하지 않다.

 이것도 알면 **합격!**

한용운, '수의 비밀'의 주제와 특징

1. 주제: 수(繡)에 담긴 임에 대한 화자의 사랑

2. 특징
   • 경어체를 통해 화자의 정서를 표현함
   • 역설법을 사용하여 임에 대한 화자의 사랑을 강조함

---

12 | **문학** 작품의 종합적 감상 (가사) 　　　정답 ④

정답 설명

④ 제시된 작품은 조선 시대 정학유가 지은 가사인 '농가월령가(農家月令歌)'로, 농가에서 각 달과 절기에 해야 할 농사일, 세시풍속 등을 소개한 작품이다. 따라서 〈보기〉는 '민요'가 아니라 '가사'이므로 옳지 않은 것은 ④이다.

오답 분석

① 작품에서 3·4조와 4·4조의 운율이 모두 나타나고 있음을 확인할 수 있다.

예 • 3·4조: 낮이면 / 이영 녁고 / 밤의눈 / 시기 꼬아
　　　　　 3　　　4　　　 3　　　4

• 4·4조: 실과(實果) 나모 / 벗꼿 싸고 / 가지 수이 / 돌 씨오기
　　　　　　4　　　　　 4　　　　 4　　　　4

② '지거름(재로 만든 거름)', '벗꼿(보굿)' 등 실제 농사일과 관련된 구체적인 어휘가 제시되고 있다.
   • 보굿: 굵은 나무줄기에 비늘 모양으로 덮여 있는 겉껍질. 이것을 벗겨 두면 나무에 벌레가 붙지 않는다고 함

③ '미리 하라', '밋흐여라'와 같이 명령의 뜻을 나타내는 종결 어미 '-라'를 사용하여 농민들에게 봄에 해야 하는 농사일을 교육시키고, 이를 지킬 것을 강조하는 계몽적인 내용을 전하고 있다.

지문 풀이

한 해의 농사 계획은 봄에 하는 것이니 모든 준비를 미리 하라.
봄에 만약 때를 놓치면 그 해 일이 낭패되네.
농사 지을 땅을 다스리고 농사일에 부리는 소를 살펴 먹여
재거름 재워 놓고 한편으로 실어 내어

보리밭에 오줌 주기를 새해가 되기 전보다 힘써 하소.
늙으니 기운이 없어 힘든 일은 못 하여도
낮이면 이엉을 엮고 밤에는 새끼를 꼬아
때 맞추어 지붕을 이니 큰 근심 덜었도다.
과일나무 보굿을 벗겨 내고 가지 사이에 돌 끼우기,
정월 초하룻날 날 밝기 전에 시험 삼아 해 보소.
며느리는 잊지 말고 송국주를 걸러라.
온갖 꽃이 만발한 봄날에 화전을 안주 삼아 한번 취하여 보자.

 이것도 알면 **합격!**

정학유, '농가월령가(農家月令歌)'

1. 주제: 각 달과 절기에 따른 농사일과 세시풍속을 소개함

2. 특징
   (1) 농민들을 계몽·교화시키고자 하는 계몽적, 교훈적 성격이 강함
   (2) 서사에서 1~12월령까지 총 13장으로 구성되어 있는 월령체 가사이며, 월령체 작품 중 가장 길고 짜임새 있는 작품으로 평가받음
   (3) 실제 농사일과 절기에 따른 세시풍속을 노래하여 당시 농민들의 실생활에 도움이 되도록 하였고, 현대에는 조선 시대 생활사와 풍속사를 알 수 있는 자료로서의 가치를 지님

---

13 | **어법** 단어 (용언의 활용) 　　　정답 ②

정답 설명

② '푸르다'는 어간이 '르'로 끝나는 용언으로, 이때 결합하는 어미 '-어'가 '러'로 바뀌어 '푸르러' 등으로 활용하는 '러' 불규칙 활용 동사이다. 반면, ①③④는 용언 어간의 끝소리 '르'가 모음 앞에서 'ㄹㄹ'로 바뀌어 각각 '날라', '흘러', '일러' 등으로 활용하는 '르' 불규칙 활용 동사이므로 답은 ②이다.

 이것도 알면 **합격!**

불규칙 활용의 종류

1. 어간이 바뀌는 경우

종류	형태 변화의 양상	예
'ㅅ' 불규칙	어간 끝소리 'ㅅ'이 모음 앞에서 탈락	붓 + 어 → 부어
'ㅂ' 불규칙	어간 끝소리 'ㅂ'이 모음 앞에서 '오/우'로 바뀜	여쭙 + 어 → 여쭈어
'ㄷ' 불규칙	어간 끝소리 'ㄷ'이 모음 앞에서 'ㄹ'로 바뀜	듣 + 어 → 들어
'르' 불규칙	어간 끝소리 '르'가 모음 앞에서 'ㄹㄹ'로 바뀜	흐르 + 어 → 흘러
'우' 불규칙	어간 끝소리 '우'가 모음 어미 앞에서 탈락	푸 + 어 → 퍼

2. 어미가 바뀌는 경우

종류	형태 변화의 양상	예
'여' 불규칙	'하-' 뒤에 오는 어미 '-아/-어'가 '-여'로 바뀜	공부하 + 어 → 공부하여
'러' 불규칙	어간이 '르'로 끝나는 일부 용언에서 어미 '-어'가 '-러'로 바뀜	푸르 + 어 → 푸르러
'오' 불규칙	'달-/다-'의 명령형 어미가 '-오'로 바뀜	달 + 아 → 다오

3. 어간과 어미가 모두 바뀌는 경우

종류	형태 변화의 양상	예
'ㅎ' 불규칙	'ㅎ'으로 끝나는 어간에 모음으로 시작하는 어미가 오면 'ㅎ'이 없어지고 어미도 바뀜	파랗 + 아 → 파래

---

14 비문학 관점과 태도 파악 · 정답 ④

정답 설명

④ 4문단에서 '할로우'는 부모와의 접촉을 통해 형성된 애착이 아동 발달에 중요한 요소이며 부모와의 접촉이 잦은 아동이 접촉이 적은 아동보다 정서적인 측면에서 보다 긍정적으로 발달할 것이라고 하였으므로 '할로우'의 견해로 가장 적절한 것은 ④이다.

오답 분석

① 1문단 2~4번째 줄을 통해 '할로우'가 아닌 20세기 초 대다수 심리학자들의 의견임을 알 수 있으므로 적절하지 않다.

②③ 제시문을 통해 확인할 수 없는 내용이다.

---

15 어법 단어 (단어의 형성) · 정답 ①

정답 설명

① '억수'는 하나의 실질 형태소로 이루어진 단일어인 반면, ②③④는 모두 둘 이상의 형태소로 이루어진 복합어이므로 단어 형성 구조가 다른 것은 ①이다.
  • 억수: 물을 퍼붓듯이 세차게 내리는 비

오답 분석

②③④는 모두 둘 이상의 형태소가 결합된 복합어이다.

② 숫눈(숫- + 눈): '더럽혀지지 않아 깨끗한'의 뜻을 더하는 접두사 '숫-'에 어근 '눈'이 결합한 파생어이다.
  • 숫눈: 눈이 와서 쌓인 상태 그대로의 깨끗한 눈

③ 된서리(되- + -ㄴ + 서리): 용언 '되다'의 어간 '되-'에 관형사형 어미 '-ㄴ'과 어근 '서리'가 결합한 통사적 합성어이다.
  • 된서리: 늦가을에 아주 되게 내리는 서리

④ 건들바람(건들 + 바람): '바람이 부드럽게 불어오는 모양'을 뜻하는 부사 '건들'과 명사 '바람'이 결합한 비통사적 합성어이다.
  • 건들바람: 초가을에 선들선들 부는 바람

---

16 어휘 고유어 · 정답 ③

정답 설명

③ 고유어의 의미로 알맞은 것은 ③ '메떨어지다'이다.

오답 분석

① 귀중중하다: 매우 더럽고 지저분하다.

② 암팡스럽다: 몸은 작아도 야무지고 다부진 면이 있다.

④ 버력: 광석이나 석탄을 캘 때 나오는, 광물 성분이 섞이지 않은 잡돌

---

17 문학+어휘 한자 성어 · 정답 ①

정답 설명

① 제시된 작품은 고려 왕조에 대한 '절개'를 눈 속에서도 푸르름을 잃지 않는 '대나무'에 비유한 시조로, 이와 관련이 없는 한자 성어는 '切磋琢磨(절차탁마)'이다.
  • 切磋琢磨(절차탁마): '옥이나 돌 등을 갈고 닦아서 빛을 낸다'라는 뜻으로, 부지런히 학문과 덕행을 닦음을 이르는 말

오답 분석

② 獨也靑靑(독야청청): 남들이 모두 절개를 꺾는 상황 속에서도 홀로 절개를 굳세게 지키고 있음을 비유적으로 이르는 말

③ 氷貞玉潔(빙정옥결): 절개가 얼음이나 옥과 같이 깨끗하고 조금도 흠이 없음을 이르는 말

④ 雪中松柏(설중송백): '눈 속의 소나무와 잣나무'라는 뜻으로, 높고 굳은 절개를 이르는 말

지문 풀이

> 눈 맞아 휘어진 대나무를 누가 굽었다고 했던가?
> 굽힐 절개라면 눈 속에서도 푸를 것인가?
> 아마도 한겨울의 추위를 이기는 높은 절개는 너뿐인가 하노라.

이것도 알면 합격!

원천석, '눈 마ㅈ 휘여진 디를'

1. 주제
  : 고려 왕조에 대한 절개와 변하지 않는 충절

2. 특징
  (1) '흰 눈'과 '푸른 대나무'의 뚜렷한 색채 대비를 보임
  (2) 상징법과 설의법, 의인법 등 다양한 비유적 표현을 통해 주제를 강조함

3. 시어의 상징적 의미

흰 눈	새 왕조(조선)에 협력할 것을 강요하는 무리
푸른 대나무	고려 왕조에 대한 절개를 지키려는 화자

정답 설명

③ '투미하다'는 '어리석고 둔하다'를 뜻하므로 어휘의 뜻풀이가 옳지 않은 것은 ③이다.

---

19 **비문학** 주제 및 중심 내용 파악   정답 ④

정답 설명

④ 제시문은 과거부터 춤을 기록하기 위한 다양한 시도가 있었으나 춤을 정확하게 기록하는 것은 쉽지 않음을 설명하고 있다. 1문단에서는 기호를 통해 춤을 표기하기 위한 시도와 한계가 제시되고 있고, 2문단에서는 비디오를 통해 춤을 표기하기 위한 시도와 한계가 제시되어 있다. 즉 두 가지 방법 모두 춤을 정확하게 기록하는 데 한계를 지니고 있으므로 제시문의 중심 내용으로 가장 적절한 것은 ④이다.

오답 분석

① 제시문을 통해 알 수 없는 내용이므로 적절하지 않다.

② 1문단 1~3번째 줄을 통해 알 수 있으나 부분적인 내용에 해당하므로 적절하지 않다.

  [관련 부분] 춤에 대한 기록은 주로 몸짓을 글로 묘사하는 방법으로 이루어졌다. ~ 묘사는 개인의 주관적인 해석이 개입될 수밖에 없어

③ 1문단 끝에서 1~4번째 줄을 통해 '라바노테이션'이 일정한 기호를 통해 춤을 기록하고자 했던 표기 체계이지만 한계가 있었다고 설명하고 있으므로, 제시문의 중심 내용으로 적절하지 않다.

  [관련 부분] 이(라바노테이션)는 작은 몸짓에서부터 체중의 이동에 이르기까지 인간의 모든 동작을 기호로 표현하는 방법이었다. 그러나 이 역시 ~ 춤 동작을 완전하게 포착할 수는 없었다.

---

20 **문학** 시어의 의미   정답 ②

정답 설명

② '밤눈'은 화자가 느끼는 생활의 무게를 의미하는 반면, ①③④는 모두 화자의 문학적 신념과 관련된 시어이므로 의미하는 바가 가장 이질적인 것은 ②이다.

오답 분석

① '시(詩)'는 화자가 예술가로서 갖고 있는 문학적 신념을 뜻한다.

③ '노신(魯迅)'은 중국의 문학가 '루쉰'을 한자음으로 발음한 것으로, '루쉰'은 고통스러운 현실 속에서도 자신의 문학적 신념을 유지한 인물이다. 화자는 자신과 노신의 동일시를 통해 가난한 현실 속에서도 자신의 문학적 신념을 지키고자 하는 의지를 보여 주고 있다.

④ '등불'은 어려운 상황 속에서도 노신이 지키던 문학적 신념과 의지를 의미한다. 따라서 화자는 '등불'을 통해 노신과 같이 문학에 대한 신념을 지키며, 어려운 현실을 극복하고자 하는 의지를 보여 주고 있다.

🖊️ **이것도 알면 합격!**

김광균, '노신(魯迅)'

1. 주제

  가난한 현실과 문학적 이상 사이에서의 갈등과 현실 극복 의지

2. 특징

  (1) 화자의 현실적인 고뇌를 진술하고 담담하게 표현함

  (2) 현실 공간과 중국의 문학가 '노신'을 떠올리는 상상 공간이라는 이중 구조를 지님

---

21 **어법** 한글 맞춤법 (맞춤법에 맞는 표기)   정답 ③

정답 설명

③ 무에(o): '무에'는 '무엇이'의 준말로, 체언과 조사가 결합하여 줄어지는 경우 준 대로 적는다. 참고로, '무엇이'는 '뭣이'로도 줄여 쓸 수 있다.

오답 분석

① 싯퍼런(×) → 시퍼런(o): 접두사 '새-/시-'는 된소리, 거센소리, 'ㅎ' 앞에서 결합하며, 접두사 '샛-/싯-'은 유성음 앞에서 결합한다. 이때 뒷말이 양성 모음일 때는 '새-/샛-'이 결합하지만 음성 모음일 때는 '시-/싯-'이 결합하므로 '싯퍼런'은 '시퍼런'으로 고쳐 써야 한다.

② 넘어(×) → 너머(o): 문맥상 담장으로 가로막은 부분의 공간을 본다는 의미이므로 '넘어'는 '너머'로 고쳐 써야 한다. 참고로, '넘어'는 '산을 넘어 간다'와 같이 동작을 나타낼 때 쓸 수 있다.

  • 너머: 높이나 경계로 가로막은 사물의 저쪽. 또는 그 공간

④ 낚싯터(×) → 낚시터(o): '낚시 + 터'가 결합한 순우리말 합성어로, 앞말이 모음 'ㅣ'로 끝나지만 뒷말의 첫소리가 'ㄴ, ㅁ'로 시작되거나 [ㄴ] 또는 [ㄴㄴ] 소리가 덧나지 않으므로 사이시옷을 받쳐 적지 않는다.

---

22 **비문학** 글의 구조 파악 (문단 배열)   정답 ③

정답 설명

③ 'ⓒ - ㉠ - ㉢ - ㉡'의 순서가 가장 자연스럽다.

순서	중심 내용	순서 판단의 단서와 근거
ⓒ	'새말'의 개념	지시어나 접속어로 시작하지 않으면서 글의 중심 화제인 '새말'의 개념을 제시함

㉠	• '새말'은 두 가지로 분류됨
	  – 자연 발생적으로 만들어진 새말
	  – 정책상 계획적으로 보급된 새말
	• 자연 발생적으로 만들어진 '새말'의 종류
		ⓒ에서 제시한 '새말'을 분류하여 구체적으로 설명함

㉢	정책상 계획적으로 보급된 '새말'의 종류	키워드 '정책적인 계획 조어': ㉠에서 언급되었던 '정책상 계획적으로 보급된 새말'에 대해 설명함
㉣	어원이 불분명한 '새말'의 종류	접속어 '그러나': 화제를 전환하여 ㉠, ㉢에서 제시된 새말과는 달리 대중들에 의해 자연스럽게 만들어져 어원이 불분명한 새말의 종류에 대해 설명함

정답 설명

② '쏘아 놓은 살이요 엎지른 물이다'는 '한번 저지른 일을 다시 고치거나 중지할 수 없음'을 비유적으로 이르는 말로, 이때 '살'과 '물'은 이미 일어난 일을 뜻하므로 의미상 유의 관계에 있다. ②의 '감'과 '배' 또한 공연한 간섭을 뜻하므로 의미상 유의 관계이다.
  • 남의 잔치에 감 놓아라 배 놓아라 한다: 남의 일에 공연히 간섭하고 나섬을 비유적으로 이르는 말

오답 분석

① 이때 '호랑이'는 뛰어난 존재를, '토끼'는 보잘것없는 존재를 뜻하므로 두 단어는 의미상 대립 관계에 있다.
  • 호랑이 없는 골에 토끼가 왕 노릇 한다: 뛰어난 사람이 없는 곳에서 보잘것없는 사람이 득세함을 비유적으로 이르는 말
③ 이때 '도끼'는 크고 강한 도구를, '바늘'은 작고 약한 도구를 뜻하므로 두 단어는 의미상 대립 관계에 있다.
  • 도끼 가진 놈이 바늘 가진 놈을 못 당한다: 도끼같이 큰 무기를 가지고 있다고 하여 상대편의 사정을 봐주다가는 도리어 바늘을 가지고 있는 사람에게 진다는 말
④ 이때 '발뒤축'은 '며느리'의 신체 중 한 부분을 뜻하므로 두 단어는 의미상 부분 관계에 있다.
  • 며느리가 미우면 발뒤축이 달걀 같다고 나무란다: 미운 사람에 대해서 공연히 트집을 잡아 억지로 허물을 지어낸다는 말

정답 설명

③ 〈보기〉는 옹기가 구워지는 단계를 설명하는 '과정'의 방식으로 서술되었다. 이와 설명 방식이 가장 가까운 것은 ③으로, 암석이 화성암이 되기까지의 변화 단계를 설명하는 '과정'이 사용되었다.

오답 분석

① '수필'을 '난, 학, 여인, 길' 등 다른 사물에 빗대어 표현하는 '비유'가 사용되었다.
② 탄소로만 이루어진 물질의 예를 나열하고 있으므로 '예시'가 사용되었다.

④ 집을 수리한 경험을 통해 깨달은 이치를 '사람의 몸'도 마찬가지일 것이라고 비교하여 설명하는 '유추'가 사용되었다.

정답 설명

④ 제시문을 통해 글 속에 글쓴이의 지성의 깊이가 드러난다는 내용은 확인할 수 없다. 오히려 필자는 7문단을 통해 글을 쓸 때 지나치게 현학적인 표현은 지양해야 한다고 생각함을 알 수 있다.

오답 분석

① 2문단에서 글을 쓰는 것은 자기의 마음을 반성하고 살피는 일임을 말하고 있고, 3문단에서는 미래를 위해 인생의 이정표를 세우는 일임을 말하고 있다.
  [관련 부분]
  • 2문단: 가장 좋은 것은 반성의 자세로 글을 쓰는 일일 것이다. ～ 자기 자신을 비추어 주는 자화상이다.
  • 3문단: 글을 쓰는 것은 자기의 과거와 현재를 기록하고 장래를 위하여 인생의 이정표를 세우는 알뜰한 작업이다.
② 4문단 마지막 문장에서 확인할 수 있다.
  [관련 부분] 스스로 하고 싶은 바를 아무에게도 피해를 주지 않고 할 수 있는 일, 따라서 그것은 즐거운 작업이다.
③ 3문단에서 확인할 수 있다.
  [관련 부분] 글을 쓴다는 것은, 자기 자신의 엉클어지고 흐트러진 감정을 가라앉힘으로써 다시 고요한 자신으로 돌아오는 묘방(妙方)이기도 하다.

01　Ⅰ 부당결부금지의 원칙　　정답 ①

정답 분석

① 부당결부금지의 원칙에 반하지 않는다.

> 🔨 관련 판례
>
> 고속국도 관리청이 고속도로 부지와 접도구역에 송유관 매설을 허가하면서 상대방과 체결한 협약에 따라 송유관 시설을 이전하게 될 경우 그 비용을 상대방에게 부담하도록 하였고, 그 후 도로법 시행규칙이 개정되어 접도구역에는 관리청의 허가 없이도 송유관을 매설할 수 있게 된 사안에서, 위 협약이 효력을 상실하지 않을 뿐만 아니라 위 협약에 포함된 부관이 부당결부금지의 원칙에도 반하지 않는다(대판 2009.2.12. 2005다65500).

선지 분석

② 지방자치단체장이 사업자에게 주택사업계획승인을 하면서 그 주택사업과는 아무런 관련이 없는 토지를 기부채납하도록 하는 부관을 주택사업계획승인에 붙인 경우, 그 부관은 부당결부금지의 원칙에 위반되어 위법하다(대판 1997.3.11. 96다49650).

③ 행정행위의 부관은 행정행위의 일반적인 효력이나 효과를 제한하기 위하여 의사표시의 주된 내용에 부가되는 종된 의사표시이지 그 자체로서 직접 법적 효과를 발생하는 독립된 처분이 아니므로 현행 행정쟁송제도 아래서는 부관 그 자체만을 독립된 쟁송의 대상으로 할 수 없는 것이 원칙이나 행정행위의 부관 중에서도 행정행위에 부수하여 그 행정행위의 상대방에게 일정한 의무를 부과하는 행정청의 의사표시인 부담의 경우에는 다른 부관과는 달리 행정행위의 불가분적인 요소가 아니고 그 존속이 본체인 행정행위의 존재를 전제로 하는 것일 뿐이므로 부담 그 자체로서 행정쟁송의 대상이 될 수 있다(대판 1992.1.21. 91누1264).

④ 일반적으로 기속행위나 기속적 재량행위에는 부관을 붙일 수 없고 가사 부관을 붙였다 하더라도 무효이다(대판 1995.6.13. 94다56883).

02　Ⅰ 행정상 법률관계　　정답 ①

정답 분석

① 사법상의 법률행위가 아닌 행정소송의 대상이 되는 행정처분으로 본다.

> 🔨 관련 판례
>
> 국유재산의 관리청이 그 무단점유자에 대하여 하는 변상금부과처분은 순전히 사경제 주체로서 행하는 사법상의 법률행위라 할 수 없고 이는 관리청이 공권력을 가진 우월적 지위에서 행한 것으로서 행정소송의 대상이 되는 행정처분이라고 보아야 한다(대판 1988.2.23. 87누1046).

선지 분석

② 공익사업을 위한 토지 등의 취득 및 보상에 관한 법령에 의한 협의취득은 사법상의 법률행위이므로 당사자 사이의 자유로운 의사에 따라 채무불이행책임이나 매매대금 과부족금에 대한 지급의무를 약정할 수 있다(대판 2012.2.23. 2010다91206).

③ 국유재산법 제31조, 제32조 제3항, 산림법 제75조 제1항의 규정 등에 의하여 국유잡종재산에 관한 관리 처분의 권한을 위임받은 기관이 국유잡종재산을 대부하는 행위는 국가가 사경제 주체로서 상대방과 대등한 위치에서 행하는 사법상의 계약이고, … 국유잡종재산에 관한 대부료의 납부고지 역시 사법상의 이행청구에 해당하고, 이를 행정처분이라고 할 수 없다(대판 2000.2.11. 99다61675).

④ 구 공익사업을 위한 토지 등의 취득 및 보상에 관한 법률 제91조에 규정된 환매권은 상대방에 대한 의사표시를 요하는 형성권의 일종으로서 재판상이든 재판 외이든 위 규정에 따른 기간 내에 행사하면 매매의 효력이 생기는바, 이러한 환매권의 존부에 관한 확인을 구하는 소송 및 구 공익사업법 제91조 제4항에 따라 환매금액의 증감을 구하는 소송 역시 민사소송에 해당한다(대판 2013.2.28. 2010두22368).

03　Ⅱ 공법상 계약　　정답 ①

정답 분석

① 민사소송이 아니라 공법상 당사자소송으로 제기하여야 한다.

> 🔨 관련 판례
>
> 공법상 계약의 한쪽 당사자가 다른 당사자를 상대로 효력을 다투거나 이행을 청구하는 소송은 공법상의 법률관계에 관한 분쟁이므로 분쟁의 실질이 공법상 권리·의무의 존부·범위에 관한 다툼이 아니라 손해배상액의 구체적인 산정방법·금액에 국한되는 등의 특별한 사정이 없는 한 공법상 당사자소송으로 제기하여야 한다(대판 2021.2.4. 2019다277133).

선지 분석

② 중소기업 정보화지원사업에 따른 지원금 출연을 위하여 중소기업청장이 체결하는 협약은 공법상 대등한 당사자 사이의 의사표시의 합치로 성립하는 공법상 계약에 해당한다(대판 2015.8.27. 2015두41449).

③ 지방재정법에 따라 지방자치단체가 당사자가 되어 체결하는 계약은 사법상의 계약일 뿐, 공권력을 행사하는 것이거나 공권력 작용과 일체성을 가진 것은 아니라고 할 것이므로 이에 관한 분쟁은 행정소송의 대상이 될 수 없다(대판 1996.12.20. 96누14708).

④ 광주광역시문화예술회관장의 단원 위촉은 광주광역시문화예술회관장이 행정청으로서 공권력을 행사하여 행하는 행정처분이 아니라 공법상의 근무관계의 설정을 목적으로 하여 광주광역시와 단원이 되고자 하는 자 사이에 대등한 지위에서 의사가 합치되어 성립하는 공법상 근로계약에 해당한다고 보아야 할 것이므로, 광주광역시립합창단원으로서 위촉기간이 만료되는 자들의 재위촉 신청에 대하여 광주광역시문화예술회관장이 실기와 근무성적에 대한 평정을 실시하여 재위촉을 하지 아니한 것을 항고소송의 대상이 되는 불합격처분이라고 할 수는 없다(대판 2001.12.11. 2001두7794).

04 Ⅱ 행정행위의 부관 정답 ④

정답 분석

④ 상대방과 협의하여 부담의 내용을 협약의 형식으로 미리 정한 후 다음 행정처분을 하면서 부가할 수도 있다.

> **관련 판례**
>
> 수익적 행정처분에 있어서는 법령에 특별한 근거규정이 없다고 하더라도 그 부관으로서 부담을 붙일 수 있고, 그와 같은 부담은 행정청이 행정처분을 하면서 일방적으로 부가할 수도 있지만 부담을 부가하기 이전에 상대방과 협의하여 부담의 내용을 협약의 형식으로 미리 정한 다음 행정처분을 하면서 이를 부가할 수도 있다(대판 2009.2.12. 2005다65500).

선지 분석

① 건축허가를 하면서 일정 토지를 기부채납하도록 하는 내용의 허가조건은 부관을 붙일 수 없는 기속행위 내지 기속적 재량행위인 건축허가에 붙인 부담이거나 또는 법령상 아무런 근거가 없는 부관이어서 무효이다(대판 1995.6.13. 94다56883).

② 부담부 행정처분에 있어서 처분의 상대방이 부담(의무)을 이행하지 아니한 경우에 처분행정청으로서는 이를 들어 당해 처분을 취소(철회)할 수 있는 것이다(대판 1989.10.24. 89누2431).

③ 행정행위의 부관은 부담인 경우를 제외하고는 독립하여 행정소송의 대상이 될 수 없는바, 기부채납받은 행정재산에 대한 사용·수익허가에서 공유재산의 관리청이 정한 사용·수익허가의 기간은 그 허가의 효력을 제한하기 위한 행정행위의 부관으로서 이러한 사용·수익허가의 기간에 대해서는 독립하여 행정소송을 제기할 수 없다(대판 2001.6.15. 99두509).

05 Ⅱ 행정행위의 효력 정답 ②

정답 분석

② 행정행위의 하자가 취소사유에 불과한 경우에는 그로 인한 이득을 부당이득(법률상 원인 없는 이득)이라고 볼 수는 없다고 판시하였다.

> **관련 판례**
>
> 행정처분이 아무리 위법하다고 하여도 그 하자가 중대하고 명백하여 당연무효라고 보아야 할 사유가 있는 경우를 제외하고는 아무도 그 하자를 이유로 무단히 그 효과를 부정하지 못하는 것으로, 이러한 행정행위의 공정력은 판결의 기판력과 같은 효력은 아니지만 그 공정력의 객관적 범위에 속하는 행정행위의 하자가 취소사유에 불과한 때에는 그 처분이 취소되지 않는 한 처분의 효력을 부정하여 그로 인한 이득을 법률상 원인 없는 이득이라고 말할 수 없는 것이다(대판 1994.11.11. 94다28000).

선지 분석

① 건물의 소유자인 피고인이 관할 소방서장으로부터 소방시설 불량사항에 관한 시정보완명령을 받고도 따르지 아니하였다는 내용으로 기소된 사안에서, 담당 소방공무원이 행정처분인 위 명령을 구술로 고지한 것은 행정절차법 제24조를 위반한 것으로 하자가 중대하고 명백하여 당연무효이므로, … 이와 달리 위 명령이 유효함을 전제로 유죄를 인정한 원심판결에는 행정처분의 무효와 행정형벌의 부과에 관한 법리오해의 위법이 있다고 한 사례(대판 2011.11.10. 2011도11109).

③ 주택법 제91조에 의하여 행정청으로부터 공사의 중지, 원상복구 그 밖의 필요한 조치명령을 받은 자가 이에 위반한 경우 이로 인하여 주택법 제98조 제11호에 정한 처벌을 하기 위하여는 그 처분이나 조치명령이 적법한 것이라야 하고, 그 조치명령이 당연무효가 아니라 하더라도 그것이 위법한 것으로 인정되는 한 법 제98조 제11호 위반죄가 성립될 수 없다고 할 것이다(대판 2007.7.13. 2007도3918).

④ 위법한 행정대집행이 완료되면 그 처분의 무효확인 또는 취소를 구할 소의 이익은 없다 하더라도, 미리 그 행정처분의 취소판결이 있어야만, 그 행정처분의 위법임을 이유로 한 손해배상 청구를 할 수 있는 것은 아니다(대판 1972.4.28. 72다337).

06 Ⅱ 행정의 다단계 결정 정답 ③

정답 분석

③ 공정거래위원회가 부당한 공동행위를 행한 사업자로서 구 독점규제 및 공정거래에 관한 법률 제22조의2에서 정한 자진신고자나 조사협조자에 대하여 과징금 부과처분(이하 '선행처분'이라 한다)을 한 뒤, 독점규제 및 공정거래에 관한 법률 시행령 제35조 제3항에 따라 다시 자진신고자 등에 대한 사건을 분리하여 자진신고 등을 이유로 한 과징금 감면처분(이하 '후행처분'이라 한다)을 하였다면, 후행처분은 자진신고 감면까지 포함하여 처분 상대방이 실제로 납부하여야 할 최종적인 과징금액을 결정하는 종국적 처분이고, 선행처분은 이러한 종국적 처분을 예정하고 있는 일종의 잠정적 처분으로서 후행처분이 있을 경우 선행처분은 후행처분에 흡수되어 소멸한다(대판 2015.2.12. 2013두987).

선지 분석

① 공정력이나 불가쟁력과 같은 효력은 인정되지 아니한다.

> **관련 판례**
>
> 어업권면허에 선행하는 우선순위결정은 행정청이 우선권자로 결정된 자의 신청이 있으면 어업권면허처분을 하겠다는 것을 약속하는 행위로서 강학상 확약에 불과하고 행정처분은 아니므로, 우선순위결정에 공정력이나 불가쟁력과 같은 효력은 인정되지 아니한다(대판 1995.1.20. 94누6529).

② 징계 요구는 항고소송의 대상이 되는 처분에 해당하지 않는다.

> **관련 판례**
>
> 甲 시장이 감사원으로부터 감사원법 제32조에 따라 乙에 대하여 징계의 종류를 정직으로 정한 징계 요구를 받게 되자 감사원법 제36조 제2항에 따라 감사원에 징계 요구에 대한 재심의를 청구하였고, 감사원이 재심의청구를 기각하자 乙이 감사원의 징계 요구와 그에 대한 재심의결정의 취소를 구하고 甲 시장이

감사원의 재심의결정 취소를 구하는 소를 제기한 사안에서, 징계 요구는 징계 요구를 받은 기관의 장이 요구받은 내용대로 처분하지 않더라도 불이익을 받는 규정도 없고, 징계 요구 내용대로 효과가 발생하는 것도 아니며, 징계 요구에 의하여 행정청이 일정한 행정처분을 하였을 때 비로소 이해관계인의 권리관계에 영향을 미칠 뿐, 징계 요구 자체만으로는 징계 요구 대상 공무원의 권리·의무에 직접적인 변동을 초래하지도 아니하므로, 행정청 사이의 내부적인 의사결정의 경로로서 '징계 요구, 징계 절차 회부, 징계'로 이어지는 과정에서의 중간처분에 불과하여, 감사원의 징계 요구와 재심의결정이 항고소송의 대상이 되는 행정처분이라고 할 수 없다(대판 2016.12.27. 2014두5637).

④ 건설허가처분이 있게 되면 부지사전승인처분의 취소를 구하는 소는 소의 이익을 잃는다고 보았다.

관련 판례

원자로 및 관계 시설의 부지사전승인처분은 그 자체로서 건설 부지를 확정하고 사전공사를 허용하는 법률효과를 지닌 독립한 행정처분이기는 하지만, 건설허가 전에 신청자의 편의를 위하여 미리 그 건설허가의 일부 요건을 심사하여 행하는 사전적 부분 건설허가처분의 성격을 갖고 있는 것이어서 나중에 건설허가처분이 있게 되면 그 건설허가처분에 흡수되어 독립된 존재가치를 상실함으로써 그 건설허가처분만이 쟁송의 대상이 되는 것이므로, 부지사전승인처분의 취소를 구하는 소는 소의 이익을 잃게 되고, 따라서 부지사전승인처분의 위법성은 나중에 내려진 건설허가처분의 취소를 구하는 소송에서 이를 다투면 된다(대판 1998.9.4. 97누19588).

07 Ⅱ 행정지도 정답 ③

정답 분석

③ 위법한 행정지도에 따른 것이라는 이유만으로는 사인의 위법성이 조각되지는 않는다.

관련 판례

토지의 매매대금을 허위로 신고하고 계약을 체결하였다면 이는 계약예정금액에 대하여 허위의 신고를 하고 토지 등의 거래계약을 체결한 것으로서 구 국토이용관리법 제33조 제4호에 해당한다고 할 것이고, 행정관청이 국토이용관리법 소정의 토지거래계약신고에 관하여 공시된 기준시가를 기준으로 매매가격을 신고하도록 행정지도를 하여 그에 따라 허위신고를 한 것이라 하더라도 이와 같은 행정지도는 법에 어긋나는 것으로서 그와 같은 행정지도나 관행에 따라 허위신고행위에 이르렀다고 하여도 이것만 가지고서는 그 범법행위가 정당화될 수 없다(대판 1994.6.14. 93도3247).

---

① 행정절차법 제49조에 대한 옳은 내용이다.

제49조【행정지도의 방식】① 행정지도를 하는 자는 그 상대방에게 그 행정지도의 취지 및 내용과 신분을 밝혀야 한다.
② 행정지도가 말로 이루어지는 경우에 상대방이 제1항의 사항을 적은 서면의 교부를 요구하면 그 행정지도를 하는 자는 직무 수행에 특별한 지장이 없으면 이를 교부하여야 한다.

② 행정절차법 제51조에 대한 옳은 내용이다.

제51조【다수인을 대상으로 하는 행정지도】행정기관이 같은 행정목적을 실현하기 위하여 많은 상대방에게 행정지도를 하려는 경우에는 특별한 사정이 없으면 행정지도에 공통적인 내용이 되는 사항을 공표하여야 한다.

④ 행정지도가 강제성을 띠지 않은 비권력적 작용으로서 행정지도의 한계를 일탈하지 아니하였다면, 그로 인하여 상대방에게 어떤 손해가 발생하였다 하더라도 행정기관은 그에 대한 손해배상책임이 없다(대판 2008.9.25. 2006다18228).

08 Ⅲ 행정절차 정답 ②

정답 분석

② 인·허가 요건에 관한 일체의 심사를 배제하려는 것으로 보기는 어렵다.

관련 판례

건축법에서 인·허가의제 제도를 둔 취지는, 인·허가의제사항과 관련하여 건축허가의 관할 행정청으로 창구를 단일화하고 절차를 간소화하며 비용과 시간을 절감함으로써 국민의 권익을 보호하려는 것이지, 인·허가의제사항 관련 법률에 따른 각각의 인·허가 요건에 관한 일체의 심사를 배제하려는 것으로 보기는 어려우므로, 도시계획시설인 주차장에 대한 건축허가신청을 받은 행정청으로서는 건축법상 허가 요건뿐 아니라 국토의 계획 및 이용에 관한 법령이 정한 도시계획시설사업에 관한 실시계획인가 요건도 충족하는 경우에 한하여 이를 허가해야 한다(대판 2015.7.9. 2015두39590).

선지 분석

① 행정절차법 제23조 제1항은 행정청은 처분을 하는 때에는 당사자에게 그 근거와 이유를 제시하여야 한다고 규정하고 있는바, 일반적으로 당사자가 근거규정 등을 명시하여 신청하는 인·허가 등을 거부하는 처분을 함에 있어 당사자가 그 근거를 알 수 있을 정도로 상당한 이유를 제시한 경우에는 당해 처분의 근거 및 이유를 구체적 조항 및 내용까지 명시하지 않았더라도 그로 말미암아 그 처분이 위법한 것이 된다고 할 수 없다(대판 2002.5.17. 2000두8912).

③ 행정절차법 제21조 제1항, 제22조 제3항 및 제2조 제4호의 각 규정에 의하면, 행정청이 당사자에게 의무를 과하거나 권익을 제한하는 처분을 할 때에는 당사자 등에게 처분의 사전통지를 하고 의견제출의 기회를 주어야 하며, 여기서 당사자란 행정청의 처분에 대하여 직접 그 상대가 되는 자를 의미한다. … 공매 등의 절차에 따라 체육시설업자

의 지위를 승계한 자가 관계 행정청에 이를 신고하여 행정청이 수리하는 경우에는 종전 체육시설업자는 적법한 신고를 마친 체육시설업자의 지위를 부인당할 불안정한 상태에 놓이게 된다. 따라서 … 행정청이 그 신고를 수리하는 처분을 할 때에는 행정절차법 규정에서 정한 당사자에 해당하는 종전 유원시설업자 또는 체육시설업자에 대하여 위 규정에서 정한 행정절차를 실시하고 처분을 하여야 한다(대판 2012.12.13. 2011두29144).

④ 공무원 인사관계 법령에 의한 처분에 관한 사항 전부에 대하여 행정절차법의 적용이 배제되는 것이 아니라 성질상 행정절차를 거치기 곤란하거나 불필요하다고 인정되는 처분이나 행정절차에 준하는 절차를 거치도록 하고 있는 처분의 경우에만 행정절차법의 적용이 배제된다(대판 2007.9.21. 2006두20631).

09   Ⅲ   정보공개   정답 ②

정답 분석

옳은 것은 ㄱ, ㄷ이다.

ㄱ. 정보공개제도는 공공기관이 보유·관리하는 정보를 그 상태대로 공개하는 제도로서 공개를 구하는 정보를 공공기관이 보유·관리하고 있을 상당한 개연성이 있다는 점에 대하여 원칙적으로 공개청구자에게 증명책임이 있다(대판 2004.12.9. 2003두12707).

ㄷ. 치과의사 국가시험에서 채택하고 있는 문제은행 출제방식이 출제의 시간·비용을 줄이면서도 양질의 문항을 확보할 수 있는 등 많은 장점을 가지고 있는 점, 그 시험문제를 공개할 경우 발생하게 될 결과와 시험업무에 초래될 부작용 등을 감안하면, 위 시험의 문제지와 그 정답지를 공개하는 것은 시험업무의 공정한 수행이나 연구·개발에 현저한 지장을 초래한다고 인정할 만한 상당한 이유가 있는 경우에 해당하므로, 공공기관의 정보공개에 관한 법률 제9조 제1항 제5호에 따라 이를 공개하지 않을 수 있다(대판 2007.6.15. 2006두15936).

선지 분석

ㄴ. 비공개 대상 정보에 해당하지 않는다.

> ⚖ **관련 판례**
>
> 아파트재건축주택조합의 조합원들에게 제공될 무상보상평수의 사업수익성 등을 검토한 자료가 구 공공기관의 정보공개에 관한 법률 제7조 제1항에서 정한 비공개 대상 정보에 해당하지 않는다(대판 2006.1.13. 2003두9459).

ㄹ. 공공기관에는 공개방법을 선택할 재량권이 없다.

> ⚖ **관련 판례**
>
> 공공기관의 정보공개에 관한 법률 제2조 제2항, 제3조, 제5조, 제8조 제1항, 같은 법 시행령 제14조, 같은 법 시행규칙 제2조 [별지 제1호 서식] 등의 각 규정을 종합하면, 정보공개를 청구하는 자가 공공기관에 대해 정보의 사본 또는 출력물의 교부의 방법으로 공개방법을 선택하여 정보공개청구를 한 경우에 공개청구를 받은 공공기관으로서는 같은 법 제8조 제2항에서 규정한 정보의 사본 또는 복제물의 교부를 제한할 수 있는 사유에 해당하지 않는 한 정보공개청구자가 선택한 공개방법에 따라 정보를 공개하여야 하므로 그 공개방법을 선택할 재량권이 없다고 해석함이 상당하다(대판 2003.12.12. 2003두8050).

10   Ⅳ   이행강제금   정답 ①

정답 분석

① 이미 부과된 이행강제금은 징수하여야 한다.

> 건축법 제80조 【이행강제금】 ⑥ 허가권자는 제79조 제1항에 따라 시정명령을 받은 자가 이를 이행하면 새로운 이행강제금의 부과를 즉시 중지하되, 이미 부과된 이행강제금은 징수하여야 한다.

선지 분석

② 건축법 제78조에 의한 무허가 건축행위에 대한 형사처벌과 건축법 제83조 제1항에 의한 시정명령 위반에 대한 이행강제금의 부과는 그 처벌 내지 제재대상이 되는 기본적 사실관계로서의 행위를 달리하며, 또한 그 보호법익과 목적에서도 차이가 있으므로 헌법 제13조 제1항이 금지하는 이중처벌에 해당한다고 할 수 없다(헌재 2004.2.26. 2001헌바80).

③ 구 건축법상의 이행강제금은 구 건축법의 위반행위에 대하여 시정명령을 받은 후 시정기간 내에 당해 시정명령을 이행하지 아니한 건축주 등에 대하여 부과되는 간접강제의 일종으로서 그 이행강제금 납부의무는 상속인 기타의 사람에게 승계될 수 없는 일신전속적인 성질의 것이므로 이미 사망한 사람에게 이행강제금을 부과하는 내용의 처분이나 결정은 당연무효이고, 이행강제금을 부과받은 사람의 이의에 의하여 비송사건절차법에 의한 재판절차가 개시된 후에 그 이의의 사람이 사망한 때에는 사건 자체가 목적을 잃고 절차가 종료한다(대결 2006.12.8. 2006마470).

④ 건축법상의 이행강제금은 시정명령의 불이행이라는 과거의 위반행위에 대한 제재가 아니라, 의무자에게 시정명령을 받은 의무의 이행을 명하고 그 이행기간 안에 의무를 이행하지 않으면 이행강제금이 부과된다는 사실을 고지함으로써 의무자에게 심리적 압박을 주어 의무의 이행을 간접적으로 강제하는 행정상의 간접강제 수단에 해당한다. 이러한 이행강제금의 본질상 시정명령을 받은 의무자가 이행강제금이 부과되기 전에 그 의무를 이행한 경우에는 비록 시정명령에서 정한 기간을 지나서 이행한 경우라도 이행강제금을 부과할 수 없다(대판 2018.1.25. 2015두35116).

11   Ⅳ   통고처분   정답 ④

정답 분석

④ 통고처분에 따른 범칙금을 납부한 후에는 과벌절차가 종료되므로, 일사부재리의 원칙이 적용되어 동일한 사건에 대하여 다시 형사처벌을 받지 아니한다.

선지 분석

① 도로교통법 제118조에서 규정하는 경찰서장의 통고처분은 행정소송의 대상이 되는 행정처분이 아니므로 그 처분의 취소를 구하는 소송은 부적법하고, 도로교통법상의 통고처분을 받은 자가 그 처분에 대하여 이의가 있는 경우에는 통고처분에 따른 범칙금의 납부를 이행하지 아니함으로써 경찰서장의 즉결심판청구에 의하여 법원의 심판을 받을 수 있게 될 뿐이다(대판 1995.6.29. 95누4674).

②③ 지방국세청장 또는 세무서장이 조세범칙행위에 대하여 고발을 한 후에 동일한 조세범칙행위에 대하여 통고처분을 하였더라도, 이는 법적 권한 소멸 후에 이루어진 것으로서 특별한 사정이 없는 한 효력이 없고, 조세범칙행위자가 이러한 통고처분을 이행하였더라도 조세범 처벌절차법 제15조 제3항에서 정한 일사부재리의 원칙이 적용될 수 없다(대판 2016.9.28. 2014도10748).

 이것도 알면 합격!

통고처분(범칙금)

유형	행정형벌
부과주체	행정청
항고소송의 대상 여부	불인정
효과	• 이행시: 확정판결과 동일한 효력 발생, 일사부재리의 원칙 적용 • 불이행시: 통고처분의 효력 상실, 행정청의 고발에 따른 형사 소송절차 진행

---

12 Ⅳ 새로운 의무이행 확보수단   정답 ③

정답 분석

③ 이미 특허 등을 받은 사람에 대하여는 취소하여야 한다.

> **병역법 제76조【병역의무 불이행자에 대한 제재】** ① 국가기관, 지방자치단체의 장 또는 고용주는 다음 각 호의 어느 하나에 해당하는 사람을 공무원이나 임직원으로 임용하거나 채용할 수 없으며, 재직 중인 경우에는 해직하여야 한다.
> ② 국가기관 또는 지방자치단체의 장은 제1항 각 호의 어느 하나에 해당하는 사람에 대하여는 각종 관허업(官許業)의 특허·허가·인가·면허·등록 또는 지정 등(이하 이 조에서 "특허 등"이라 한다)을 하여서는 아니 되며, 이미 이를 받은 사람에 대하여는 취소하여야 한다.

선지 분석

①② 전기사업법(이하 '법'이라 한다) 제14조는 "발전사업자 및 전기판매사업자(이하 '전기판매사업자 등'이라 한다)는 정당한 사유 없이 전기의 공급을 거부하여서는 아니 된다"라고 규정하고 있고, 법 시행규칙 제13조는 전기판매사업자 등이 전기의 공급을 거부할 수 있는 8가지 사유를 열거하고 있는바, 전기판매사업자 등은 법 시행규칙에서 열거된 사유에 해당되지 않는 한 원칙적으로 전기의 공급을 거부할 수 없다. 다만, 법 시행규칙 제13조 제1호는 '전기요금을 납기일까지 납부하지 아니한 전기사용자가 법 제16조에 따른 전기공급약관에서 정하는 기한까지 해당 요금을 내지 아니하는 경우'를 전기공급을 거부할 수 있는 사유로 규정하고 있으므로, 전기판매사업자 등은 특별한 사정이 없는 한 전기공급약관에 따른 전기요금을 납부하지 않은 전기사용자에 대하여는 전기의 공급을 거부할 수 있다(대결 2010.2.11. 2009마1930).

④ 구 국세징수법(1961.12.8. 법률 제819호) 제23조 소정의 관허사업은 널리 허가, 인가, 면허 등을 얻어 경영하는 사업 모두가 포함된다 할 것이고 건설업 면허를 받아 건설업을 경영하는 자도 위 법 제23조 소정의 관허사업을 경영하는 자에 해당한다(대판 1976.4.27. 74누284).

---

13 Ⅳ 과징금   정답 ②

정답 분석

② 신설회사에게 분할하는 회사의 분할 전 법 위반행위를 이유로 과징금을 부과하는 것은 허용되지 않는다.

> 🔨 **관련 판례**
>
> 회사 분할 시 신설회사 또는 존속회사가 승계하는 것은 분할하는 회사의 권리와 의무이고, 분할하는 회사의 분할 전 법 위반행위를 이유로 과징금이 부과되기 전까지는 단순한 사실행위만 존재할 뿐 과징금과 관련하여 분할하는 회사에 승계 대상이 되는 어떠한 의무가 있다고 할 수 없으므로, 특별한 규정이 없는 한 신설회사에 대하여 분할하는 회사의 분할 전 법 위반행위를 이유로 과징금을 부과하는 것은 허용되지 않는다(대판 2011.5.26. 2008두18335).

선지 분석

① 과징금은 행정법상의 의무를 위반한 자에 대하여 당해 위반행위로 얻게 된 경제적 이익을 박탈하기 위한 목적으로 부과하는 금전적인 제재로서, 같은 법이 규정한 범위 내에서 그 부과처분 당시까지 부과관청이 확인한 사실을 기초로 일의적으로 확정되어야 할 것이고, 그렇지 아니하고 부과관청이 과징금을 부과하면서 추후에 부과금 산정 기준이 되는 새로운 자료가 나올 경우에는 과징금액이 변경될 수도 있다고 유보한다든지, 실제로 추후에 새로운 자료가 나왔다고 하여 새로운 부과처분을 할 수는 없다 할 것인바, 왜냐하면 과징금의 부과와 같이 재산권의 직접적인 침해를 가져오는 처분을 변경하려면 법령에 그 요건 및 절차가 명백히 규정되어 있어야 할 것인데, 위와 같은 변경처분에 대한 법령상의 근거규정이 없고, 이를 인정하여야 할 합리적인 이유 또한 찾아 볼 수 없기 때문이다(대판 1999.5.28. 99두1571).

③ 행정소송법 제10조는 처분의 취소를 구하는 취소소송에 당해 처분과 관련되는 부당이득반환소송을 관련 청구로 병합할 수 있다고 규정하고 있는바, 이 조항을 둔 취지에 비추어 보면, 취소소송에 병합할 수 있는 당해 처분과 관련되는 부당이득반환소송에는 당해 처분의 취소를 선결문제로 하는 부당이득반환청구가 포함되고, 이러한 부당이득반환청구가 인용되기 위해서는 그 소송절차에서 판결에 의해 당해 처분이 취소되면 충분하고 그 처분의 취소가 확정되어야 하는 것은 아니라고 보아야 한다(대판 2009.4.9. 2008두23153).

④ 부동산 실권리자 명의등기에 관한 법률 제5조에 의하여 부과된 과징금은 행정상의 의무위반자에게 부과되는 것으로서 행정벌의 성격을 갖고 있지만 그 채무는 대체적 급부가 가능한 의무이므로 위 과징금을 부과받은 자가 사망한 경우 그 상속인에게 포괄승계된다(대판 1999.5.14. 99두35).

 이것도 알면 합격!

과태료와 과징금의 비교

구분	과태료	과징금
성질	의무위반에 대한 질서벌	의무이행확보수단
부과주체	(원칙적으로)행정청	행정청
금액책정 기준	가벌성의 정도	의무위반·불이행시 예상 수익
불복절차	질서위반행위규제법	행정쟁송법

정답 분석

① 구체적인 사례가 없더라도 인정될 것이라는 기대가 있는 상태면 충분하다.

> **관련 판례**
>
> 우리나라와 외국 사이에 국가배상청구권의 발생요건이 현저히 균형을 상실하지 아니하고 외국에서 정한 요건이 우리나라에서 정한 그것보다 전체로서 과중하지 아니하여 중요한 점에서 실질적으로 거의 차이가 없는 정도라면 국가배상법 제7조가 정하는 상호보증의 요건을 구비하였다고 봄이 타당하다. 그리고 상호보증은 외국의 법령, 판례 및 관례 등에 의하여 발생요건을 비교하여 인정되면 충분하고 반드시 당사국과의 조약이 체결되어 있을 필요는 없으며, 당해 외국에서 구체적으로 우리나라 국민에게 국가배상청구를 인정한 사례가 없더라도 실제로 인정될 것이라고 기대할 수 있는 상태이면 충분하다(대판 2015.6.11. 2013다208388).

선지 분석

② 행정입법에 관여한 공무원이 입법 당시의 상황에서 다양한 요소를 고려하여 나름대로 합리적인 근거를 찾아 어느 하나의 견해에 따라 경과규정을 두는 등의 조치 없이 새 법령을 그대로 시행하거나 적용하였다면, 그와 같은 공무원의 판단이 나중에 대법원이 내린 판단과 같지 아니하여 결과적으로 시행령 등이 신뢰보호의 원칙 등에 위배되는 결과가 되었다고 하더라도, 이러한 경우에까지 국가배상법 제2조 제1항에서 정한 국가배상책임의 성립요건인 공무원의 과실이 있다고 할 수는 없다(대판 2013.4.26. 2011다14428).

③ 공무원의 행위를 원인으로 한 국가배상책임을 인정하기 위하여는 '공무원이 직무를 집행하면서 고의 또는 과실로 법령을 위반하여 타인에게 손해를 입힌 때'라고 하는 국가배상법 제2조 제1항의 요건이 충족되어야 한다. 여기서 '법령을 위반하여'라고 함은 엄격하게 형식적 의미의 법령에 명시적으로 공무원의 행위의무가 정하여져 있음에도 이를 위반하는 경우만을 의미하는 것은 아니고, 인권존중·권력남용금지·신의성실과 같이 공무원으로서 마땅히 지켜야 할 준칙이나 규범을 지키지 아니하고 위반한 경우를 비롯하여 널리 그 행위가 객관적인 정당성을 결여하고 있는 경우도 포함한다(대판 2015.8.27. 2012다204587).

④ 국민의 생명·신체·재산 등에 대하여 절박하고 중대한 위험상태가 발생하였거나 발생할 상당한 우려가 있어서 국민의 생명 등을 보호하는 것을 본래적 사명으로 하는 국가가 초법규적·일차적으로 그 위험의 배제에 나서지 아니하면 국민의 생명 등을 보호할 수 없는 경우에는 형식적 의미의 법령에 근거가 없더라도 국가나 관련 공무원에 대하여 그러한 위험을 배제할 작위의무를 인정할 수 있을 것이다. 그러나 그와 같은 절박하고 중대한 위험상태가 발생하였거나 발생할 상당한 우려가 있는 경우가 아닌 한, 원칙적으로 공무원이 관련 법령에서 정하여진 대로 직무를 수행하였다면 그와 같은 공무원의 부작위를 가지고 '고의 또는 과실로 법령에 위반'하였다고 할 수는 없다(대판 2012.7.26. 2010다95666).

정답 분석

③ 이해관계인은 행정기본법상 당사자에 해당하지 않는다.

> **행정기본법 제2조【정의】** 이 법에서 사용하는 용어의 뜻은 다음과 같다.
> 3. "당사자"란 처분의 상대방을 말한다.

선지 분석

① 행정기본법 제4조에 대한 옳은 내용이다.

> **제4조【행정의 적극적 추진】** ① 행정은 공공의 이익을 위하여 적극적으로 추진되어야 한다.
> ② 국가와 지방자치단체는 소속 공무원이 공공의 이익을 위하여 적극적으로 직무를 수행할 수 있도록 제반 여건을 조성하고, 이와 관련된 시책 및 조치를 추진하여야 한다.
> ③ 제1항 및 제2항에 따른 행정의 적극적 추진 및 적극행정 활성화를 위한 시책의 구체적인 사항 등은 대통령령으로 정한다.

② 행정기본법 제2조 제1호에 대한 옳은 내용이다.

> **행정기본법 제2조【정의】** 이 법에서 사용하는 용어의 뜻은 다음과 같다.
> 1. "법령 등"이란 다음 각 목의 것을 말한다.
>   가. 법령: 다음의 어느 하나에 해당하는 것
>   1) 법률 및 대통령령·총리령·부령
>   2) 국회규칙·대법원규칙·헌법재판소규칙·중앙선거관리위원회규칙 및 감사원규칙
>   3) 1) 또는 2)의 위임을 받아 중앙행정기관(정부조직법 및 그 밖의 법률에 따라 설치된 중앙행정기관을 말한다. 이하 같다)의 장이 정한 훈령·예규 및 고시 등 행정규칙
>   나. 자치법규: 지방자치단체의 조례 및 규칙

④ 행정기본법 제2조 제4호에 대한 옳은 내용이다.

> **행정기본법 제2조【정의】** 이 법에서 사용하는 용어의 뜻은 다음과 같다.
> 4. "처분"이란 행정청이 구체적 사실에 관하여 행하는 법 집행으로서 공권력의 행사 또는 그 거부와 그 밖에 이에 준하는 행정작용을 말한다.

정답 분석

① 행정청이 골프장 사업계획승인을 얻은 자의 사업시설 착공계획서를 수리한 것에 대하여 인근 주민들이 그 수리처분의 취소를 구하는 행정심판을 청구하자 재결청이 그 청구를 인용하여 수리처분을 취소하는 형성적 재결을 한 경우, 그 수리처분 취소심판청구는 행정심판의 대상이 되지 아니하여 부적법 각하하여야 함에도 위 재결은 그 청구를 인용하여 수리처분을 취소하였으므로 재결 자체에 고유한 하자가 있다고 보았다(대판 2001.5.29. 99두10292).

② 사립학교 교원에 관한 징계처분은 처분성이 없으므로 교원소청심사위원회의 취소결정은 행정심판의 재결이 아닌 원처분에 해당한다. 따라서 교원소청심사위원회의 취소결정은 재결 자체에 고유한 위법이 없더라도 항고소송으로 다툴 수 있다.

> ⚖️ **관련 판례**
>
> 사립학교 교원에 대한 징계처분의 경우에는 학교법인 등의 징계처분은 행정처분성이 없는 것이고 그에 대한 소청심사청구에 따라 위원회가 한 결정이 행정처분이고 교원이나 학교법인 등은 그 결정에 대하여 행정소송으로 다투는 구조가 되므로, 행정소송에서의 심판대상은 학교법인 등의 원 징계처분이 아니라 위원회의 결정이 되고, 따라서 피고도 행정청인 위원회가 되는 것이며, 법원이 위원회의 결정을 취소한 판결이 확정된다고 하더라도 위원회가 다시 그 소청심사청구사건을 재심사하게 될 뿐 학교법인 등이 곧바로 위 판결의 취지에 따라 재징계 등을 하여야 할 의무를 부담하는 것은 아니다(대판 2013.7.25. 2012두12297).

③ 원처분이 아닌 재결에 해당하는 재심의 판정에 대하여서만 감사원을 피고로 행정소송을 제기할 수 있다.

> ⚖️ **관련 판례**
>
> 감사원의 변상판정처분에 대하여서는 행정소송을 제기할 수 없고, 재결에 해당하는 재심의 판정에 대하여서만 감사원을 피고로 하여 행정소송을 제기할 수 있다(대판 1984.4.10. 84누91).

④ 당사자의 신청이 있어야 행정심판위원회가 직접 처분을 할 수 있다.

> **행정심판법 제50조 【위원회의 직접 처분】** ① 위원회는 피청구인이 제49조 제3항에도 불구하고 처분을 하지 아니하는 경우에는 당사자가 신청하면 기간을 정하여 서면으로 시정을 명하고 그 기간에 이행하지 아니하면 직접 처분을 할 수 있다. 다만, 그 처분의 성질이나 그 밖의 불가피한 사유로 위원회가 직접 처분을 할 수 없는 경우에는 그러하지 아니하다.

17 Ⅳ 행정조사　　　정답 ④

④ 법령상 명확한 위임 근거가 없다고 하더라도 가능하다.

> ⚖️ **관련 판례**
>
> 조사대상자의 자발적인 협조를 전제할 뿐 조사 거부에 대한 어떠한 제재도 없는 임의적 행정조사라면 법령상 명확한 위임 근거가 없다고 하더라도 가능하므로, 이 사건 근거 조항의 '그 밖에 건강검진을 실시하는 데 필요한 사항'에는 검진기관에 대한 임의적 행정조사에 관한 내용도 당연히 포함된다고 볼 수 있다(대판 2017.11.9. 2015두56748).

① 행정조사기본법 제3조 제2항 제2호에 대한 옳은 내용이다.

> **제3조 【적용범위】** ② 다음 각 호의 어느 하나에 해당하는 사항에 대하여는 이 법을 적용하지 아니한다.
> 1. 행정조사를 한다는 사실이나 조사내용이 공개될 경우 국가의 존립을 위태롭게 하거나 국가의 중대한 이익을 현저히 해칠 우려가 있는 국가안전보장·통일 및 외교에 관한 사항
> 2. 국방 및 안전에 관한 사항 중 다음 각 목의 어느 하나에 해당하는 사항
>   가. 군사시설·군사기밀보호 또는 방위사업에 관한 사항
>   나. 병역법·예비군법·민방위기본법·비상대비에 관한 법률·재난관리자원의 관리 등에 관한 법률에 따른 징집·소집·동원 및 훈련에 관한 사항

② 행정조사기본법 제7조 제2호에 대한 옳은 내용이다.

> **제7조 【조사의 주기】** 행정조사는 법령 등 또는 행정조사운영계획으로 정하는 바에 따라 정기적으로 실시함을 원칙으로 한다. 다만, 다음 각 호 중 어느 하나에 해당하는 경우에는 수시조사를 할 수 있다.
> 2. 법령 등의 위반에 대하여 혐의가 있는 경우

③ 세무조사는 국가의 과세권을 실현하기 위한 행정조사의 일종으로서 국세의 과세표준과 세액을 결정 또는 경정하기 위하여 질문을 하고 장부·서류 그 밖의 물건을 검사·조사하거나 그 제출을 명하는 일체의 행위를 말한다(대판 2017.3.16. 2014두8360).

18 Ⅵ 집행정지　　　정답 ②

② 행정소송법상 집행정지 요건은 '중대한 손해'가 아닌 '회복하기 어려운 손해'로 규정하고 있다.

> ⚖️ **관련 판례**
>
> 행정소송법 제23조 제2항에서 정하고 있는 집행정지 요건인 '회복하기 어려운 손해'란 특별한 사정이 없는 한 금전으로 보상할 수 없는 손해로서 이는 금전보상이 불능인 경우 내지는 금전보상으로는 사회관념상 행정처분을 받은 당사자가 참고 견딜 수 없거나 또는 참고 견디기가 현저히 곤란한 경우의 유형, 무형의 손해를 일컫는다(대결 2010.5.14. 2010무48).

① 행정처분의 효력정지를 구하는 신청사건에 있어서는 행정처분 자체의 적법 여부는 궁극적으로 본안판결에서 심리를 거쳐 판단할 성질의 것이므로 원칙적으로는 판단할 것이 아니고, 그 행정처분의 효력을 정지할 것인가에 대한 행정소송법 제23조 제2항 소정의 요건의 존부만이 판단의 대상이 되나, 본안소송에서의 처분의 취소가능성이 없음에도 불구하고 처분의 효력정지를 인정한다는 것은 제도의 취지에 반하므로, 효력정지사건 자체에 의하여도 신청인의 본안청구가 이유 없음이 명백할 때에는 행정처분의 효력정지를 명할 수 없다(대결 1994.10.11. 94두23).

③ 행정처분의 집행정지는 행정처분집행 부정지의 원칙에 대한 예외로서 인정되는 일시적인 응급처분이라 할 것이므로 집행정지결정을 하려면 이에 대한 본안소송이 법원에 제기되어 계속중임을 요건으로 하는 것이므로 집행정지결정을 한 후에라도 본안소송이 취하되어 소송이 계속하지 아니한 것으로 되면 집행정지결정은 당연히 그 효력이 소멸되는 것이고 별도의 취소조치를 필요로 하는 것이 아니다(대판 1975.11.11. 75누97).

④ 행정소송법 제23조 제5항에 대한 옳은 내용이다.

> 제23조【집행정지】⑤ 제2항의 규정에 의한 집행정지의 결정 또는 기각의 결정에 대하여는 즉시항고할 수 있다. 이 경우 집행정지의 결정에 대한 즉시항고에는 결정의 집행을 정지하는 효력이 없다.

19 Ⅵ 부작위위법확인소송 정답 ④

정답 분석

④ 부작위위법의 확인을 구하는 취지도 포함되어 있다고 본다.

> 관련 판례
>
> 부작위위법확인소송의 이러한 보충적 성격에 비추어 동일한 신청에 대한 거부처분의 취소를 구하는 취소소송에는 특단의 사정이 없는 한 그 신청에 대한 부작위위법의 확인을 구하는 취지도 포함되어 있다고 볼 수 있다(대판 2009.7.23. 2008두10560).

선지 분석

①② 행정소송법 제34조 소정의 간접강제결정에 기한 배상금은 확정판결의 취지에 따른 재처분의 지연에 대한 제재나 손해배상이 아니고 재처분의 이행에 관한 심리적 강제수단에 불과한 것으로 보아야 하므로, 간접강제결정에서 정한 의무이행기간이 경과한 후에라도 확정판결의 취지에 따른 재처분이 행하여지면 배상금을 추심함으로써 심리적 강제를 꾀한다는 당초의 목적이 소멸하여 처분상대방이 더 이상 배상금을 추심하는 것이 허용되지 않는다(대판 2010.12.23. 2009다37725).

③ 부작위위법확인소송의 계속 중 소극적 처분이 있게 되면 부작위위법확인의 소는 소의 이익을 잃어 부적법하게 되고 이 경우 소극적 처분에 대한 취소소송을 제기하여야 하는 등 부작위위법확인의 소는 취소소송의 보충적 성격을 지니고 있다(대판 2009.7.23. 2008두10560).

20 Ⅵ 당사자소송 정답 ①

정답 분석

① 당사자소송의 형식으로 보상금 등의 지급을 구하는 이행소송을 직접 제기할 수 있도록 허용하는 취지는 아니라고 본다.

> 관련 판례
>
> 민주화운동관련자 명예회복 및 보상 등에 관한 법률 제17조는 보상금 등의 지급에 관한 소송의 형태를 규정하고 있지 않지만, 위 규정 전단에서 말하는 보상금 등의 지급에 관한 소송은 '민주화운동관련자 명예회복 및 보상 심의위원회'의 보상금 등의 지급신청에 관하여 전부 또는 일부를 기각하는 결정에 대한 불복을 구하는 소송이므로 취소소송을 의미한다고 보아야 하며, 후단에서 보상금 등의 지급신청을 한 날부터 90일을 경과한 때에는 그 결정을 거치지 않고 위 소송을 제기할 수 있도록 한 것은 관련자 등에 대한 신속한 권리구제를 위하여 위 기간 내에 보상금 등의 지급 여부 등에 대한 결정을 받지 못한 때에는 지급 거부 결정이 있는 것으로 보아 곧바로 법원에 심의위원회를 상대로 그에 대한 취소소송을 제기할 수 있다고 규정한 취지라고 해석될 뿐, 위 규정이 보상금 등의 지급에 관한 처분의 취소소송을 제한하거나 또는 심의위원회에 의하여 관련자 등으로 결정되지 아니한 신청인에게 국가를 상대로 보상금 등의 지급을 구하는 이행소송을 직접 제기할 수 있도록 허용하는 취지라고 풀이할 수는 없다(대판 2008.4.17. 2005두16185 전합).

선지 분석

② 원고가 고의 또는 중대한 과실 없이 당사자소송으로 제기하여야 할 것을 항고소송으로 잘못 제기한 경우에, 당사자소송으로서의 소송요건을 결하고 있음이 명백하여 당사자소송으로 제기되었더라도 어차피 부적법하게 되는 경우가 아닌 이상, 법원으로서는 원고가 당사자소송으로 소 변경을 하도록 하여 심리·판단하여야 한다(대판 2016.5.24. 2013두14863).

③ 납세의무자에 대한 국가의 부가가치세 환급세액 지급의무에 대응하는 국가에 대한 납세의무자의 부가가치세 환급세액 지급청구는 민사소송이 아니라 행정소송법 제3조 제2호에 규정된 당사자소송의 절차에 따라야 한다(대판 2013.3.21. 2011다95564 전합).

④ 행정소송법 제44조 제1항, 제25조에 대한 옳은 내용이다.

> 제44조【준용규정】① 제14조 내지 제17조, 제22조, 제25조, 제26조, 제30조 제1항, 제32조 및 제33조의 규정은 당사자소송의 경우에 준용한다.
>
> 제25조【행정심판기록의 제출명령】① 법원은 당사자의 신청이 있는 때에는 결정으로써 재결을 행한 행정청에 대하여 행정심판에 관한 기록의 제출을 명할 수 있다.
> ② 제1항의 규정에 의한 제출명령을 받은 행정청은 지체없이 당해 행정심판에 관한 기록을 법원에 제출하여야 한다.

정답 분석

② 벌금이 아닌 과태료를 부과할 수 있다.

> **지방자치법 제34조【조례 위반에 대한 과태료】** ① 지방자치단체는 조례를 위반한 행위에 대하여 조례로써 1천만원 이하의 과태료를 정할 수 있다.

선지 분석

① 지방자치법 제32조 제3항에 대한 옳은 내용이다.

> **제32조【조례와 규칙의 제정 절차 등】** ③ 지방자치단체의 장은 이송받은 조례안에 대하여 이의가 있으면 제2항의 기간에 이유를 붙여 지방의회로 환부(還付)하고, 재의(再議)를 요구할 수 있다. 이 경우 지방자치단체의 장은 조례안의 일부에 대하여 또는 조례안을 수정하여 재의를 요구할 수 없다.

③ 조례가 집행행위의 개입 없이도 그 자체로서 직접 국민의 구체적인 권리의무나 법적 이익에 영향을 미치는 등의 법률상 효과를 발생하는 경우 그 조례는 항고소송의 대상이 되는 행정처분에 해당하고, 이러한 조례에 대한 무효확인소송을 제기함에 있어서 행정소송법 제38조 제1항, 제13조에 의하여 피고적격이 있는 처분 등을 행한 행정청은, 행정주체인 지방자치단체 또는 지방자치단체의 내부적 의결기관으로서 지방자치단체의 의사를 외부에 표시한 권한이 없는 지방의회가 아니라, 구 지방자치법 제19조 제2항, 제92조에 의하여 지방자치단체의 집행기관으로서 조례로서의 효력을 발생시키는 공포권이 있는 지방자치단체의 장이다(대판 1996.9.20. 95누8003).

④ 조례안의 일부 조항이 법령에 위반되어 위법한 경우에는 그 조례안에 대한 재의결은 그 전체의 효력을 부인할 수밖에 없다(대판 2001.11.27. 2001추57).

정답 분석

① 복직처분을 하였더라도 공무원의 신분이 회복되지는 않는다.

> 🔨 **관련 판례**
>
> 직위해제처분은 형사사건으로 기소되는 등 국가공무원법 제73조의2 제1항 각 호에 정하는 귀책사유가 있을 때 당해 공무원에게 직위를 부여하지 아니하는 처분이고, 복직처분은 직위해제사유가 소멸되었을 때 직위해제 된 공무원에게 국가공무원법 제73조의2 제2항의 규정에 의하여 다시 직위를 부여하는 처분일 뿐, 이들 처분들이 공무원의 신분을 박탈하거나 설정하는 처분은 아닌 것이므로, 임용권자가 임용결격사유의 발생 사실을 알지 못하고 직위해제되어 있던 중 임용결격사유가 발생하여 당연퇴직된 자에게 복직처분을 하였다고 하더라도 이 때문에 그 자가 공무원의 신분을 회복하는 것은 아니다(대판 1997.7.8. 96누4275).

② 지방공무원법 제25조의2 제2항 제1호에 대한 옳은 내용이다.

> **제25조의2【외국인과 복수국적자의 임용】** ② 지방자치단체의 장은 다음 각 호의 어느 하나에 해당하는 분야로서 대통령령으로 정하는 분야에는 복수국적자(대한민국 국적과 외국 국적을 함께 가진 사람을 말한다. 이하 같다)의 임용을 제한할 수 있다.
> 1. 국가의 존립과 헌법 기본질서의 유지를 위한 국가안보 분야

③ 공무원이 사직의 의사표시를 하여 의원면직처분을 하는 경우 그 사직의 의사표시는 그 법률관계의 특수성에 비추어 외부적·객관적으로 표시된 바를 존중하여야 할 것이므로, 비록 사직원제출자의 내심의 의사가 사직할 뜻이 아니었다고 하더라도 진의 아닌 의사표시에 관한 민법 제107조는 그 성질상 사직의 의사표시와 같은 사인의 공법행위에는 준용되지 아니하므로 그 의사가 외부에 표시된 이상 그 의사는 표시된 대로 효력을 발한다(대판 1997.12.12. 97누13962).

④ 공무원연금관리공단의 인정에 의하여 퇴직연금을 지급받아 오던 중 공무원연금법령의 개정 등으로 퇴직연금 중 일부 금액의 지급이 정지된 경우에는 당연히 개정된 법령에 따라 퇴직연금이 확정되는 것이지 구 공무원연금법 제26조 제1항에 정해진 공무원연금관리공단의 퇴직연금 결정과 통지에 의하여 비로소 그 금액이 확정되는 것이 아니므로, 공무원연금관리공단이 퇴직연금 중 일부 금액에 대하여 지급거부의 의사표시를 하였다고 하더라도 그 의사표시는 퇴직연금 청구권을 형성·확정하는 행정처분이 아니라 공법상의 법률관계의 한쪽 당사자로서 그 지급의무의 존부 및 범위에 관하여 나름대로의 사실상·법률상 의견을 밝힌 것에 불과하다고 할 것이어서, 이를 행정처분이라고 볼 수는 없고, 그리고 이러한 미지급 퇴직연금에 대한 지급청구권은 공법상 권리로서 그 지급을 구하는 소송은 공법상의 법률관계에 관한 소송인 공법상 당사자소송에 해당한다(대판 2004.12.24. 2003두15195).

정답 분석

④ 행정절차를 끝맺는 행위는 당사자 등의 동의를 요한다.

> **행정절차법 제11조【대표자】** ④ 대표자는 각자 그를 대표자로 선정한 당사자 등을 위하여 행정절차에 관한 모든 행위를 할 수 있다. 다만, 행정절차를 끝맺는 행위에 대하여는 당사자 등의 동의를 받아야 한다.

선지 분석

① 행정절차법 제11조 제2항에 대한 옳은 내용이다.

> **제11조【대표자】** ② 행정청은 제1항에 따라 당사자 등이 대표자를 선정하지 아니하거나 대표자가 지나치게 많아 행정절차가 지연될 우려가 있는 경우에는 그 이유를 들어 상당한 기간 내에 3인 이내의 대표자를 선정할 것을 요청할 수 있다. 이 경우 당사자 등이 그 요청에 따르지 아니하였을 때에는 행정청이 직접 대표자를 선정할 수 있다.

② 행정절차법 제11조 제5항에 대한 옳은 내용이다.

> 제11조 【대표자】 ⑤ 대표자가 있는 경우에는 당사자 등은 그 대표자를 통하여서만 행정절차에 관한 행위를 할 수 있다.

③ 행정절차법 제11조 제6항에 대한 옳은 내용이다.

> 제11조 【대표자】 ⑥ 다수의 대표자가 있는 경우 그중 1인에 대한 행정청의 행위는 모든 당사자 등에게 효력이 있다. 다만, 행정청의 통지는 대표자 모두에게 하여야 그 효력이 있다.

24　Ⅲ 개인정보 보호　　정답 ②

정답 분석

② 대통령 소속이 아닌 국무총리 소속이다.

> 개인정보 보호법 제7조 【개인정보 보호위원회】 ① 개인정보 보호에 관한 사무를 독립적으로 수행하기 위하여 국무총리 소속으로 개인정보 보호위원회를 둔다.

선지 분석

① 정보주체의 동의 없이 개인정보를 공개함으로써 침해되는 인격적 법익과 정보주체의 동의 없이 자유롭게 개인정보를 공개하는 표현행위로서 보호받을 수 있는 법적 이익이 하나의 법률관계를 둘러싸고 충돌하는 경우에는, 개인이 공적인 존재인지 여부, 개인정보의 공공성 및 공익성, 개인정보 수집의 목적·절차·이용형태의 상당성, 개인정보 이용의 필요성, 개인정보 이용으로 인해 침해되는 이익의 성질 및 내용 등 여러 사정을 종합적으로 고려하여, 개인정보에 관한 인격권 보호에 의하여 얻을 수 있는 이익(비공개 이익)과 표현행위에 의하여 얻을 수 있는 이익(공개 이익)을 구체적으로 비교·형량하여, 어느 쪽 이익이 더욱 우월한 것으로 평가할 수 있는지에 따라 그 행위의 최종적인 위법성 여부를 판단하여야 한다(대판 2011.9.2. 2008다42430 전합).

③ 개인정보 보호법 제7조의4 제2항에 대한 옳은 내용이다.

> 제7조의4 【위원의 임기】 ② 위원이 궐위된 때에는 지체 없이 새로운 위원을 임명 또는 위촉하여야 한다. 이 경우 후임으로 임명 또는 위촉된 위원의 임기는 새로이 개시된다.

④ 개인정보 보호법 제7조의8 제5호에 대한 옳은 내용이다.

> 제7조의8 【보호위원회의 소관 사무】 보호위원회는 다음 각 호의 소관 사무를 수행한다.
> 5. 개인정보 보호를 위한 국제기구 및 외국의 개인정보 보호기구와의 교류·협력

25　Ⅶ 병역법　　정답 ④

정답 분석

모두 병역법상 보충역에 해당하는 자이다.

> 병역법 제5조 【병역의 종류】 ① 병역은 다음 각 호와 같이 구분한다.
> 3. 보충역: 다음 각 목의 어느 하나에 해당하는 사람
> 　가. 병역판정검사 결과 현역 복무를 할 수 있다고 판정된 사람 중에서 병력수급(兵力需給) 사정에 의하여 현역병입영 대상자로 결정되지 아니한 사람
> 　나. 다음의 어느 하나에 해당하는 사람으로 복무하고 있거나 그 복무를 마친 사람
> 　　1) 사회복무요원
> 　　2) 삭제
> 　　3) 예술·체육요원
> 　　4) 공중보건의사
> 　　5) 병역판정검사전담의사
> 　　6) 삭제
> 　　7) 공익법무관
> 　　8) 공중방역수의사
> 　　9) 전문연구요원
> 　　10) 산업기능요원
> 　다. 그 밖에 이 법에 따라 보충역에 편입된 사람

제3과목 　행정학

01　Ⅰ　공익의 본질　정답 ①

정답 분석

① 실체설은 사익을 초월하여 도덕적이고 규범적인 공익이 선험적으로 존재한다고 보며, 통일된 공익 개념을 도출할 수 없으므로 공익 개념이 추상적이다.

선지 분석

② 과정설은 공익을 다원화된 특수이익의 조정과 타협의 결과로서, 민주주의를 실현하는 방법과 과정이라고 본다.

③ 실체설은 정책결정의 엘리트모형(합리주의)과 유사하고 관료의 역할이 적극적이라 본다.

④ 과정설은 개인주의·현실주의적 입장에 해당하여 집단이기주의가 나타날 수 있다.

02　Ⅳ　우리나라의 공직분류　정답 ④

정답 분석

④ 정무직공무원은 선거에 의해 취임하거나 국회의 동의·정치적 판단 등에 의하여 임명되는 공무원이다. 국무총리, 장·차관, 국회의원, 지방자치단체의 장, 지방의회의원, 감사원장, 헌법재판소장 및 헌법재판소 재판관 등이 정무직공무원의 예이다.

선지 분석

① 전문지식·기술 등이 요구되는 업무를 담당하도록 일정 기간 동안 임기를 정하여 임용하는 공무원은 임기제공무원으로 일반직공무원에 해당한다.

② 별정직공무원은 특정한 업무를 담당하기 위하여 별도의 자격기준에 의하여 임용되는 공무원이다.

③ 소방공무원과 경찰공무원은 특정직직공무원에 해당한다.

03　Ⅱ　정책평가의 순서　정답 ③

정답 분석

③ 정책평가는 ㄷ → ㅁ → ㄹ → ㄱ → ㄴ 순으로 진행된다.

ㄷ. 목표의 확인은 여러 목표를 현재화시키고 확인하는 것으로 가장 먼저 실시해야 한다.

ㅁ. 기준의 설정은 효과성, 능률성 등의 평가기준을 선정하는 것이다.

ㄹ. 인과모형의 설정은 독립변수와 종속변수의 관계를 설정하는 것이다.

ㄱ. 자료의 수집, 분석은 면접, 설문, 관찰 등을 이용하여 자료를 수집하고 분석하는 과정이다.

ㄴ. 평가의 환류 및 활용은 평가의 결과를 검토하고 시정조치를 취하여 결과를 제시하는 정책평가의 마지막 단계이다.

04　Ⅶ　지방자치　정답 ②

정답 분석

② 지방자치는 일정한 지역을 기초로 하는 단체가 스스로의 사무를 스스로의 기관에 의해서 처리하는 것을 말한다. 지방자치의 기본요소로는 구역(장소적 구성요소), 주민(인적 구성요소), 자치권(법률적 구성요소)이 있다. 이 중 자치권은 지방자치단체가 국가로부터 독립된 법인격을 가진 단체로서 그 구역 내의 업무를 자신의 책임하에 처리할 수 있는 권리능력으로 가장 중요한 요소이다.

05　Ⅰ　통치기능론　정답 ④

정답 분석

④ 통치기능론은 정치행정일원론적 관점으로 정치와 행정의 연계 위에서 행정의 가치지향성을 중시하였다.

선지 분석

①② 통치기능설은 경제대공황으로 인한 시장실패를 처방하기 위한 '적극적인 가치판단기능'이라는 기능적 행정학의 관점으로서, 위기 시 신속한 정책결정의 필요성에 대한 인식을 강화했다.

③ 디목(Dimock), 애플비(Appleby)는 통치기능설을 주장한 1930~40년대의 대표적 학자들이다.

06　Ⅰ　후기 행태주의　정답 ③

정답 분석

ㄴ, ㄷ. 후기 행태주의는 1960년대 말 존슨(Johnson) 대통령 집권 말기 격동기의 국내문제를 해결하기 위하여 대두된 이론이다. 행태주의자들이 경시한 가치판단의 문제, 정책의 목표에 대한 문제, 새로운 행정이념으로서의 사회적 형평성, 실천성 등에 깊은 관심을 갖게 되었다.

선지 분석

ㄱ. 행태론에 대한 설명이다. 행태론은 자연과학적 연구방법을 추구하였다.

ㄹ. 고전적 행정이론에 대한 설명이다. 고전적 행정이론은 인간을 경제적 이윤을 추구하는 합리적인 존재로 가정하였다.

07　Ⅳ　계급제의 특징　정답 ①

정답 분석

ㄱ. 계급제는 고위공무원을 소수로 조절하고 이들에게 여러 가지 특별한 배려를 부여하여 특권집단화할 우려가 있다.

ㄴ. 우리나라는 계급제를 기반으로 하고 직위분류제적 요소를 가미한 공무원 조직을 운영하고 있다.

ㄷ. 계급제는 직책이 아닌 공무원 개인의 자격이나 연공서열에 치우쳐 있기 때문에 합리적인 보수나 업무부담을 확립하기 어렵다.

ㄹ. 계급제는 외부 전문인력의 충원이 곤란하여 신진대사가 용이하지 않고 순환보직에 의한 직무이동으로 행정의 전문화를 저해한다.

08   Ⅴ   현금주의와 발생주의   정답 ③

정답 분석

③ 경영성과 파악이 용이한 것은 현금주의가 아니라 발생주의이다. 현금주의는 발생주의보다 절차와 운용이 간편하다는 특징이 있다.

선지 분석

① 회계방식의 분류는 기장방식에 따라 단식부기와 복식부기로 구분되고, 거래의 인식기준에 따라 현금주의와 발생주의로 구분된다. 따라서 복식부기와 발생주의는 반드시 논리 필연적인 것은 아니며, 복식부기 하에서 현금주의로 운용이 가능하다.

④ 발생주의는 감가상각이나 원가계산 등 추정과 판단을 필요로 하는 항목이 존재하므로 객관성과 신뢰성이 미흡하다.

이것도 알면 합격!

현금주의와 발생주의의 차이점

구분	현금주의	발생주의
거래의 해석과 분류	현금 수불의 측면	쌍방 흐름 측면
수익비용의 인식 기준	현금 수취와 지출	수익의 획득, 비용의 발생
선급비용, 선급수익	각각 수익, 비용으로 인식	각각 자산, 부채로 인식
미지급비용, 미수수익	인식 안 됨	각각 부채, 자산으로 인식
감가상각, 대손상각, 제품보증비, 퇴직급여충당금	인식 안 됨	비용으로 인식
상환이자지급액	지급 시기에 비용으로 원식	기간별 인식
무상거래	인식 안 됨	이중거래로 인식
정보 활용원	개별 자료 우선	통합 자료 우선
추가 정보 요구	별도 작업 필요	기본 시스템에 존재
예	가계부, 비영리 공공부문	기업, 일부 비영리부문

09   Ⅲ   MBO(Management By Objective)   정답 ②

정답 분석

② 목표관리제(MBO)는 조직의 상·하위 관리자가 함께 참여하여 민주적으로 목표를 설정한다. 이때 참여는 조직 내의 계선행위자에 국한되며 외부의 참여가 없는 폐쇄적 성격을 지니고 있다.

선지 분석

① 목표관리제(MBO)는 드러커(Drucker)와 맥그리거(McGregor)에 의해 고안되었으며, 1960년대 사기업에서 널리 채택되었다가 1973년에 계획예산제도(PPBS)의 한계 극복을 위해 닉슨(Nixon) 행정부가 채택하였다.

③ 목표관리제(MBO)는 정해진 목표를 달성하려는 노력이 중요하므로 명확한 목표의 설정이 중요하다. 이때의 목표는 조직의 부분적·유형적·단기적·계량적인 목표를 말한다.

④ 환경이 급격하게 변화하거나 유동적인 곳에서는 목표가 빈번히 수정되어야 하므로 목표관리제(MBO)의 효용이 제약된다. 특히 개발도상국의 경우처럼 국가발전을 위해서 다양한 목표의 설정 및 수정이 많이 필요할 때 문제가 될 수 있다.

10   Ⅶ   지방자치단체의 사무구분   정답 ①

정답 분석

① 자치사무와 단체위임사무의 처리를 위해 지방자치단체는 조례를 제정하는 것이 가능한데, 기관위임사무는 하급집행기관으로서 지방자치단체장에게 위임된 사무로, 원칙적으로 지방의회에 의한 조례제정 대상이 되지 않는다.

선지 분석

② 자치사무와 단체위임사무는 해당 지방자치단체의 관여 대상이나, 기관위임사무는 원칙적으로 하급집행기관으로 지방자치단체장에게 위임된 사무로 지방의회의 관여 대상이 되지 않는다.

③ 자치사무는 지방자치단체가 전액 경비를 부담하나 단체위임사무는 지방자치단체와 위임기관이 공동부담하며, 기관위임사무는 원칙적으로 위임기관이 전액 부담한다.

④ 단체위임사무는 법령에 의해 국가 또는 다른 지방자치단체로부터 해당 지방자치단체 자체에 위임된 사무인 반면, 기관위임사무는 법령에 의해 하급 지방자치단체장에게 위임된 사무이다.

11   Ⅰ   과학적 관리론과 인간관계론   정답 ②

정답 분석

② 과학적 관리론과 인간관계론의 궁극적인 목적은 생산·능률·성과의 향상이며, 두 이론 모두 관리기능적, 정치행정이원론·공사행정일원론적으로 접근한다.

선지 분석

① 과학적 관리론과 인간관계론은 개방적 조직이론이 아닌 외부환경을 무시한 폐쇄적 조직이론이다.

③ 과학적 관리론과 인간관계론 모두 관리층을 위한 연구로, 작업계층만을 연구대상으로 하고 관리자는 연구대상에서 제외한다.

④ 과학적 관리론과 인간관계론 모두 인간 행동의 피동성과 동기부여의 외재성을 중시한다. 인간을 목표달성의 수단으로 보며, 관리자에 의한 동기부여를 강조한다.

정답 분석

④ 공리적 조직은 돈이나 물질적 보상을 주요 권력수단으로 하며, 개인은 도의적이 아닌 타산적으로 조직에 복종하는 조직이다. 경제적 목표를 추구하는 민간기업체는 공리적 조직의 예이다.

선지 분석

① 에치오니(Etzioni)는 조직이 개인을 통제하는 수단인 권력과 개인이 권한을 받아들이는 복종의 유형에 따라 조직을 강제적 조직, 공리적 조직, 규범적 조직으로 구분하였다.

② 강제적 조직은 강압적이고 물리적인 힘에 의하여 구성원을 통제하며, 개인은 굴종적으로 복종하는 조직을 말한다. 교도소나 경찰서가 강제적 조직의 예이다.

③ 규범적 조직은 명예, 위신 등 상징적, 도덕적 가치에 의하여 권력을 행사하고 개인은 도의적으로 권위를 수용하는 조직이다. 정치단체, 종교단체, 봉사단체 등이 규범적 조직의 예이다.

 이것도 알면 합격!

에치오니(Etzioni)의 조직유형

구분	굴종적 복종	타산적 복종	도덕적 복종
강압적 권력	강제적 조직 (질서 목표)	–	–
공리적 권력	–	공리적 조직 (경제적 목표)	–
규범적 권력	–	–	규범적 조직 (문화적 목표)

정답 분석

배분정책은 행정서비스의 제공이나 이득·기회의 배분과 관련된 정책이다.

ㄷ. 고속도로, 항만 등 사회간접자본을 구축하는 정책은 배분정책에 해당한다.

ㄹ. 벤처기업에 창업지원금 지급, 신혼부부에게 출산장려금 지급, 연구단체에 연구개발비를 지원하는 정책 등은 배분정책에 해당한다.

선지 분석

ㄱ. 정부체제의 유지를 위하여 인적·물적 자원을 동원하는 정책은 추출정책에 해당한다. 징병, 조세(누진세 포함), 성금, 토지수용, 노역 등이 추출정책의 대표적인 예이다.

ㄴ. 그린벨트 내 공장 건설 금지 등 개인이나 집단의 행동 제약과 관련된 정책은 규제정책에 해당한다. 환경규제나 안전규제, 진입규제 등이 규제정책의 대표적인 예이다.

정답 분석

④ 수동적 반응자는 정치행정이원론에 근거를 두고 정치적 결정은 정치적으로 임명된 고위관료에 의해 이루어지며, 행정관료는 그들의 의도에 수동적으로 반응하면 된다고 믿는 유형이다.

선지 분석

① 합리주의 신봉자는 예산결정이 '목표의 설정 → 대안의 탐색 → 대안의 분석 → 최선의 대안 선택 및 건의'라는 과정에 따라야 한다고 믿고 행동한다.

② 정치우선주의자는 관료들은 예산의 형식이나 도표를 숙지하고 있지만 이러한 예산자료를 평가절하하며 전반적으로 냉소적이다.

③ 현명한 예산담당자는 정치가 우선적으로 중요하다는 점을 인식하는 동시에 경제적 분석도 예산결정에 크게 도움이 된다고 믿는다.

 이것도 알면 합격!

린치(Lynch)의 예산관료의 유형

합리주의 신봉자	• 예산결정이 합리모형에 따라 이루어져야 한다고 믿는 관료 • 예산결정이 '목표의 설정 → 대안의 탐색 → 대안의 분석 → 최선의 대안 선택 및 건의'라는 과정에 따라야 한다고 믿고 행동
수동적 반응자	• 정치행정이원론에 근거를 두고 정치적 결정은 정치적으로 임명된 고위관료에 의해 이루어지며, 행정관료는 그들의 의도에 수동적으로 반응하면 된다고 믿는 유형 • 예산관료는 예산일정표와 그들의 업무일정에 따라 행동하면 된다고 생각
정치우선 주의자	• 관료들은 예산의 형식이나 도표를 숙지하고 있지만 이러한 예산자료를 평가절하하며 전반적으로 냉소적 • 예산결정은 모두 정치적이라고 보기 때문에 그들은 예산결정의 정치성을 강조
현명한 예산 담당자	• 정치가 우선적으로 중요하다는 점을 인식하는 동시에 경제적 분석이 한계는 있지만 예산결정에 크게 도움이 될 수 있다고 믿음 • 린치(Lynch)는 이 유형을 바람직한 예산관료로 봄

정답 분석

④ 위원회는 기본적으로 복수의 의사결정권자로 구성되어 있는 합의제 조직이므로, 의사결정과정에 많은 시간과 경비가 소요된다.

선지 분석

① 위원회의 임기가 임명권자보다 오래되거나 교체시기를 부분적으로 하는 시차임기제를 시행하면 행정의 계속성과 안정성을 기할 수 있다.

② 위원회는 합리적 결정을 도출하기 위해 경험과 지식을 지닌 전문가를 활용한다.

③ 위원회는 다양한 이견의 조정과 협력 확보를 통해 조직 내 부서 간의 조정을 촉진시킬 수 있다.

위원회의 장·단점

장점	• 정책결정의 신중성·공정성·중립성 제고 • 다양한 이견의 조정과 협력의 확보 • 전문가 등 참여로 합리적 결정의 도출 가능성 제고 • 행정의 안정성·계속성 확보
단점	• 의사결정과정에 많은 시간과 경비 소요 • 타협적 결정으로 귀결될 가능성 존재 • 구성원이 복수이므로 책임 분산 • 토의 시 중요정책결정사항의 누설 가능성으로 기밀성 확보 곤란

16 Ⅱ 정책의제설정모형   정답 ③

정답 분석

③ 내부접근형은 관료집단이나 정책결정자에게 쉽게 접근할 수 있는 외부집단이 최고정책결정자에게 접근하여 문제를 정부의제화하는 경우이다. 일반대중에게 알리지 않으므로 음모형이라고도 한다. 대중적 지지가 낮을 때 국가가 주도하여 대중적 지지를 높이려는 모형은 동원형에 해당한다.

선지 분석

①④ 외부주도형은 외부집단이 주도하여 정책의제의 채택을 정부에 강요하는 경우로서, 그 예로는 금융실명제, 그린벨트 지정완화 등이 있다.

17 Ⅳ 공직윤리   정답 ④

정답 분석

④ 공직윤리의 적극적 측면은 바람직한 가치관의 확립, 능력과 기능면에서 전문지식 함양, 정책내용 자체가 윤리적이어야 한다는 것을 의미한다. 윤리의 소극적 측면은 부정부패에 빠지지 않아야 한다는 것을 의미한다.

선지 분석

① 공무원의 정치적 중립은 정책결정이나 정치적 문제에 대한 공무원들의 자유롭고 적극적인 참여를 저해하게 되어 공무원들을 폐쇄집단화하여 정치적 무감각을 조장하고 참여적 관료제를 저해할 우려가 있다.

② 기본적으로 행정권은 국민으로부터 수임 받은 것이므로 그 행사는 구성원의 의사에 따라야 한다는 공공신탁의 원리에서 비롯된 것이다.

③ 재정적 압박으로 인해 효율성에 치중하고, 결국 직접적 산출이 적고 단기적 효과가 나타나지 않는 규범적 문제나 윤리적 문제에 대한 고려가 부족하게 된다.

18 Ⅵ 자율적 책임   정답 ④

정답 분석

ㄷ. 직업윤리나 관료의 양심 등 내적 충동이 발현되는 책임을 자율적 책임이라 한다.

ㄹ. 외부적인 힘이 아닌 관료 자신의 마음속에 있는 기준에 의한 책임을 말한다.

선지 분석

ㄱ. 위반하였을 경우 제재수단이 존재하는 것은 제도적 책임에 대한 설명이다. 자율적 책임은 위반하였을 경우라도 제재수단이 없기 때문에 제재가 불가능하다.

ㄴ. 절차에 대한 책임을 강조하는 것은 법령이나 규정에의 준수를 강조하게 되므로 이는 자율적 책임이 아니라 제도적 책임에 해당한다.

제도적 책임과 자율적 책임

제도적 책임	자율적 책임
문책자의 외재화 또는 존재	문책자의 내재화 또는 부재
절차 중시	절차의 준수와 책임의 완수는 별개의 것, 성과 중시
판단기준과 절차의 객관화	객관적으로 확정할 수 있는 기준은 없음
제재수단의 존재	제재수단의 부재

19 Ⅰ 시장실패   정답 ③

정답 분석

③ 사적 목표의 설정은 정부실패의 원인이다. 사적 목표 설정은 관료가 국가발전이나 공익이라는 전체의 이익을 위해서가 아닌, 행정조직 내부의 목표에 집착하는 현상이다. 이로 인해 조직의 궁극적인 목표달성이 어려워진다.

선지 분석

② 파레토 최적이란 자원배분이 효율적으로 이루어져 사회총편익(총효용)이 극대화 된 상태를 말한다.

④ 시장에서 완전경쟁이 이루어져 자원배분이 효율적으로 이루어진 경우에도, 약자나 패자에 대한 배려가 없는 시장에서는 형평성이 보장되지 못할 수 있다.

20 Ⅳ 인사제도의 종류   정답 ②

정답 분석

② 경력개방형 직위제도는 개방형 직위 중 민간의 경험과 전문성을 적극 활용할 수 있는 분야를 중심으로, 각 부처가 지정한 일부 직위에 대해 민간인만을 공개모집·임용하도록 하는 제도이다.

① 소속 장관은 경력직공무원으로 임명할 수 있는 고위공무원단직위 **총수의 100분의 30의 범위에서** 공모 직위를 지정하여야 한다(개방형 직위 및 공모 직위의 운영 등에 관한 규정 제13조 제1항).

③ 고위공무원단에 개방형 직위로 임용될 당시 고위공무원단 직위에 재직하고 있던 사람의 임용기간이 만료되는 경우, 임용기간이 만료되는 날의 3개월 전까지 원 소속 기관으로의 복귀 여부를 결정하여야 한다(개방형 직위 및 공모 직위의 운영 등에 관한 규정 제10조 제1항).

④ 소속장관은 소속 장관별로 고위공무원단 직위 총수의 100분의 20의 범위에서 개방형 직위를 지정하여야 한다(개방형 직위 및 공모 직위의 운영 등에 관한 규정 제3조 제1항).

21 Ⅲ 애드호크라시 · 정답 ②

② 고객을 대신하여 직접 문제를 해결하는 조직은 운용적 애드호크라시이다. 애드호크라시는 운용적 애드호크라시와 관리적 애드호크라시로 나눌 수 있는데 운용적 애드호크라시는 고객을 대신하여 직접 혁신하고 문제를 해결하는 조직을 말하고, 관리적 애드호크라시는 고객이 아니라 조직 그 자체에 기여하는 활동을 하는 조직을 말한다.

① 애드호크라시는 1970년대 들어 전통적인 관료제 조직의 한계가 지적되면서 관료제 조직과 반대되는 조직형태로서 제기된 모형이다.

③ 계서적 지위중심주의나 연공서열, 권한중심주의를 배척하고 임무(일)중심, 능력중심주의를 처방한다.

④ 조직 내의 구조적 배열뿐만 아니라 조직 자체도 필요에 따라 생성, 변동, 소멸하는 가변적인 것이어야 한다고 주장한다.

22 Ⅲ 아담스(Adams)의 공정성이론 · 정답 ③

③ 아담스(Adams)의 공정성이론에 따르면 과소보상일 때뿐만 아니라, 과다보상인 경우도 불공평성을 제거하기 위해 노력한다. 부담을 느끼고 편익의 감소를 요청하거나, 노력을 더 하는 등 투입을 증대한다.

① 직무에 대한 공헌도와 보상을 능력이 비슷한 동료인 준거대상을 설정해서 비교하여, 자신의 노력과 산출 간의 불일치를 지각하면 이를 제거하는 방향으로 동기가 부여된다.

② 과소보상의 경우에는 급료 인상 등의 편익 증대를 요구하거나 노력을 줄여 투입을 감소, 산출을 왜곡하는 행동들이 나타난다.

④ 호혜주의란 다른 사람과 공평한 교환을 하려는 생각으로, 공정성이론은 이 호혜주의에 의해 불공평성을 제거하는 방향으로 동기가 유발된다고 본다.

23 Ⅳ 공무원의 임용 · 정답 ④

④ 임용은 공무원관계를 발생·변경·소멸시키는 모든 인사행위이다. 신규채용인 공무원관계의 발생, 승진과 강임·강등 등의 공무원관계의 변경, 해임이나 파면 등의 공무원관계의 소멸 모두 공무원의 임용에 해당한다.

① 공개경쟁채용은 자격 있는 모든 지원자에게 평등하게 지원기회를 부여하고 공개된 경쟁시험을 통하여 선발하기 때문에 실적주의의 원칙을 따르는 채용방식이다.

② 경력경쟁채용은 퇴직자의 재임용, 자격증 소지자의 특별채용, 특정 학위 소지자의 특별채용 등, 채용의 자격을 정하고 있기 때문에 균등한 기회를 가지지 못하고 정실주의에 의한 채용이 될 수 있다.

③ 배치전환은 징계의 수단이나 사임의 강요수단으로 악용되어, 인사관리의 융통성을 확보하고자 하는 본질적 목적을 달성할 수 없는 경우가 많다.

24 Ⅴ 예산의 종류와 특징 · 정답 ①

① 예산의 구조는 기본적으로 일반회계와 특별회계로 구성된다. 기금은 세입세출예산에 의하지 아니하고 운용할 수 있으므로 예산 외로 운용된다(국가재정법 제5조).

② 일반회계는 조세수입 등을 세입으로 하여 국가의 일반적인 세출에 충당하기 위하여 설치한다(국가재정법 제4조 제2항).

③ 특별회계는 특정한 세입으로 특정한 세출에 충당하기 위하여 일반회계와 별도로 구분하기 때문에 일반회계보다 신축성과 자율성이 높다.

④ 국가가 특별한 사업을 운영하기 위해 우편 사업, 우체국 예금, 양곡, 조달 등의 기업특별회계가 설치되어 있다.

25 Ⅲ 매슬로우(Maslow)의 욕구계층이론 · 정답 ①

① 욕구계층이론에서는 하위욕구의 완전한 충족이 아닌 어느 정도(부분적으로) 충족이 되면 다음 단계 욕구로 나아가게 된다.

② 충족된 욕구는 더 이상 동기유발요인으로서의 의미를 상실한다.

③ 생리적 욕구는 욕구의 강도가 가장 낮은 단계의 욕구이며, 가장 선행되어야 할 구체적인 욕구이다.

④ 욕구계층이론은 욕구의 개인의 차이를 고려하지 못한 획일적인 욕구단계설정이라는 비판을 받는다.

❯ 셀프 체크

권장 풀이 시간	75분(OMR 표기 시간 포함)
실제 풀이 시간	___시 ___분 ~ ___시 ___분
맞힌 답의 개수	___개 / 75개

제5회 실전모의고사
모바일 자동 채점 + 성적 분석 서비스
바로 가기(gosi.Hackers.com)

QR코드를 이용하여 해커스공무원의
'모바일 자동 채점 + 성적 분석 서비스'로 바로 접속하세요!
* 해커스공무원 사이트의 가입자에 한해 이용 가능합니다.

❯ 정답

제1과목 국어

01	①	06	①	11	④	16	②	21	③
02	②	07	②	12	③	17	②	22	③
03	④	08	④	13	②	18	②	23	③
04	②	09	④	14	③	19	②	24	③
05	④	10	③	15	②	20	①	25	②

제2과목 행정법

01	①	06	④	11	③	16	②	21	①
02	④	07	③	12	④	17	①	22	①
03	③	08	④	13	①	18	②	23	④
04	②	09	④	14	②	19	④	24	④
05	②	10	③	15	③	20	④	25	④

제3과목 행정학

01	③	06	④	11	②	16	③	21	③
02	③	07	①	12	③	17	①	22	③
03	②	08	③	13	③	18	④	23	②
04	③	09	③	14	④	19	③	24	②
05	④	10	②	15	③	20	②	25	④

❯ 취약 단원 분석표

제1과목 국어

단원	맞힌 답의 개수
어법	/ 7
비문학	/ 10
문학	/ 5
어휘	/ 3
혼합	- / 0
TOTAL	/ 25

제2과목 행정법

단원	맞힌 답의 개수
Ⅰ 일반론	/ 4
Ⅱ 행정작용	/ 6
Ⅲ 행정과정	/ 3
Ⅳ 실효성 확보수단	/ 3
Ⅴ 손해전보	/ 2
Ⅵ 행정쟁송	/ 4
Ⅶ 행정법각론	/ 3
TOTAL	/ 25

제3과목 행정학

단원	맞힌 답의 개수
Ⅰ 행정학 총설	/ 6
Ⅱ 정책학	/ 6
Ⅲ 행정조직론	/ 4
Ⅳ 인사행정론	/ 4
Ⅴ 재무행정론	/ 2
Ⅵ 지식정보화 사회와 환류론	/ 1
Ⅶ 지방행정론	/ 2
TOTAL	/ 25

01   비문학   작문 (조건에 맞는 글쓰기)   정답 ①

정답 설명

① '정조를 지키기 위해 사도 세자를 버릴 수밖에'를 통해 '임오화변(壬午禍變)'이라는 역사적 사실이 제시되어 있음을 알 수 있고, '그녀의 바람 앞의 등불 같았던 삶'이라는 표현을 통해 혜경궁 홍씨의 삶을 '바람 앞의 등불'에 비유하고 있음을 알 수 있다. 또한 '함께 느껴 보시지 않겠습니까?'라는 표현을 통해 작품을 읽어 볼 것을 완곡하게 권유하고 있음을 알 수 있다. 따라서 답은 ①이다.

- 바람 앞의 등불: 언제 꺼질지 모르는 바람 앞의 등불이란 뜻으로, 매우 위태로운 처지에 놓여 있음을 비유적으로 이르는 말

오답 분석

② '한국 전쟁으로 고향을 떠날 수밖에 없었던'이라는 표현을 통해 한국 전쟁이라는 역사적 사실이 제시되어 있음을 알 수 있고, '둥지를 잃은 아기 새들'이라는 표현을 통해 '세 친구들'을 '아기 새'에 비유하고 있음을 알 수 있다. 하지만 '한번 읽어 보세요'라며 작품을 읽어 볼 것을 직접적으로 권유하고 있다.

③ '임진왜란, 정유재란, 병자호란'을 통해 역사적 사실이 제시되어 있음을 알 수 있고, '들여다볼 수 있는 좋은 기회입니다'라는 표현을 통해 작품을 읽어 볼 것을 완곡하게 권유하고 있음을 알 수 있다. 하지만 비유적 표현은 사용되지 않았다.

④ '현대 사회라는 거대한 물결'이라는 표현을 통해 '현대 사회'를 '거대한 물결'에 비유하고 있음을 알 수 있다. 하지만 역사적 사실과 관련짓지 않았고, '읽어 보시기 바랍니다'라며 작품을 읽어 볼 것을 직접적으로 권유하고 있다.

02   어법   올바른 문장 표현   정답 ②

정답 설명

② 그는 대낮에 술에 취해 정신을 못 차렸다(○): 문장 내 조사 '에'가 올바르게 사용되었다. 동사 '취하다'는 주로 '~에 취하다'의 형태로 쓰이므로 답은 ②이다. 참고로 '대낮에'에 쓰인 '에'는 앞말이 시간의 부사어임을 나타내는 부사격 조사이며, '술에'에 쓰인 '에'는 앞말이 어떤 움직임이나 작용이 미치는 대상임을 나타내는 부사격 조사이다.

오답 분석

① 결과가 보여졌다(×) → 결과가 보였다(○): '보여지다'는 피동사 '보이다'에 피동의 뜻을 나타내는 '-어지다'가 결합한 이중 피동 표현이다. 따라서 '보였다'로 고쳐 쓰는 것이 자연스럽다.

③ 깊은 심호흡을 했다(×) → 심호흡을 했다(○): '깊다'의 의미가 중복 사용된 표현이다. '심호흡(深呼吸)'의 '심(深)'이 '깊다'라는 의미를 가지고 있으므로 관형어 '깊은'은 생략하는 것이 자연스럽다.

④ 최근 장례식장이 들어서려다 중단됐다(×) → 최근 장례식장이 들어서려다 공사가 중단됐다(○): 서술어 '중단됐다'에 호응하는 주어가 생략되어 있는 표현이다. 서술어에 호응하는 주어 '공사가'를 넣어 '공사가 중단됐다'로 고쳐 쓰는 것이 자연스럽다.

03   문학   작품의 내용 파악   정답 ④

정답 설명

④ 그가 '형님 정말 쥐개!'라고 하는 동생의 말을 끝까지 듣지 않고 동생에게 소리를 지른 뒤, 동생을 집 밖으로 쫓아내는 것은 알 수 있으나, 아랫목에서 있는 아내에게 달려들었다는 서술만으로는 그가 아내를 집 밖으로 쫓아냈는지 여부를 알 수 없다. 따라서 ④는 적절하지 않다.

오답 분석

① '나'의 모란봉 꼭대기에 올라선 뒤 노랫소리(배따라기)가 더 잘 들렸다는 서술을 통해 알 수 있다.

② 그가 거울을 산 뒤 기뻐할 아내를 생각하며 항상 들르던 탁줏집에도 들르지 않고 집으로 돌아왔다는 서술을 통해 알 수 있다.

③ 그가 집에 왔을 때 그의 아내와 아우의 옷차림에 대한 묘사를 통해 알 수 있다.

> 📖 **이것도 알면 합격!**
>
> **김동인, '배따라기'의 주제와 특징**
>
> 1. 주제: 오해로 인해 비롯된 인간의 비극적 운명
>
> 2. 특징
>   - 액자식 구성으로 외부 이야기('나'의 이야기)와 내부 이야기('그'의 이야기)로 구성되어 있음
>   - 간결하고 사실적인 문체를 사용함

04   어휘   속담   정답 ②

정답 설명

② 노력과 관련된 속담으로 가장 옳은 것은 ②이다.

- 방죽을 파야 개구리가 뛰어들지: '물이 고일 수 있는 방죽을 파 준비를 해 놓아야 개구리가 뛰어든다'라는 뜻으로, 무슨 일이나 자기가 원하는 결과를 가져오게 하려면 그에 합당한 준비를 갖추거나 노력을 해야 한다는 말

오답 분석

①③④는 모두 노력과 관련이 없는 속담이다.

① 뱁새가 수리를 낳는다: 못난 어버이한테서 훌륭한 아들이 난 경우를 비유적으로 이르는 말

③ 낙숫물은 떨어지던 데 또 떨어진다: 한 번 버릇이 들면 고치기 어려움을 비유적으로 이르는 말

④ 용이 물 밖에 나면 개미가 침노를 한다: 아무리 좋은 처지에 있던 사람이라도 불행한 경우나 환경에 빠지게 되면 하찮은 사람에게서까지 모욕을 당하고 괄시를 받게 된다는 말

05 비문학 세부 내용 파악 정답 ④

정답 설명

④ 마지막 문단에서 확인할 수 있다.
[관련 부분] 한반도에 중국인이 유입되면서 중국 음식점이 자리를 잡아가자 조선인도 점차 그 맛에 익숙해지기 시작했다.

오답 분석

① 2문단 끝에서 1~4번째 줄을 통해 조선 사람에 의해 지어진 이름은 '젠빙(煎餅)'이 아닌 '호떡'임을 알 수 있다.
[관련 부분] 젠빙은 한국에서 호떡이라 부르는 음식이다. 호떡은 '오랑캐(胡)가 먹는 떡(餅)'이라는 뜻으로, 청나라를 두고 북방의 오랑캐라고 여긴 조선 사람들이 붙인 이름이다.

② 1문단 2~3번째 줄을 통해 청국 거류지에 거류하는 인원이 모두 남성은 아니었음을 알 수 있다.
[관련 부분] 거류 인원은 총 41가구에 521명이었다. 그 가운데 여성은 단지 23명에 불과했다.

③ 2문단 1~4번째 줄을 통해 인천의 중국 음식점은 그곳에서 집단생활을 하는 중국인들의 식생활 문제를 해결하기 위해 중국인이 운영하였음을 알 수 있다.
[관련 부분] 남성이 다수를 이루는 인천의 중국인들은 집단생활을 하면서 식생활 문제는 그들 중 몇 사람이 음식점을 운영하여 해결했다. 곧 중국인을 상대로 한 식당이 중국인에 의해 생겨난 것이다.

06 어법 말소리 (음운의 변동) 정답 ①

정답 설명

① '기어[기여], 신라[실라], 집일[짐닐]'에는 모두 동화 현상이 공통으로 적용되므로 답은 ①이다.
- 기어[기여] ('ㅣ' 모음 순행 동화): '기어[기여]'는 뒤 음절의 후설 모음 'ㅓ'가 앞 음절의 전설 모음 'ㅣ'에 의해 이중 모음 [ㅕ]로 바뀌어 발음되는 'ㅣ' 모음 순행 동화 현상이 나타난다. 참고로 'ㅣ' 모음 순행 동화는 '이중 모음화'라고도 부른다.
- 신라[실라] (유음화): '신라'는 앞 음절의 비음 'ㄴ'이 뒤 음절의 유음 'ㄹ'을 만나 유음 [ㄹ]로 바뀌어 발음되는 자음 동화 현상이 나타난다.
- 집일[짐닐] (ㄴ 첨가, 비음화): '집일'은 '집(명사) + 일(명사)'이 결합한 합성어이다. 두 단어가 합쳐져 합성어가 될 때, 뒷말의 첫소리 모음 'ㅣ' 앞에서 [ㄴ] 소리가 첨가되어 [집닐]로 발음된다. 그 다음 앞 음절의 'ㅂ'이 뒤 음절의 비음 [ㄴ]를 만나 비음 [ㅁ]으로 바뀌어 발음되는 자음 동화 현상이 나타난다.

🔔 이것도 알면 합격!

음운 변동의 유형

교체 (대치)	원래의 음운이 다른 음운으로 바뀜 예 음절의 끝소리 규칙, 자음 동화, 구개음화, 모음 동화, 된소리되기
탈락	원래 있던 음운이 없어짐 예 'ㄹ' 탈락, 'ㅎ' 탈락, 'ㅡ' 탈락, 동음 탈락
축약	두 개의 음운이나 음절이 하나의 음운이나 음절로 합쳐짐 예 자음 축약, 모음 축약
첨가	이미 있는 것에 새로운 음운이 덧붙음 예 사잇소리 현상

07 어휘 한자 성어 정답 ②

정답 설명

② 〈보기〉의 괄호 안에는 융통성 없이 옛일만 기억하여 고집하는 어리석음을 버려야 한다는 의미의 한자 성어가 들어가야 한다. 따라서 답은 ② '각주구검(刻舟求劍)'이다.
- 각주구검(刻舟求劍): 융통성 없이 현실에 맞지 않는 낡은 생각을 고집하는 어리석음

오답 분석

① 구밀복검(口蜜腹劍): '입에는 꿀이 있고 배 속에는 칼이 있다'라는 뜻으로, 말로는 친한 듯하나 속으로는 해칠 생각이 있음을 이르는 말

③ 단도직입(單刀直入): '혼자서 칼 한 자루를 들고 적진으로 곧장 쳐들어간다'라는 뜻으로, 여러 말을 늘어놓지 않고 바로 요점이나 본문제를 중심적으로 말함을 이르는 말

④ 명재경각(命在頃刻): 거의 죽게 되어 곧 숨이 끊어질 지경에 이름

08 어법 단어 (품사의 구분) 정답 ④

정답 설명

④ 밑줄 친 단어의 품사가 옳지 않은 것은 ④이다.
- 그 집의 첫째는 공무원이고, 둘째는 사업가다. 〈수사〉(×) → 〈명사〉(○): 이때 '둘째'는 보조사 '는'과의 결합이 가능하고, 뒤에 수식하는 체언이 없으며 '둘째 자식'이라는 의미로 사용되었으므로 명사이다.
- 둘째 며느리 삼아 보아야 맏며느리 착한 줄 안다. 〈관형사〉(○): 이때 '둘째'는 조사가 결합하지 않고, 체언인 '며느리'를 수식하고 있으며 '순서가 두 번째가 되는 차례의'라는 의미로 사용되었으므로 관형사이다.

오답 분석

① • 그 사람은 꽤나 사교적이다. 〈명사〉(○): 이때 '사교적'은 서술격 조사 '이다'와 결합이 가능하므로 명사이다.
- 그는 사교적 분위기에 어울리는 사람이다. 〈관형사〉(○): 이때 '사교적'은 조사와 결합하지 않고, 체언인 '분위기'를 수식하고 있으므로 관형사이다.

② • 이제 나에게 남은 것은 너뿐이다. 〈조사〉(○): 이때 '뿐'은 체언 '너' 뒤에 붙어 '그것만이고 더는 없음'을 의미하므로 조사이다.
- 그 이야기는 소문으로만 전해질 뿐이다. 〈의존 명사〉(○): 이때 '뿐'은 용언의 관형사형 뒤에서 '다만 어떠하거나 어찌할 따름'이라는 뜻을 나타내므로 의존 명사이다.

③ ・올 시간이 넘었는데 왜 오지 않는 거지? 〈부사〉(○): 이때 '왜'는 뒤에 오는 서술어 '오지 않는'을 수식하고, '무슨 까닭으로' 혹은 '어째서'라는 의미로 쓰여 화자의 태도를 나타내므로 부사이다.

・왜, 자기가 힘들면 남은 신경도 안 쓰게 되잖아. 〈감탄사〉(○): 이때 '왜'는 문장에서 독립적으로 쓰여 '어떤 사실에 대해 확인을 요구할 때 쓰는 말'로 사용되므로 감탄사이다.

---

09 비문학 내용 추론 정답 ④

정답 설명

④ 3문단 끝에서 1~2번째 줄을 통해 별이 적색거성이 되는 것은 보유한 수소를 모두 소진한 상태임을 알 수 있으므로, 태양이 적색거성 상태에 이르면 내부의 수소가 고갈되었음을 추론할 수 있다. 하지만 3문단 끝에서 2~3번째 줄을 통해 내부의 수소를 연소하는 과정에서 외부 압력으로 인해 별이 원래 크기보다 백 배 더 크게 팽창한다는 것을 알 수 있으므로, 적색거성 상태가 된 태양이 현재보다 지름이 감소할 것이라는 추론은 적절하지 않음을 알 수 있다. 따라서 제시문을 통해 추론한 내용으로 적절하지 않은 것은 ④이다.

오답 분석

① 2문단 2~4번째 줄을 통해 질량이 무거울수록 수명이 짧음을 알 수 있다. 이때 2문단 끝에서 1~3번째 줄에서 태양보다 적색왜성의 수명이 길다는 것을 통해 적색왜성이 태양보다 질량이 작음을 추론할 수 있다.

② 1문단 끝에서 2~4번째 줄을 통해 핵융합 반응이 시작되면 가스와 먼지로 이루어진 구체인 원시성(原始星)에서 빛이 남을 알 수 있으므로 핵융합 반응이 일어나지 않으면 별은 빛이 나지 않을 것임을 추론할 수 있다.

③ 1문단 1~3번째 줄을 통해 가스와 먼지로 이루어진 구름이 중력에 의해 응축될 때, 별의 형성이 시작된다고 하였으므로 중력이 없으면 별이 생성될 수 없었을 것임을 추론할 수 있다.

---

10 비문학 관점과 태도 파악 정답 ③

정답 설명

③ 2문단 끝에서 1~4번째 줄에서 필자는 20세기에 대한 냉철한 반성을 하려면 모순과 갈등을 무마하는 밀레니엄 풍조를 비판해야 한다고 주장하고 있다. 따라서 ③ '모순을 덮게 하는 밀레니엄 시류는 지난 세기에 대한 냉철한 반성과 거리가 멀다'는 글쓴이의 입장에 부합한다.
[관련 부분] 바람직한 21세기적 전망을 위해서는 20세기에 대한 보다 냉철한 반성이 필요하다는 취지에서 복음주의적인 선심 내지 모순과 갈등 무마용 밀레니엄 풍조는 냉철히 비판 받아야 마땅하다.

오답 분석

① 2문단 2~5번째 줄에서 근대 자본주의 사회의 갈등과 모순의 대안으로 사회주의가 대두되었으나 위기를 맞았다고 하였으므로, 사회주의가 지난 시대의 갈등을 해결(봉합)했다고 볼 수 없다.
[관련 부분] 근대 자본주의 사회에서 그 갈등과 모순의 치유 혹은 대안으로 대두했던 사회주의가 20세기 초두에 실험 단계를 맞았다가 20세기가 끝나기도 전에 위기를 맞았다.

② 1문단 2~5번째 줄을 통해 지난 시대 모순의 해결은 물리적인 시간이 아니라 개혁 이데올로기의 전위를 통해 이루어짐을 알 수 있으므로 적절하지 않다.
[관련 부분] 물리적인 시간이 인간을 행복에로 한걸음 다가서게 만들어 준 것이 아니라 개혁 이데올로기의 전위가 지난 시대의 갈등과 모순을 해결해 냈기 때문에

④ 2문단 끝에서 8~10번째 줄을 통해 뉴밀레니엄 시대의 지배 계급은 새로운 이데올로기가 등장하지 않기를 바라고 있으므로 이들이 변혁과 진보를 바란다고 볼 수 없다.
[관련 부분] 지배 계급은 별로 새로울 것도 없고, 또 새로운 이데올로기가 등장하지 않기를 바라는 속내에서

---

11 어휘 한자어 (한자어의 표기) 정답 ④

정답 설명

④ ⓔ 前望(앞 전, 바랄 망)(×) → 展望(펼 전, 바랄 망)(○): 앞날을 헤아려 내다봄. 또는 내다보이는 장래의 상황
・前望(전망): 벼슬아치로 추천되었던 사람

오답 분석

① ㉠ 矛盾(창 모, 방패 순)(○): 어떤 사실의 앞뒤, 또는 두 사실이 이치상 어긋나서 서로 맞지 않음을 이르는 말

② ㉡ 變革(변할 변, 가죽 혁)(○): 급격하게 바꾸어 아주 달라지게 함

③ ㉢ 奇跡(기특할 기, 발자취 적)(○): 상식으로는 생각할 수 없는 기이한 일

---

12 어법 한글 맞춤법 (맞춤법에 맞는 표기) 정답 ③

정답 설명

③ 부신다(○): '부신다'는 '불-＋-시-＋-ㄴ＋-다'가 결합한 것이다. 'ㄹ' 탈락 규칙으로 인해 자음 'ㅅ' 앞에서 어간 '불-'의 받침 'ㄹ'이 탈락하므로 ③ '부신다'로 표기한다.

오답 분석

① 하얍니다(×) → 하얗습니다(○): '하얗습니다'는 '하얗-＋-습니다'가 결합한 것이다. 용언 '하얗다'는 모음으로 시작하는 어미가 오면 어간 '하얗-'의 'ㅎ'이 탈락하고 어미도 바뀌는 'ㅎ' 불규칙 용언이나, '-습니다'는 이에 해당하는 어미가 아니므로 '하얗습니다'로 고쳐 써야 한다. 참고로 2015년에 발표한 국립국어원 표준어 사정 원칙에 따라 어미 '-읍니다'와 '-습니다' 중 '-습니다'만 표준어로 인정하게 되면서 '하얍니다'를 표준어로 인정하지 않고 용례에서도 삭제하였다.

---

② 제삿날(×) → 제삿날(○): '제삿날(祭祀날)'은 순우리말과 한자어로 된 합성어로, 앞말이 모음으로 끝나고 뒷말의 첫소리 'ㄴ' 앞에서 'ㄴ' 소리가 덧나는 경우 사이시옷을 받쳐 적으므로 '제삿날'로 고쳐 써야 한다.

④ 안되서(×) → 안돼서(○): '안되다'의 어간 '안되-'에 이유나 근거를 나타내는 연결 어미 '-어서'가 결합하는 경우에는 '안돼서'로 줄여 써야 한다.

13 　비문학 　내용 추론 　　　정답 ②

정답 설명

② ⊙의 앞에서 '자질 문자'란 자질 자체가 하나의 독립된 글자로 나타나야 한다고 주장하며, 자형이 자질을 반영하고 있다는 이유만으로 한글을 '자질 문자'로 보는 것에 대해 반박하고 있다. 따라서 ⊙에 들어갈 주장은 ② '한글은 완전한 의미의 자질 문자라고 보기는 어렵다'임을 추론할 수 있다.

오답 분석

① 완전한 의미의 '자질 문자'가 되기 위해서는 자질 자체가 글자여야 하나, 한글은 자질이 자형에 반영된 것에 그쳤으므로 자질 문자라고 할 수 없다.
[관련 부분] '자질 문자'란 명칭은 자질 자체를 글자로 만든 것에 붙여야 한다. 다시 말해, '거셈'이라는 자질이 자형에 반영되기만 해서는 안 되고, 이 자질이 하나의 독립된 글자로 나타나야 한다.

③④ 제시문을 통해 알 수 없는 내용이다.

14 　비문학 　주제 및 중심 내용 파악 　　　정답 ③

정답 설명

③ 제시문은 음성 문자인 한글이 자질 문자의 특성을 가지고 있는 것에 대해 설명하고 있다. 제시문에 따르면 한글의 'ㄱ, ㅋ'과 'ㄷ, ㅌ'에서 추가된 획은 '거셈'이라는 자질을 나타내고, 이 자질이 자형에 반영되었다고 한다. 다만 '거셈'이라는 자질 자체가 하나의 독립된 글자로 나타난 것은 아니기에 한글을 완전한 자질 문자로 보기는 어렵지만, 자질 문자의 특성을 가졌다고 볼 수는 있다. 따라서 답은 ③이다.

오답 분석

① 끝에서 1~5번째 줄에 따르면 자질이 자형에 반영되기만 한 것은 '자질 문자'로 볼 수 없으며, '자질 문자'는 자질 자체를 글자로 만든 것이어야 한다. 한글의 'ㄱ, ㅋ'과 'ㄷ, ㅌ'에서 추가된 획은 '거셈'이라는 자질을 나타내고 이 자질이 자형에 반영된 것일 뿐, 완전한 자질 문자로 보기 어려우므로 ① '자질 문자로서의 한글'은 제시문의 제목으로 적절하지 않다.

② 한글에서 가획을 통해 소리를 자형과 관련시키고 있다는 내용은 확인할 수 있으나, 이는 한글의 독특한 특성들 중 하나이며 한글이 자질 문자의 특성을 지닌다는 것을 설명하기 위한 예시일 뿐이다. 따라서 ② '한글의 독특한 특성인 가획'은 제시문 전체를 포괄하는 제목으로 보기 어렵다.

---

④ 제시문 1~2번째 줄에서 한글은 문자 발달사의 마지막 단계인 음운 문자에 속한다고 설명하는 것을 통해 그 우수성을 짐작할 수 있다. 그러나 이는 한글의 특성에 대해 설명하는 내용 중 일부일 뿐, 제시문 전체를 포괄하는 제목으로 보기 어렵다.

15 　문학 　작품의 종합적 감상 (시) 　　　정답 ②

정답 설명

② 제시된 작품의 마지막 행에서 '밤'과 '바람'을 통해 화자가 암담한 현실 상황에 처해 있음을 알 수 있다. 그러나 화자는 이런 어두운 현실 속에서도 순결한 삶을 살 것을 다짐하고 있을 뿐, 현실에 부딪혀 좌절하는 모습은 나타나지 않는다.

오답 분석

① 시간의 이동에 따라 '과거(1연 1~4행) – 미래(1연 5~8행) – 현재(2연)'로 시상이 전개되고 있다.

③ 암울한 현실을 의미하는 '밤, 바람'과 이상을 의미하는 '하늘, 별'의 이미지를 대립하여 시적 상황을 제시하고 있다.

④ 1연에서 확인할 수 있다.
- 죽는 날까지 하늘을 우러러 / 한 점 부끄럼 없기를: 도덕적이고 순결한 삶을 지향하는 화자의 태도가 드러나 있다.
- 잎새에 이는 바람에도 / 나는 괴로워했다: 순결한 삶을 살고자 했던 화자의 고뇌가 드러나 있다.

16 　문학 　문학 감상의 관점 　　　정답 ②

정답 설명

② 〈보기〉는 윤동주의 '간(肝)'을 읽은 독자가 작품과 작가의 관계에 초점을 두어 비평한 글이므로, 〈보기〉에서 드러나는 작품 감상의 관점으로 가장 옳은 것은 ② '표현론적 관점'이다. '표현론적 관점'은 외재적 관점 중 하나로, 작가의 배경, 창작 의도, 전기적 사실, 심리적 상태 등 작가와 작품의 관계에 초점을 맞추어 작품을 분석하는 방법이다.

오답 분석

① 절대론적 관점: '내재적 관점'이라고도 하며, 작품 자체의 내재적인 요소를 근거로 하여 작품을 분석하는 방법이다.

③ 효용론적 관점: 외재적 관점 중 하나로, 작품이 독자에게 미치는 영향에 초점을 맞추어 작품을 분석하는 방법이다.

④ 반영론적 관점: 외재적 관점 중 하나로, 작품과 현실 세계의 관계에 초점을 맞추어 작품을 분석하는 방법이다.

이것도 알면 합격!

문학 감상의 관점

1. 내재적 관점(절대주의적 관점)
   작품 이외의 사실에 대한 고려를 배제하고 어조, 운율, 구성, 표현 기법, 미적 가치 등 작품의 내부적 요소를 분석하는 관점

2. 외재적 관점

표현론적 관점 (생산론적 관점)	• 작품이 작가와 맺는 관계를 중시하는 관점 • 작품 속에 작가의 체험, 사상, 감정 등이 표현되어 있다고 봄
효용론적 관점 (수용론적 관점)	• 작품과 독자의 관계를 중시하는 관점 • 작품이 독자에게 주는 의미, 감동, 교훈 등에 초점을 맞추어 감상함
반영론적 관점 (모방론적 관점)	• 작품이 현실 세계를 반영한다고 보는 관점 • 작품과 작품의 대상이 되는 현실 세계와의 관계를 중시함

---

17 어법 단어 (본용언과 보조 용언) 정답 ②

정답 설명

② 깎다(본용언) + 먹다(본용언): 두 번째 용언인 '먹다'가 단독으로 서술어가 되어도 문장이 성립하므로 이때 '먹다'는 본용언이다. 따라서 '본용언 + 보조 용언' 구성이 아닌 것은 ②이다.
- 참외를 깎았다. (○)
- 참외를 먹었다. (○)

오답 분석

①③④ 모두 두 번째 용언이 단독으로 서술어가 될 경우 문장이 성립하지 않으므로 '본용언 + 보조 용언' 구성이다.

① 생기다(본용언) + 법하다(보조 용언): '법하다'는 보조 형용사로, 앞말이 뜻하는 상황이 실제 있거나 발생할 가능성이 있음을 나타낸다.
- 일이 생기다. (○)
- *일이 법하다. (×)

③ 듣다(본용언) + 보다(보조 용언): 이때 '보다'는 보조 동사로, 어떤 행동을 시험 삼아 함을 나타낸다.
- 나의 말을 듣다. (○)
- *나의 말을 보다. (×)

④ 놀다(본용언) + 나다(보조 용언): 이때 '나다'는 보조 동사로, 앞말이 뜻하는 행동을 끝내어 이루었음을 나타낸다.
- 그의 말에 잘도 놀다. (○)
- *그의 말에 잘도 나다. (×)

---

18 비문학 글의 전략 파악 정답 ②

정답 설명

② 〈보기〉에서 2001년 대비 2005년 아토피 환자 수와 2003년~2005년 아토피 환자 진료비 통계 수치를 제시하여 '국민 건강'이라는 사회적 문제의 심각성을 환기시키고 있다. 따라서 〈보기〉에 대한 설명으로 옳은 것은 ②이다.

오답 분석

①③④ 모두 〈보기〉와 관련 없는 설명이다.

---

19 문학 작품에 대한 지식 (시조) 정답 ②

정답 설명

② 제시된 작품은 성삼문의 시조로, 세조의 왕위 찬탈에 대한 부당함을 표현한 작품이다. © '夷齊(이제)'는 전설 속 인물이 아니라 은(殷)나라 말기에 실존했던 충신인 '백이'와 '숙제' 형제를 의미한다. 따라서 정답은 ②이다.

오답 분석

① ⊙ '首陽山(수양산)'은 '백이와 숙제 형제가 숨어 살던 중국의 산' 또는 '수양 대군'을 의미하므로 중의적인 표현이다.

③ © '採薇(채미)'는 수양산에 들어간 백이와 숙제가 고사리를 캐어 먹은 행위를 의미한다. 화자는 종장을 통해 이 행동을 질책하고 있으므로 ③은 옳은 설명이다.

④ 성삼문은 ②에서 설의법을 사용하여 하찮은 풀이라도 군자가 아닌 사람의 땅에서 난 것이므로 먹지 말아야 한다며 '이제(夷齊)'를 향한 질책의 태도를 보이고 있다. 이는 세조(수양 대군)의 왕위 찬탈을 부당히 여겨 그의 녹을 먹지 않겠다는 의미로 해석할 수 있다. 따라서 ②은 설의법을 통해 단종에 대한 성삼문의 굳은 절개가 드러나는 부분이다.

지문 풀이

> 수양산을 바라보면서 지조를 끝까지 지키지 못한 백이와 숙제를 원망하며 한탄하노라.
> 차라리 굶주려 죽을망정 고사리는 왜 캐어 먹었는가?
> 비록 산에서 아무렇게나 자라는 풀이라 하더라도 그것이 누구의 땅에서 났단 말인가?

이것도 알면 합격!

주의식, 성삼문의 〈절의가(絕義歌)〉 화답 시

주의식의 시조는 성삼문의 〈절의가(絕義歌)〉에 화답하는 형식으로 지어졌으며, 백이와 숙제가 고사리를 캔 이유에 대해서 성삼문과는 다른 시선으로 해석하고 있다. 성삼문은 백이와 숙제가 고사리를 캐어 먹은 것에 대해 절개 없는 행동이라고 보았으나, 주의식은 고사리를 먹으려고 캔 것이 아닌 고사리의 굽은 모양이 안타까워 그것을 펴 보기 위해서라고 노래한다. 즉, 주의식은 성삼문의 〈절의가〉에 대한 화답 시를 통해 백이와 숙제의 지조를 옹호하는 것과 더불어 지조 없는 세상에 대한 비판적 인식을 동시에 드러내고 있다.

주려 주그려 ᄒᆞ고 수양산(首陽山)에 드럿거니
현마 고사리를 머그려 캐야시랴
물성(物性)이 구븐 줄 애다라 펴 보려고 캐미라   – 주의식

[현대어 풀이]
(백이와 숙제가) 굶주려서 죽으려고 수양산에 들어갔던 것인데
설마 고사리를 먹으려고 캐었을 것인가?
고사리의 성질이 굽은 것이 애달파 펴 보려고 캐었을 것이다.

20   어법   문장 부호   정답 ①

정답 설명
① 제목 다음에 표시하는 부제의 앞뒤에는 줄표(—)를 써야 하므로 문장
부호에 대한 설명으로 옳은 것은 ①이다.

오답 분석
② 우리말 표기와 원어 표기를 아울러 보일 때는 소괄호(( ))를 써야 한
다. 참고로, 원어에 대응하는 한글 표기를 아울러 보일 때에도 이 규
정을 적용하여 소괄호를 쓴다.
예 원어에 대응하는 한글 표기: 嗜好(기호), coffee(커피)

③ 열거할 어구들을 생략할 때 사용하는 줄임표 앞에는 쉼표(,)를 쓰지
않는다.
예 광역시: 광주, 대구, 대전, … (×) → 광역시: 광주, 대구, 대전 … (○)

④ 대비되는 두 개 이상의 어구를 묶어 나타낼 때 그 사이에는 빗금(/)을
써야 한다.
예 금메달/은메달/동메달, (   )이/가 우리나라 보물 제1호이다.

21   문학   작품에 대한 지식 (설화)   정답 ③

정답 설명
③ 제시된 작품은 '김현감호(金現感虎)'로, 작품에서 당시 '호랑이'를 두
려움의 대상으로 여기던 사람들의 인식을 확인할 수 있다. 또한 호랑
이에 의한 상처를 치료하는 부분을 통해 당시의 민간 치료법을 확인
할 수 있다. 하지만 신라 원성왕 때의 이야기라는 작품 배경의 구체적
인 시간을 확인할 수 있으며, 신라 왕실의 원찰인 '흥륜사(興輪寺)'와
김현이 세운 '호원사(虎願寺)'와 같은 구체적인 증거물들이 등장하고
있으므로 제시된 작품은 '민담'이 아닌 '전설'로 분류된다. 따라서 옳
지 않은 설명은 ③이다.

오답 분석
① 자신의 몸을 희생하여 '김현'을 출세시키고자 하는 호랑이 처녀의 살
신성인 태도가 드러나는 작품이다.
• 살신성인(殺身成仁): 자기의 몸을 희생하여 인(仁)을 이룸

② 일연의 『삼국유사』에 수록되어 있으며, 일연은 '김현감호'에 등장하는
인물의 성품과 태도를 예찬하는 시를 지어 인물에 대한 긍정적인 평
가를 남겼다.

④ 호랑이 처녀와 인간 '김현'의 안타까운 사랑을 다루고 있으며 호랑이
가 인간으로 변하는 모습을 확인할 수 있는 변신형 설화이다.

 이것도 알면 합격!

'신화', '전설', '민담'의 구분

구분		신화	전설	민담
개념		신적 존재의 탄생과 그 활동에 관한 이야기	실제 있었다고 믿어지는 이야기	흥미를 위주로 꾸며낸 이야기
성격		신성성	진실성	흥미성
배경	시간	아주 먼 옛날	구체적인 시간	구체적으로 제시되지 않음
	공간	신성한 장소	구체적인 장소	구체적으로 제시되지 않음
증거물		포괄적 증거물 (천지, 국가 등)	개별적 증거물 (바위, 연못 등)	없음

22   어법   올바른 문장 표현   정답 ③

정답 설명
③ 운동할 때 좋은 동작을 만들 수 있도록(×) → 운동할 때 좋은 동작이
나올 수 있도록(○): '~을 만들다'는 영어의 동사 'make'를 직역한 번
역 투이므로 부자연스러운 표현이다. 이는 우리말 '나오다'로 고쳐 쓰
는 것이 자연스럽다. 따라서 ③은 고쳐 쓰기 전이 옳은 표현이다.

오답 분석
① 프랑스로부터 온 소식(×) → 프랑스에서 온 소식(○): 영어의 전치사
'from'를 직역한 부자연스러운 표현이다. 앞말이 출발점이나 어떤 일의
출처임을 나타내는 부사격 조사 '에서'로 고쳐 쓰는 것이 자연스럽다.

② 효과적인 읽기의 방법(×) → 효과적으로 읽는 방법(○): '~의'의 남용
은 일본어 조사 'の'의 영향을 받은 표현으로 부자연스러운 표현이다.

④ 연구소의 연구원장을 역임한(×) → 연구소의 연구원장을 지낸(○):
'역임하다'는 '여러 직위를 두루 거쳐 지내다'를 뜻한다. 따라서 한 가
지 직위만 쓴 후 '역임하다'를 사용하는 것은 부자연스러운 표현이므
로 '지내다'로 고쳐 쓰는 것이 자연스럽다.

정답 설명

③ (라) – (마) – (다) – (가) – (나)의 순서가 가장 자연스럽다.

순서	중심 내용	순서 판단의 단서와 근거
(라)	신데렐라 영화의 대표작인 〈귀여운 여인〉	영화 〈귀여운 여인〉의 등장인물을 소개하며 글에 대한 흥미를 유발함
(마)	에드워드로 인해 우아한 여인으로 변해가는 비비안을 보며 대리만족을 느끼는 여자들	(라)에 이어지는 영화 속 이야기를 제시함
(다)	영화 감독이 작품에 등장하는 오페라로 〈라 트라비아타〉를 선택한 이유	(다)의 첫 문장에서 (마)를 요약한 내용이 드러남: '비비안을 멋진 귀부인으로 변신시킨 에드워드'
(가)	신파의 공식을 모두 담고 있는 〈라 트라비아타〉	(다)에 이어 〈라 트라비아타〉가 가진 특징인 '신파'에 대해 설명함
(나)	오페라 〈라 트라비아타〉의 줄거리	키워드 '신파의 공식': (가)의 마지막 문장에서 이야기한 '신파의 공식'을 재언급하며, 〈라 트라비아타〉의 줄거리를 제시함

정답 설명

③ (나)문단 1~4번째 줄에서 오페라 〈라 트라비아타〉는 남자가 홧김에 다른 여자와 결혼하는 대목을 제외하고는 드라마의 신파와 닮아 있다고 하였다. 이를 통해 〈라 트라비아타〉의 신파는 드라마 속의 신파와 다른 점이 존재함을 알 수 있으므로 ③의 설명은 제시문에 대한 이해로 적절하다.

오답 분석

① (마)문단에 의하면 에드워드의 돈과 호텔 지배인의 도움으로 우아한 여인으로 변모해 가는 비비안의 모습을 본 당대 여성들은 그러한 과정을 마치 자기의 일인 것처럼 흥분하고 즐거워했다고 한다. 따라서 비비안의 사치스러운 모습이 당대 여성들의 비판의 대상이 되었다는 ①의 설명은 적절하지 않다.

② (라)문단 끝에서 1~3번째 줄을 통해 에드워드가 비비안의 순수하고 천진난만한 모습에 끌려 자기와 일주일을 함께 보내기를 제안하였음을 알 수 있다. 하지만 에드워드가 사업의 성공을 위해 의도적으로 비비안에게 접근하였는지는 제시문을 통해 확인할 수 없다. 따라서 ②의 설명은 적절하지 않다.

④ (나)문단 끝에서 3~7번째 줄을 통해 비올레타가 진실한 사랑이라는 명분으로 알프레도와 동거를 시작하였으며, 그 후 비올레타가 화류계 생활을 접었음을 알 수 있다. 하지만 비비안이 비올레타와 마찬가지로 진실한 사랑을 알게 된 후 화류계 생활을 청산하였는지에 대한 내용은 제시문을 통해 확인할 수 없다. 따라서 ④의 설명은 적절하지 않다.

정답 설명

② '제6조 ①항'에 따라 국민은 감염병으로 인한 치료 등을 받는 경우, 이로 인한 피해를 보상받을 수 있다는 것을 확인할 수 있다. 또한 '제6조 ③항'에 따라 국민은 감염병에 대한 진단 및 치료를 받을 권리가 있고, 국가와 지방자치단체는 이에 소요되는 비용을 부담해야 함을 알 수 있다. 따라서 감염병 치료에 소요되는 비용을 국민이 부담해야 한다는 ②의 설명은 적절하지 않다.

오답 분석

① '제5조 ①항'과 '제6조 ②항'에서 확인할 수 있다.
[관련 부분]
- 제5조 ①항: 「의료법」에 따른 의료인 및 의료기관의 장 등은 감염병 환자의 진료에 관한 정보를 제공받을 권리가 있고
- 제6조 ②항: 국민은 감염병 발생 상황, 감염병 예방 및 관리 등에 관한 정보와 대응방법을 알 권리가 있고

③ '제6조 ②항'과 '제5조 ②항'에서 확인할 수 있다.
[관련 부분]
- 제6조 ②항: 국가와 지방자치단체는 신속하게 정보를 공개하여야 한다.
- 제5조 ②항: 「의료법」에 따른 의료인 및 의료기관의 장 등은 ~ 보건복지부장관, 질병관리청장 또는 지방자치단체의 장의 행정명령에 적극 협조하여야 한다.

④ '제5조 ②항'과 '제5조 ①항'에서 확인할 수 있다.
[관련 부분]
- 제5조 ②항: 「의료법」에 따른 의료인 및 의료기관의 장 등은 감염병 환자의 진단·관리·치료 등에 최선을 다하여야 하며,
- 제5조 ①항: 「의료법」에 따른 의료인 및 의료기관의 장 등은 ~ 감염병 환자의 진단 및 치료 등으로 인하여 발생한 피해에 대하여 보상받을 수 있다.

01　Ⅴ　국가배상　　　정답 ①

정답 분석

① 어떠한 행정처분이 후에 항고소송에서 취소되었다고 할지라도 그 기판력에 의하여 당해 행정처분이 곧바로 공무원의 고의 또는 과실로 인한 것으로서 불법행위를 구성한다고 단정할 수는 없는 것이다(대판 2003.11.27. 2001다33789·33796·33802·33819).

선지 분석

② 판례는 '교통할아버지'를 국가배상법상 공무원으로 인정하여, 지방자치단체에게 국가배상법 제2조의 배상책임이 있다고 본다.

> **관련 판례**
>
> 지방자치단체가 '교통할아버지 봉사활동 계획'을 수립한 후 관할 동장으로 하여금 '교통할아버지'를 선정하게 하여 어린이 보호, 교통안내, 거리질서 확립 등의 공무를 위탁하여 집행하게 하던 중 '교통할아버지'로 선정된 노인이 위탁받은 업무 범위를 넘어 교차로 중앙에서 교통정리를 하다가 교통사고를 발생시킨 경우, 지방자치단체가 국가배상법 제2조 소정의 배상책임을 부담한다(대판 2001.1.5. 98다39060).

③ 우리 헌법이 채택하고 있는 의회민주주의하에서 국회는 다원적 의견이나 각가지 이익을 반영시킨 토론과정을 거쳐 다수결의 원리에 따라 통일적인 국가의사를 형성하는 역할을 담당하는 국가기관으로서 그 과정에 참여한 국회의원은 입법에 관하여 원칙적으로 국민 전체에 대한 관계에서 정치적 책임을 질 뿐 국민 개개인의 권리에 대응하여 법적 의무를 지는 것은 아니므로, 국회의원의 입법행위는 그 입법 내용이 헌법의 문언에 명백히 위반됨에도 불구하고 국회가 굳이 당해 입법을 한 것과 같은 특수한 경우가 아닌 한 국가배상법 제2조 제1항 소정의 위법행위에 해당된다고 볼 수 없다(대판 1997.6.13. 96다56115).

④ 국가배상책임은 공무원의 직무집행이 법령에 위반한 것임을 요건으로 하는 것으로서, 공무원의 직무집행이 법령이 정한 요건과 절차에 따라 이루어진 것이라면 특별한 사정이 없는 한 이는 법령에 적합한 것이고 그 과정에서 개인의 권리가 침해되는 일이 생긴다고 하여 그 법령적합성이 곧바로 부정되는 것은 아니다(대판 1997.7.25. 94다2480).

02　Ⅵ　무효등 확인소송　　　정답 ④

정답 분석

④ 행정처분의 근거 법률에 의하여 보호되는 직접적이고 구체적인 이익이 있는 경우에는 행정소송법 제35조에 규정된 '무효확인을 구할 법률상 이익'이 있다고 보아야 하고, 이와 별도로 무효확인소송의 보충성이 요구되는 것은 아니므로 행정처분의 무효를 전제로 한 이행소송 등과 같은 직접적인 구제수단이 있는지 여부를 따질 필요가 없다고 해석함이 상당하다(대판 2008.3.20. 2007두6342 전합).

선지 분석

① 행정처분에 대하여 무효확인판결이 내려진 경우에는 그 행정처분이 거부처분인 경우에도 행정청에 판결의 취지에 따른 재처분의무가 인정될 뿐 그에 대하여 간접강제까지 허용되는 것은 아니라고 할 것이다(대결 1998.12.24. 98무37).

② 행정처분의 당연무효를 주장하여 그 무효확인을 구하는 행정소송에 있어서는 원고에게 그 행정처분이 무효인 사유를 주장·입증할 책임이 있다(대판 2000.3.23. 99두11851).

③ 행정처분의 무효확인판결은 비록 형식상은 확인판결이라 하여도 그 확인판결의 효력은 그 취소판결의 경우와 같이 소송의 당사자는 물론 제3자에게도 미친다(대판 1982.7.27. 82다173).

03　Ⅱ　행정작용　　　정답 ③

정답 분석

③ 교육인적자원부장관의 대학총장들에 대한 이 사건 학칙시정요구는 고등교육법에 따른 것으로서 그 법적 성격은 대학총장의 임의적인 협력을 통하여 사실상의 효과를 발생시키는 행정지도의 일종이지만, 그에 따르지 않을 경우 일정한 불이익조치를 예정하고 있어 사실상 상대방에게 그에 따를 의무를 부과하는 것과 다를 바 없으므로 단순한 행정지도로서의 한계를 넘어 규제적·구속적 성격을 상당히 강하게 갖는 것으로서 헌법소원의 대상이 되는 공권력의 행사라고 볼 수 있다(헌재 2003.6.26. 2002헌마337·2003헌마7·8).

선지 분석

① 토지거래허가지역 내의 토지에 관하여 소유권 등 권리를 이전 또는 설정하는 내용의 거래계약을 체결한 경우, 그 거래계약이 처음부터 허가를 배제하거나 잠탈하는 내용의 계약으로서 확정적으로 무효인 경우를 제외하고는 허가를 받을 때까지는 법률상 미완성의 법률행위로서 유동적 무효 상태에 있다가 일단 허가를 받으면 그 계약은 소급하여 유효한 계약이 되고 이와 달리 불허가가 된 때에는 무효로 확정된다(대판 1997.12.26. 97다41318·41325).

② 행정청이 상대방에게 장차 어떤 처분을 하겠다고 확약 또는 공적인 의사표명을 하였다고 하더라도, 그 자체에서 상대방으로 하여금 언제까지 처분의 발령을 신청을 하도록 유효기간을 두었는데도 그 기간 내에 상대방의 신청이 없었다거나 확약 또는 공적인 의사표명이 있은 후에 사실적·법률적 상태가 변경되었다면, 그와 같은 확약 또는 공적인 의사표명은 행정청의 별다른 의사표시를 기다리지 않고 실효된다(대판 1996.8.20. 95누10877).

④ 전문직공무원인 공중보건의사의 채용계약 해지의 의사표시는 일반공무원에 대한 징계처분과는 달라서 항고소송의 대상이 되는 처분 등의 성격을 가진 것으로 인정되지 아니하고, 일정한 사유가 있을 때에 관할 도지사가 채용계약 관계의 한쪽 당사자로서 대등한 지위에서 행하는 의사표시로 취급하고 있는 것으로 이해되므로, 공중보건의사 채용계약 해지의 의사표시에 대하여는 대등한 당사자간의 소송형식인 공법상의 당사자소송으로 그 의사표시의 무효확인을 청구할 수 있다(대판 1996.5.31. 95누10617).

정답 분석

② 대법원은 재량행위의 경우 부관을 붙일 수 있다고 보았으며, 이러한 대법원의 입장을 행정기본법에서 명문으로 규정하였다.

> ⚖ **관련 판례**
>
> 재량행위에 있어서는 관계 법령에 명시적인 금지규정이 없는 한 행정목적을 달성하기 위하여 조건이나 기한, 부담 등의 부관을 붙일 수 있고, 그 부관의 내용이 이행 가능하고 비례의 원칙 및 평등의 원칙에 적합하며 행정처분의 본질적 효력을 저해하지 아니하는 이상 위법하다고 할 수 없다(대판 2009.10.29. 2008두9829).

> **행정기본법 제17조【부관】** ① 행정청은 처분에 재량이 있는 경우에는 부관(조건, 기한, 부담, 철회권의 유보 등을 말한다. 이하 이 조에서 같다)을 붙일 수 있다.

선지 분석

① 판례는 기속재량과 자유재량 모두 사법심사의 대상이 된다고 본다(대판 1984.1.31. 83누451).

③ 처분을 할 것인지 여부와 처분의 정도에 관하여 재량이 인정되는 과징금 납부명령에 대하여 그 명령이 재량권을 일탈하였을 경우, 법원으로서는 재량권의 일탈 여부만 판단할 수 있을 뿐이지 재량권의 범위 내에서 어느 정도가 적정한 것인지에 관하여는 판단할 수 없어 그 전부를 취소할 수밖에 없고, 법원이 적정하다고 인정하는 부분을 초과한 부분만 취소할 수는 없다(대판 2009.6.23. 2007두18062).

④ 학생에 대한 징계권의 발동이나 징계의 양정이 징계권자의 교육적 재량에 맡겨져 있다 할지라도 법원이 심리한 결과 그 징계처분에 위법사유가 있다고 판단되는 경우에는 이를 취소할 수 있는 것이고, 징계처분이 교육적 재량행위라는 이유만으로 사법심사의 대상에서 당연히 제외되는 것은 아니다(대판 1991.11.22. 91누2144).

🎓 **이것도 알면 합격!**

기속행위와 재량행위의 구분

구분	기속행위	재량행위
규정방식	'~하여야 한다'	'~할 수 있다'
위반효과	위법	부당
행정소송	가능	일탈·남용시 가능
부관	불가능 (단, 규정이 있으면 가능)	가능
공권의 성립	발생	발생하지 않음 (단, 무하자재량청구권, 행정개입청구권은 가능)
요건충족시 효과부여	반드시 효과부여를 하여야 함	이익형량의 과정을 거침
불가변력	발생	발생하지 않음
입증책임 주체	행정청	원고
입증할 내용	처분의 적법성	재량의 일탈·남용

정답 분석

② 사전승인을 받거나 협의를 할 것을 요구할 수 없다.

> **행정권한의 위임 및 위탁에 관한 규정 제7조【사전승인 등의 제한】** 수임 및 수탁사무의 처리에 관하여 위임 및 위탁기관은 수임 및 수탁기관에 대하여 사전승인을 받거나 협의를 할 것을 요구할 수 없다.

선지 분석

① 행정처분의 취소 또는 무효확인을 구하는 행정소송은 다른 법률에 특별한 규정이 없는 한 그 처분을 행한 행정청을 피고로 하여야 하며, 행정처분을 행할 적법한 권한 있는 상급행정청으로부터 내부위임을 받은 데 불과한 하급행정청이 권한 없이 행정처분을 한 경우에도 실제로 그 처분을 행한 하급행정청을 피고로 하여야 한다(대판 1991.2.22. 90누5641).

③ 지방자치법과 조례의 규정 내용 등을 종합하여 보면, 서울특별시 농수산식품공사는 서울특별시장으로부터 서울특별시가 개설한 도매시장의 거래질서 유지, 유통 종사자에 대한 지도·감독 등에 관한 업무를 수행하기 위하여 지방공기업법에 따라 설립된 공기업으로서 지방자치법 제104조 제2항과 조례 제16조에 따라 서울특별시장으로부터 그 권한에 속하는 사무의 일부를 위임 또는 위탁받은 공공단체에 해당한다(대판 2018.7.11. 2014두2119).

④ 정부조직법 제6조 제3항에 대한 옳은 내용이다.

> **제6조【권한의 위임 또는 위탁】** ③ 행정기관은 법령으로 정하는 바에 따라 그 소관사무 중 조사·검사·검정·관리 업무 등 국민의 권리·의무와 직접 관계되지 아니하는 사무를 지방자치단체가 아닌 법인·단체 또는 그 기관이나 개인에게 위탁할 수 있다.

정답 분석

④ 허가관청은 산림훼손허가신청 대상토지의 현상과 위치 및 주위의 상황 등을 고려하여 국토 및 자연의 유지와 환경의 보전 등 중대한 공익상 필요가 있다고 인정될 때에는 허가를 거부할 수 있고, 그 경우 법규에 명문의 근거가 없더라도 거부처분을 할 수 있다(대판 1997.9.12. 97누1228).

선지 분석

① 허가 등의 행정처분은 원칙적으로 처분시의 법령과 허가기준에 의하여 처리되어야 하고 허가신청 당시의 기준에 따라야 하는 것은 아니며, 비록 허가신청 후 허가기준이 변경되었다 하더라도 그 허가관청이 허가신청을 수리하고도 정당한 이유 없이 그 처리를 늦추어 그 사이에 허가기준이 변경된 것이 아닌 이상 변경된 허가기준에 따라서 처분을 하여야 한다(대판 1996.8.20. 95누10877).

② 유료직업 소개사업의 허가갱신은 허가취득자에게 종전의 지위를 계속 유지시키는 효과를 갖는 것에 불과하고 갱신 후에는 갱신 전의 법위반사항을 불문에 붙이는 효과를 발생하는 것이 아니므로 일단 갱신이 있은 후에도 갱신 전의 법위반사실을 근거로 허가를 취소할 수 있다(대판 1982.7.27. 81누174).

③ 일반적으로 행정처분에 효력기간이 정하여져 있는 경우에는 그 기간의 경과로 그 행정처분의 효력은 상실되고, 다만 허가에 붙은 기한이 그 허가된 사업의 성질상 부당하게 짧은 경우에는 이를 그 허가 자체의 존속기간이 아니라 그 허가조건의 존속기간으로 보아 그 기한이 도래함으로써 그 조건의 개정을 고려한다는 뜻으로 해석할 수는 있지만, 그와 같은 경우라 하더라도 그 허가기간이 연장되기 위하여는 그 종기가 도래하기 전에 그 허가기간의 연장에 관한 신청이 있어야 하며, 만일 그러한 연장신청이 없는 상태에서 허가기간이 만료하였다면 그 허가의 효력은 상실된다(대판 2007.10.11. 2005두12404).

정답 분석

③ 행정절차법 제3조 제2항, 같은 법 시행령 제2조 제6호에 의하면 공정거래위원회의 의결·결정을 거쳐 행하는 사항에는 행정절차법의 적용이 제외되게 되어 있으므로, 설사 공정거래위원회의 시정조치 및 과징금납부명령에 행정절차법 소정의 의견청취절차 생략사유가 존재한다고 하더라도, 공정거래위원회는 행정절차법을 적용하여 의견청취절차를 생략할 수는 없다(대판 2001.5.8. 2000두10212).

선지 분석

① '고시'의 방법으로 불특정 다수인을 상대로 의무를 부과하거나 권익을 제한하는 처분은 성질상 의견제출의 기회를 주어야 하는 상대방을 특정할 수 없으므로, 이와 같은 처분에 있어서까지 구 행정절차법 제22조 제3항에 의하여 그 상대방에게 의견제출의 기회를 주어야 한다고 해석할 것은 아니다(대판 2014.10.27. 2012두7745).

② 귀속재산을 불하받은 자가 사망한 후에 그 수불하자 대하여 한 그 불하처분은 사망자에 대한 행정처분이므로 무효이지만 그 취소처분을 수불하자의 상속인에게 송달한 때에는 그 송달시에 그 상속인에 대하여 다시 그 불하처분을 취소한다는 새로운 행정처분을 한 것이라고 할 것이다(대판 1969.1.21. 68누190).

④ 신청에 따른 처분이 이루어지지 아니한 경우에는 아직 당사자에게 권익이 부과되지 아니하였으므로 특별한 사정이 없는 한 신청에 대한 거부처분이라고 하더라도 직접 당사자의 권익을 제한하는 것은 아니어서 신청에 대한 거부처분을 여기에서 말하는 '당사자의 권익을 제한하는 처분'에 해당한다고 할 수 없는 것이어서 처분의 사전통지대상이 된다고 할 수 없다(대판 2003.11.28. 2003두674).

정답 분석

④ 제재적 행정처분의 가중사유나 전제요건에 관한 규정이 법령이 아니라 규칙의 형식으로 되어 있다고 하더라도, 그러한 규칙이 법령에 근거를 두고 있는 이상 그 법적 성질이 대외적·일반적 구속력을 갖는 법

규명령인지 여부와는 상관없이, 관할 행정청이나 담당공무원은 이를 준수할 의무가 있으므로 이들이 그 규칙에 정해진 바에 따라 행정작용을 할 것이 당연히 예견되고, 그 결과 행정작용의 상대방인 국민으로서는 그 규칙의 영향을 받을 수밖에 없다. 따라서 그러한 규칙이 정한 바에 따라 선행처분을 받은 상대방이 그 처분의 존재로 인하여 장래에 받을 불이익, 즉 후행처분의 위험은 구체적이고 현실적인 것이므로, 상대방에게는 선행처분의 취소소송을 통하여 그 불이익을 제거할 필요가 있다(대판 2006.6.22. 2003두1684 전합).

선지 분석

① 상급행정기관의 하급행정기관에 대한 승인·동의·지시 등은 행정기관 상호간의 내부행위로서 국민의 권리·의무에 직접 영향을 미치는 것이 아니므로 항고소송의 대상이 되는 행정처분에 해당한다고 볼 수 없다(대판 2008.5.15. 2008두2583).

② 교도소장이 수형자 甲을 '접견내용 녹음·녹화 및 접견시 교도관 참여 대상자'로 지정한 사안에서, 위 지정행위는 수형자의 구체적 권리의무에 직접적 변동을 가져오는 행정청의 공법상 행위로서 항고소송의 대상이 되는 '처분'에 해당한다(대판 2014.2.13. 2013두20899).

③ 행정소송법 제19조에서 말하는 '재결 자체에 고유한 위법'이란 원처분에는 없고 재결에만 있는 재결청의 권한 또는 구성의 위법, 재결의 절차나 형식의 위법, 내용의 위법 등을 뜻하고, 그 중 내용의 위법에는 위법·부당하게 인용재결을 한 경우가 해당한다(대판 1997.9.12. 96누14661).

정답 분석

④ 조세의 부과처분과 압류 등의 체납처분은 별개의 행정처분으로서 독립성을 가지므로 부과처분에 하자가 있더라도 그 부과처분이 취소되지 아니하는 한 그 부과처분에 의한 체납처분은 위법이라고 할 수는 없지만, 체납처분은 부과처분의 집행을 위한 절차에 불과하므로 그 부과처분에 중대하고도 명백한 하자가 있어 무효인 경우에는 그 부과처분의 집행을 위한 체납처분도 무효라 할 것이다(대판 1987.9.22. 87누383).

선지 분석

① 체납자 등에 대한 공매통지는 국가의 강제력에 의하여 진행되는 공매절차에서 체납자 등의 권리 내지 재산상 이익을 보호하기 위하여 법률로 규정한 절차적 요건에 해당하지만, 그 통지를 하지 아니한 채 공매처분을 하였다 하여도 그 공매처분이 당연무효로 되는 것은 아니다(대판 2012.7.26. 2010다50625).

② 과세관청이 체납처분으로서 행하는 공매는 우월한 공권력의 행사로서 행정소송의 대상이 되는 공법상의 행정처분이며 공매에 의하여 재산을 매수한 자는 그 공매처분이 취소된 경우에 그 취소처분의 위법을 주장하여 행정소송을 제기할 법률상 이익이 있다(대판 1984.9.25. 84누201).

③ 체납자 등에 대한 공매통지는 국가의 강제력에 의하여 진행되는 공매에서 체납자 등의 권리 내지 재산상의 이익을 보호하기 위하여 법률로 규정한 절차적 요건이라고 보아야 하며, 공매처분을 하면서 체납자 등에게 공매통지를 하지 않았거나 공매통지를 하였더라도 그것이 적법하지 아니한 경우에는 절차상의 흠이 있어 그 공매처분은 위법하다(대판 2008.11.20. 2007두18154 전합).

10 Ⅶ 지방자치법

정답 분석

③ 지방자치단체의 관할 구역 경계변경과 한자 명칭의 변경은 대통령령으로 정한다.

> 지방자치법 제5조【지방자치단체의 명칭과 구역】① 지방자치단체의 명칭과 구역은 종전과 같이 하고, 명칭과 구역을 바꾸거나 지방자치단체를 폐지하거나 설치하거나 나누거나 합칠 때에는 법률로 정한다.
> ② 제1항에도 불구하고 지방자치단체의 구역변경 중 관할 구역 경계변경(이하 "경계변경"이라 한다)과 지방자치단체의 한자 명칭의 변경은 대통령령으로 정한다. 이 경우 경계변경의 절차는 제6조에서 정한 절차에 따른다.

선지 분석

① 지방자치법 제28조 제1항에 대한 옳은 내용이다.

> 제28조【조례】① 지방자치단체는 법령의 범위 안에서 그 사무에 관하여 조례를 제정할 수 있다. 다만, 주민의 권리 제한 또는 의무 부과에 관한 사항이나 벌칙을 정할 때에는 법률의 위임이 있어야 한다.

② 지방자치법 제8조 제1항에 대한 옳은 내용이다.

> 제8조【구역의 변경 또는 폐지·설치·분리·합병 시의 사무와 재산의 승계】① 지방자치단체의 구역을 변경하거나 지방자치단체를 폐지하거나 설치하거나 나누거나 합칠 때에는 새로 그 지역을 관할하게 된 지방자치단체가 그 사무와 재산을 승계한다.

④ 지방자치법 제31조에 대한 옳은 내용이다.

> 제31조【지방자치단체를 신설하거나 격을 변경할 때의 조례·규칙 시행】지방자치단체를 나누거나 합하여 새로운 지방자치단체가 설치되거나 지방자치단체의 격이 변경되면 그 지방자치단체의 장은 필요한 사항에 관하여 새로운 조례나 규칙이 제정·시행될 때까지 종래 그 지역에 시행되던 조례나 규칙을 계속 시행할 수 있다.

11 Ⅰ 행정상 법률관계

정답 분석

③ 국립의료원 부설주차장에 관한 이 사건 위탁관리용역운영계약 … 의 실질은 행정재산인 위 부설주차장에 대한 국유재산법 제24조 제1항에 의한 사용·수익 허가로서 이루어진 … 강학상 특허에 해당한다 할 것이고 순전히 사경제주체로서 원고와 대등한 위치에서 행한 사법상의 계약으로 보기 어렵다고 할 것이다(대판 2006.3.9. 2004다31074).

선지 분석

① 공익사업을 위한 토지 등의 취득 및 보상에 관한 법령(이하 '공익사업법령'이라고 한다)에 의한 협의취득은 사법상의 법률행위이므로 당사자 사이의 자유로운 의사에 따라 채무불이행책임이나 매매대금 과부족금에 대한 지급의무를 약정할 수 있다(대판 2012.2.23. 2010다91206).

② 공무원 및 사립학교교직원 의료보험법 등 관계법령의 규정내용에 비추어 보면, 공무원 및 사립학교교직원 의료보험관리공단 직원의 근무관계는 공법관계가 아니라 사법관계이다(대판 1993.11.23. 93누15212).

④ 공법과 사법의 구별기준에 대한 신주체설(또는 귀속설)에 따르면, 공법관계는 공권력의 주체에 대해서만 권리와 의무를 귀속시키며, 반면에 사법관계는 누구에게나 권리와 의무를 귀속시킨다고 한다.

12 Ⅱ 특허

정답 분석

④ 주류판매업 면허는 설권적 행위가 아니라 주류판매의 질서유지, 주세보전의 행정목적 등을 달성하기 위하여 개인의 자연적 자유에 속하는 영업행위를 일반적으로 제한하였다가 특정한 경우에 이를 회복하도록 그 제한을 해제하는 강학상의 허가로 해석되므로 주세법에 열거된 면허제한사유에 해당하지 아니하는 한 면허관청으로서는 임의로 그 면허를 거부할 수 없다(대판 1995.11.10. 95누5714).

선지 분석

① 사업인정이란 공익사업을 토지 등을 수용 또는 사용할 사업으로 결정하는 것으로서 공익사업의 시행자에게 그 후 일정한 절차를 거칠 것을 조건으로 일정한 내용의 수용권을 설정하여 주는 형성행위이다(대판 2011.1.27. 2009두1051).

② 체류자격 변경허가는 신청인에게 당초의 체류자격과 다른 체류자격에 해당하는 활동을 할 수 있는 권한을 부여하는 일종의 설권적 처분의 성격을 가지므로, 허가권자는 신청인이 관계법령에서 정한 요건을 충족하였다고 하더라도, 신청인의 적격성, 체류 목적, 공익상의 영향 등을 참작하여 허가 여부를 결정할 수 있는 재량을 가진다고 할 것이다(대판 2016.7.14. 2015두48846).

③ 재개발조합설립인가신청에 대한 행정청의 조합설립인가처분은 단순히 사인들의 조합설립행위에 대한 보충행위로서의 성질을 가지는 것이 아니라 법령상 일정한 요건을 갖추는 경우 행정주체(공법인)의 지위를 부여하는 일종의 설권적 처분의 성질을 가진다고 보아야 한다(대판 2010.1.28. 2009두4845).

13 Ⅱ 행정입법

정답 분석

① 법률에서 위임받은 사항을 전혀 규정하지 아니하고 그대로 재위임하는 것은 허용되지 않으며 위임받은 사항에 관하여 대강을 정하고 그 중의 특정사항을 범위를 정하여 하위법령에 다시 위임하는 경우에만 재위임이 허용된다(헌재 1996.2.29. 94헌마213).

선지 분석

② 법령의 위임관계는 반드시 하위 법령의 개별조항에서 위임의 근거가 되는 상위 법령의 해당 조항을 구체적으로 명시하고 있어야만 하는 것은 아니다(대판 1999.12.24. 99두5658).

③ 일반적·추상적·개괄적인 규정이라 할지라도 법관의 법보충 작용으로서의 해석을 통하여 그 의미가 구체화·명확화될 수 있다면 그 규정이 명확성을 결여하여 과세요건명확주의에 반하는 것으로 볼 수는 없다(대판 2001.4.27. 2000두9076).

④ 국회입법에 의한 수권이 입법기관이 아닌 행정기관에게 법률 등으로 구체적인 범위를 정하여 위임한 사항에 관하여는 당해 행정기관에게 법정립의 권한을 갖게 되고, 입법자가 규율의 형식도 선택할 수 있다 할 것이므로, 헌법이 인정하고 있는 위임입법의 형식은 예시적인 것으로 보아야 할 것이고, 그것은 법률이 행정규칙에 위임하더라도 그 행정규칙은 위임된 사항만을 규율할 수 있으므로, 국회입법의 원칙과 상치되지도 않는다(헌재 2006.12.28. 2005헌바59).

14   Ⅳ   행정벌   정답 ②

정답 분석

② 통고처분은 상대방의 임의의 승복을 그 발효요건으로 하기 때문에 그 자체만으로는 통고이행을 강제하거나 상대방에게 아무런 권리의무를 형성하지 않으므로 행정심판이나 행정소송의 대상으로서의 처분성을 부여할 수 없다(헌재 1998.5.28. 96헌바4).

선지 분석

① 양벌규정에 의한 영업주의 처벌은 금지위반행위자인 종업원의 처벌에 종속하는 것이 아니라 독립하여 그 자신의 종업원에 대한 선임감독상의 과실로 인하여 처벌되는 것이므로 종업원의 범죄성립이나 처벌이 영업주 처벌의 전제조건이 될 필요는 없다(대판 2006.2.24. 2005도7673).

③ 행정법상의 질서벌인 과태료의 부과처분과 형사처벌은 그 성질이나 목적을 달리하는 별개의 것이므로 행정법상의 질서벌인 과태료를 납부한 후에 형사처벌을 한다고 하여 이를 일사부재리의 원칙에 반하는 것이라고 할 수는 없다(대판 1996.4.12. 96도158).

④ 행정상의 단속을 주안으로 하는 법규라 하더라도 '명문규정이 있거나 해석상 과실범도 벌할 뜻이 명확한 경우'를 제외하고는 형법의 원칙에 따라 '고의'가 있어야 벌할 수 있다(대판 2010.2.11. 2009도9807).

15   Ⅴ   행정상 손실보상   정답 ③

정답 분석

③ 문화적·학술적 가치는 특별한 사정이 없는 한 그 토지의 부동산으로서의 경제적·재산적 가치를 높여 주는 것이 아니므로 토지수용법 소정의 손실보상의 대상이 될 수 없으니, 이 사건 토지가 철새 도래지로서 자연 문화적인 학술가치를 지녔다 하더라도 손실보상의 대상이 될 수 없다(대판 1989.9.12. 88누11216).

선지 분석

① 구 하천법상 하천구역 편입토지에 대한 손실보상청구권은 … 공법상의 권리임이 분명하므로 그에 관한 쟁송도 행정소송절차에 의하여야 한다(대판 2006.5.18. 2004다6207 전합).

② 구 토지수용법 제46조 제2항이 보상액을 산정함에 있어 개발이익을 배제하고, 기준지가의 고시일 이후 시점보정을 인근토지의 가격변동율과 도매물가상승율 등에 의하여 행하도록 규정한 것은 헌법 제23조 제3항에 규정한 정당보상의 원리에 어긋나지 않는다(헌재 1990.6.25. 89헌마107).

④ 지장물인 건물은 그 건물이 적법한 건축허가를 받아 건축된 것인지 여부에 관계없이 토지수용법상의 사업인정의 고시 이전에 건축된 건물이기만 하면 손실보상의 대상이 됨이 명백하다(대판 2000.3.10. 99두10896).

16   Ⅱ   준법률행위적 행정행위   정답 ②

정답 분석

② 국가공무원법상 당연퇴직은 결격사유가 있을 때 법률상 당연히 퇴직하는 것이지 공무원관계를 소멸시키기 위한 별도의 행정처분을 요하는 것이 아니며, 당연퇴직의 인사발령은 법률상 당연히 발생하는 퇴직사유를 공적으로 확인하여 알려주는 이른바 관념의 통지에 불과하고 공무원의 신분을 상실시키는 새로운 형성적 행위가 아니므로 행정소송의 대상이 되는 독립한 행정처분이라고 할 수 없다(대판 1995.11.14. 95누2036).

선지 분석

① 상표사용권설정등록신청서가 제출된 경우 특허청장은 신청서와 그 첨부서류만을 자료로 형식적으로 심사하여 그 등록신청을 수리할 것인지의 여부를 결정하여야 되는 것으로서, 특허청장의 상표사용권설정등록행위는 사인간의 법률관계의 존부를 공적으로 증명하는 준법률행위적 행정행위임이 분명하다(대판 1991.8.13. 90누9414).

③ 진실·화해를 위한 과거사정리 기본법이 규정하는 진실규명결정은 국민의 권리의무에 직접적으로 영향을 미치는 행위로서 항고소송의 대상이 되는 행정처분이라고 보는 것이 타당하다(대판 2013.1.16. 2010두22856).

④ 의료법에 의거한 서울특별시장 또는 도지사의 의료유사업자 자격증 갱신발급행위는 유사의료업자의 자격을 부여 내지 확인하는 것이 아니라 특정한 사실 또는 법률관계의 존부를 공적으로 증명하는 소위 공증행위에 속하는 행정행위라 할 것이다(대판 1977.5.24. 76누295).

17 Ⅶ 병역법

① 예비역이나 보충역은 포함되지 않는다.

> 병역법 제2조【정의 등】① 이 법에서 사용되는 용어의 뜻은 다음과 같다.
> 1. "징집"이란 국가가 병역의무자에게 현역(現役)에 복무할 의무를 부과하는 것을 말한다.

② 병역법 제2조 제1항 제3호에 대한 옳은 내용이다.

> 제2조【정의 등】① 이 법에서 사용되는 용어의 뜻은 다음과 같다.
> 3. "입영"이란 병역의무자가 징집(徵集)·소집(召集) 또는 지원(志願)에 의하여 군부대에 들어가는 것을 말한다.

③ 병역법 제2조 제1항 제7호에 대한 옳은 내용이다.

> 제2조【정의 등】① 이 법에서 사용되는 용어의 뜻은 다음과 같다.
> 7. "전환복무"란 현역병으로 복무 중인 사람이 의무경찰대원 또는 의무소방원의 임무에 복무하도록 군인으로서의 신분을 다른 신분으로 전환하는 것을 말한다.

④ 병역법 제2조 제1항 제4호에 대한 옳은 내용이다.

> 제2조【정의 등】① 이 법에서 사용되는 용어의 뜻은 다음과 같다.
> 4. "군간부후보생"이란 장교·준사관·부사관의 병적 편입을 위하여 군사교육기관 또는 수련기관 등에서 교육이나 수련 등을 받고 있는 사람을 말한다.

18 Ⅰ 행정상 법률관계

옳은 것은 ㄴ, ㄷ이다.

ㄴ. 광주광역시문화예술회관장의 단원 위촉은 광주광역시문화예술회관장이 행정청으로서 공권력을 행사하여 행하는 행정처분이 아니라 공법상의 근무관계의 설정을 목적으로 하여 광주광역시와 단원이 되고자 하는 자 사이에 대등한 지위에서 의사가 합치되어 성립하는 공법상 근로계약에 해당한다고 보아야 할 것이다(대판 2001.12.11. 2001두7794).

ㄷ. 일정한 자격을 갖추고 소정의 절차에 따라 대학의 장에 의하여 임용된 조교는 법정된 근무기간 동안 신분이 보장되는 교육공무원법상의 교육공무원 내지 국가공무원법상의 특정직공무원 지위가 부여되고, 근무관계는 사법상의 근로계약관계가 아닌 공법상 근무관계에 해당한다(대판 2019.11.14. 2015두52531).

ㄱ. 농지개량조합과 그 직원과의 관계는 사법상의 근로계약관계가 아닌 공법상의 특별권력관계이고, 그 조합의 직원에 대한 징계처분의 취소를 구하는 소송은 행정소송사항에 속한다(대판 1995.6.9. 94누10870).

ㄹ. 서울특별시지하철공사의 임원과 직원의 근무관계의 성질은 지방공기업법의 모든 규정을 살펴보아도 공법상의 특별권력관계라고는 볼 수 없고 사법관계에 속한다(대판 1989.9.12. 89누2103).

이것도 알면 합격!

근무관계의 법적성질 구분

사법관계	공법관계
• 한국조폐공사 직원의 근무관계	• 농지개량조합과 직원의 복무관계
• 서울지하철공사 직원의 근무관계	• 도시재개발조합의 조합원 지위확인
• 청원주에 의해 고용된 청원경찰의 근무관계	• 국가 및 지자체에 근무하는 청원경찰의 근무관계
• 종합유선방송위원회 직원의 근무관계	• 서울특별시 시립무용단원의 위촉

19 Ⅰ 행정법의 법원

③ 남북 사이의 화해와 불가침 및 교류협력에 관한 합의서는 … 합의문서로서, 남북한 당국이 각기 정치적인 책임을 지고 상호간에 그 성의 있는 이행을 약속한 것이기는 하나 법적 구속력이 있는 것은 아니어서 이를 국가간의 조약 또는 이에 준하는 것으로 볼 수 없고, 따라서 국내법과 동일한 효력이 인정되는 것도 아니다(대판 1999.7.23. 98두14525).

① 사회의 거듭된 관행으로 생성된 사회생활규범이 관습법으로 승인되었다고 하더라도 사회 구성원들이 그러한 관행의 법적 구속력에 대하여 확신을 갖지 않게 되었다거나, 사회를 지배하는 기본적 이념이나 사회질서의 변화로 인하여 그러한 관습법을 적용하여야 할 시점에 있어서의 전체 법질서에 부합하지 않게 되었다면 그러한 관습법은 법적 규범으로서의 효력이 부정될 수밖에 없다(대판 2005.7.21. 2002다1178 전합).

② 위 협정은 국가와 국가 사이의 권리·의무관계를 설정하는 국제협정으로, 그 내용 및 성질에 비추어 이와 관련한 법적 분쟁은 위 WTO 분쟁해결기구에서 해결하는 것이 원칙이고, 사인(私人)에 대하여는 위 협정의 직접 효력이 미치지 아니한다고 보아야 할 것이므로, 위 협정에 따른 회원국 정부의 반덤핑부과처분이 WTO 협정위반이라는 이유만으로 사인이 직접 국내 법원에 회원국 정부를 상대로 그 처분의 취소를 구하는 소를 제기하거나 위 협정위반을 처분의 독립된 취소사유로 주장할 수는 없다(대판 2009.1.30. 2008두17936).

④ 대법원의 판례가 법률해석의 일반적인 기준을 제시한 경우에 유사한 사건을 재판하는 하급심법원의 법관은 판례의 견해를 존중하여 재판하여야 하는 것이나, 판례가 사안이 서로 다른 사건을 재판하는 하급심법원을 직접 기속하는 효력이 있는 것은 아니다(대판 1996.10.25. 96다31307).

20　Ⅰ　행정법의 일반원칙　　정답 ④

정답 분석

④ 개발이익환수에 관한 법률에 정한 개발사업을 시행하기 전에, 행정청이 민원예비심사에 대하여 관련부서 의견으로 '저촉사항 없음'이라고 기재하였다고 하더라도, 이후의 개발부담금부과처분에 관하여 신뢰보호의 원칙을 적용하기 위한 요건인, 신뢰의 대상이 되는 공적인 견해표명을 한 것이라고는 보기 어렵다(대판 2006.6.9. 2004두46).

선지 분석

① 평등의 원칙은 본질적으로 같은 것을 자의적으로 다르게 취급함을 금지하는 것이고, 위법한 행정처분이 수차례에 걸쳐 반복적으로 행하여졌다 하더라도 그러한 처분이 위법한 것인 때에는 행정청에 대하여 자기구속력을 갖게 된다고 할 수 없다(대판 2009.6.25. 2008두13132).

② 일반적으로 폐기물처리업 사업계획에 대한 적정통보에 당해 토지에 대한 형질변경허가신청을 허가하는 취지의 공적 견해표명이 있는 것으로는 볼 수 없다고 할 것이고, 더구나 토지의 지목변경 등을 조건으로 그 토지상의 폐기물처리업 사업계획에 대한 적정통보를 한 경우에는 위 조건부적정통보에 토지에 대한 형질변경허가의 공적 견해표명이 포함되어 있었다고 볼 수 없다(대판 1998.9.25. 98두6494).

③ 병무청 담당부서의 담당공무원에게 공적 견해의 표명을 구하는 정식의 서면질의 등을 하지 아니한 채 총무과 민원팀장에 불과한 공무원이 민원봉사차원에서 상담에 응하여 안내한 것을 신뢰한 경우, 신뢰보호 원칙이 적용되지 아니한다(대판 2003.12.26. 2003두1875).

21　Ⅵ　행정심판　　정답 ①

정답 분석

① 집행정지의 적극적 요건으로 행정심판법은 중대한 손해를, 행정소송법은 회복하기 어려운 손해를 규정하고 있다.

> **행정심판법 제30조【집행정지】**② 위원회는 처분, 처분의 집행 또는 절차의 속행 때문에 중대한 손해가 생기는 것을 예방할 필요성이 긴급하다고 인정할 때에는 직권으로 또는 당사자의 신청에 의하여 처분의 효력, 처분의 집행 또는 절차의 속행의 전부 또는 일부의 정지(이하 "집행정지"라 한다)를 결정할 수 있다. 다만, 처분의 효력정지는 처분의 집행 또는 절차의 속행을 정지함으로써 그 목적을 달성할 수 있을 때에는 허용되지 아니한다.
>
> **행정소송법 제23조【집행정지】**② 취소소송이 제기된 경우에 처분 등이나 그 집행 또는 절차의 속행으로 인하여 생길 회복하기 어려운 손해를 예방하기 위하여 긴급한 필요가 있다고 인정할 때에는 본안이 계속되고 있는 법원은 당사자의 신청 또는 직권에 의하여 처분 등의 효력이나 그 집행 또는 절차의 속행의 전부 또는 일부의 정지(이하 "집행정지"라 한다)를 결정할 수 있다. 다만, 처분의 효력정지는 처분 등의 집행 또는 절차의 속행을 정지함으로써 목적을 달성할 수 있는 경우에는 허용되지 아니한다.

선지 분석

② 행정심판법 제29조 제8항에 대한 옳은 내용이다.

> **제29조【청구의 변경】**⑧ 청구의 변경결정이 있으면 처음 행정심판이 청구되었을 때부터 변경된 청구의 취지나 이유로 행정심판이 청구된 것으로 본다.

③ 고지절차에 관한 규정은 행정처분의 상대방이 그 처분에 대한 행정심판의 절차를 밟는 데 편의를 제공하려는 것이어서 처분청이 위 규정에 따른 고지의무를 이행하지 아니하였다고 하더라도 경우에 따라 행정심판의 제기기간이 연장될 수 있음에 그칠 뿐, 그 때문에 심판의 대상이 되는 행정처분이 위법하다고 할 수는 없다(대판 2018.2.8. 2017두66633).

④ 행정심판법 제18조의2 제1항에 대한 옳은 내용이다.

> **제18조의2【국선대리인】**① 청구인이 경제적 능력으로 인해 대리인을 선임할 수 없는 경우에는 위원회에 국선대리인을 선임하여 줄 것을 신청할 수 있다.

22　Ⅲ　행정절차법　　정답 ①

정답 분석

① 직권으로도 필요한 조사를 할 수 있으며, 당사자 등이 주장하지 아니한 사실에 대하여도 조사할 수 있다.

> **행정절차법 제33조【증거조사】**① 청문 주재자는 직권으로 또는 당사자의 신청에 따라 필요한 조사를 할 수 있으며, 당사자 등이 주장하지 아니한 사실에 대하여도 조사할 수 있다.

선지 분석

② 행정절차법상 청문에 대한 문서의 열람 및 비밀유지에 대한 규정은 있으나, 공청회에 대하여는 이러한 규정이 없다.

> **행정절차법 제37조【문서의 열람 및 비밀유지】**⑥ 누구든지 의견제출 또는 청문을 통하여 알게 된 사생활이나 경영상 또는 거래상의 비밀을 정당한 이유 없이 누설하거나 다른 목적으로 사용하여서는 아니 된다.

③ 행정절차법 제30조에 대한 옳은 내용이다.

> **제30조【청문의 공개】**청문은 당사자가 공개를 신청하거나 청문 주재자가 필요하다고 인정하는 경우 공개할 수 있다. 다만, 공익 또는 제3자의 정당한 이익을 현저히 해칠 우려가 있는 경우에는 공개하여서는 아니 된다.

④ 행정절차법 제36조, 제39조의3에 대한 옳은 내용이다.

> 제36조 【청문의 재개】 행정청은 청문을 마친 후 처분을 할 때까지 새로운 사정이 발견되어 청문을 재개(再開)할 필요가 있다고 인정할 때에는 제35조 제4항에 따라 받은 청문조서 등을 되돌려 보내고 청문의 재개를 명할 수 있다. 이 경우 제31조 제5항을 준용한다.
>
> 제39조의3 【공청회의 재개최】 행정청은 공청회를 마친 후 처분을 할 때까지 새로운 사정이 발견되어 공청회를 다시 개최할 필요가 있다고 인정할 때에는 공청회를 다시 개최할 수 있다.

---

23 Ⅳ 행정기본법과 과징금   정답 ④

정답 분석

④ 과징금의 근거가 되는 법률에 명시하여야 하는 사항은 5개(ㄱ, ㄴ, ㄷ, ㄹ, ㅁ)이다.

> 행정기본법 제28조 【과징금의 기준】 ① 행정청은 법령 등에 따른 의무를 위반한 자에 대하여 법률로 정하는 바에 따라 그 위반행위에 대한 제재로서 과징금을 부과할 수 있다.
> ② 과징금의 근거가 되는 법률에는 과징금에 관한 다음 각 호의 사항을 명확하게 규정하여야 한다.
> 1. 부과·징수 주체
> 2. 부과 사유
> 3. 상한액
> 4. 가산금을 징수하려는 경우 그 사항
> 5. 과징금 또는 가산금 체납시 강제징수를 하려는 경우 그 사항

---

24 Ⅵ 행정소송   정답 ④

정답 분석

④ 당사자소송이 아닌 취소소송에 관한 규정을 준용한다.

> 행정소송법 제46조 【준용규정】 ① 민중소송 또는 기관소송으로써 처분 등의 취소를 구하는 소송에는 그 성질에 반하지 아니하는 한 취소소송에 관한 규정을 준용한다.

선지 분석

① 국민투표무효의 소송은 민중소송에 해당한다.

> 국민투표법 제92조 【국민투표무효의 소송】 국민투표의 효력에 관하여 이의가 있는 투표인은 투표인 10만인 이상의 찬성을 얻어 중앙선거관리위원회위원장을 피고로 하여 투표일로부터 20일 이내에 대법원에 제소할 수 있다.

---

② 행정소송법 제45조에 대한 옳은 내용이다.

> 제45조 【소의 제기】 민중소송 및 기관소송은 법률이 정한 경우에 법률에 정한 자에 한하여 제기할 수 있다.

③ 행정소송법 제46조 제2항에 대한 옳은 내용이다.

> 제46조 【준용규정】 ② 민중소송 또는 기관소송으로써 처분 등의 효력 유무 또는 존재 여부나 부작위의 위법의 확인을 구하는 소송에는 그 성질에 반하지 아니하는 한 각각 무효등 확인소송 또는 부작위위법확인소송에 관한 규정을 준용한다.

---

25 Ⅲ 정보공개 및 개인정보 보호   정답 ④

정답 분석

④ 이미 공개된 개인정보를 정보주체의 동의가 있었다고 객관적으로 인정되는 범위 내에서 수집·이용·제공 등 처리를 할 때는 정보주체의 별도의 동의는 불필요하다고 보아야 하고, 별도의 동의를 받지 아니하였다고 하여 개인정보 보호법 제15조나 제17조를 위반한 것으로 볼 수 없다(대판 2016.8.17. 2014다235080).

선지 분석

① 구 공공기관의 정보공개에 관한 법률 제4조 제1항은 "정보의 공개에 관하여는 다른 법률에 특별한 규정이 있는 경우를 제외하고는 이 법이 정하는 바에 의한다."라고 규정하고 있다. 여기서 '정보공개에 관하여 다른 법률에 특별한 규정이 있는 경우'에 해당한다고 하여 정보공개법의 적용을 배제하기 위해서는, 특별한 규정이 '법률'이어야 하고, 내용이 정보공개의 대상 및 범위, 정보공개의 절차, 비공개대상정보 등에 관하여 정보공개법과 달리 규정하고 있는 것이어야 한다(대판 2014.4.10. 2012두17384).

② 교육기관정보공개법은 공공기관이 직무상 작성 또는 취득하여 관리하고 있는 정보 가운데 교육관련기관이 학교교육과 관련하여 직무상 작성 또는 취득하여 관리하고 있는 정보의 공개에 관하여 특별히 규율하는 법률이므로, 학교에 대하여 교육기관정보공개법이 적용된다고 하여 더 이상 정보공개법을 적용할 수 없게 되는 것은 아니라고 할 것이다(대판 2013.11.28. 2011두5049).

③ 국민으로부터 보유·관리하는 정보에 대한 공개를 요구받은 공공기관으로서는 비공개사유에 해당하지 않는 한 이를 공개하여야 할 것이고, 만일 이를 거부하는 경우라 할지라도 어느 부분이 어떠한 법익 또는 기본권과 충돌되어 비공개사유에 해당하는지를 주장·입증하여만 할 것이며, 그에 이르지 아니한 채 개괄적인 사유만을 들어 공개를 거부하는 것은 허용되지 아니한다(대판 2003.12.11. 2001두8827).

ㄹ. 행태주의는 지나치게 미시적이고 원자적으로 개인의 행태에 관한 연구만을 고집함으로써, 거시적이고 제도적인 측면을 간과하였다고 비판받았다. 신제도주의는 구제도주의의 거시적 접근과 행태주의의 미시적 접근을 절충한 중범위수준의 변수들을 제시한다.

01 Ⅰ 합리성   정답 ③

정답 분석

③ 사회구성요소 간 조화 있는 통합·조정, 갈등 해결 장치의 보유 정도를 의미하는 것은 사회적 합리성이다. 디징(Diesing)은 정책결정구조 및 과정의 합리성, 다수결 원리 등과 관련된 정치적 합리성을 가장 강조하였다.

선지 분석

① 합리성의 유형은 크게 목표·수단이 적합한지를 판단하는 기술적·도구적·수단적 합리성과 인간의 고도의 이성적 사유과정을 통한 행동인지를 판단하는 주관적·절차적 합리성이 있다.

② 사이먼(Simon)은 합리성을 내용적 합리성과 절차적 합리성으로 구분하였다. 내용적 합리성은 행위자가 합리적인 선택을 할 수 있는 모든 지식과 능력을 소유하고 있다는 가정을 전제하기 때문에 현실적이지 못하다고 보았다.

④ 베버(Weber)는 법과 규정에 입각하여 목적·수단의 관계를 나타내는 형식적 합리성을 강조하였다.

02 Ⅰ 공공선택론   정답 ③

정답 분석

③ 뷰캐넌(Buchanan)과 털록(Tullock)은 집행과정에 참여자 수가 증가하면 의사결정비용은 많이 들지만, 참여자들이 집행상의 저항을 적게 하거나 이에 협조하여 집행비용을 줄일 수 있다고 보았다. 따라서 정책결정비용과 정책집행비용의 총합이 최소화가 되는 지점이 적정참여자 수에 해당한다고 주장하였다.

선지 분석

① 공공선택론은 개개인은 모두 합리적 경제인으로, 소비자인 시민은 효용의 극대화를, 정치인은 득표의 극대화를, 관료는 예산의 극대화를 추구하여 자신의 선호를 극대화한다고 본다.

② 행정작용뿐만 아니라 정치작용도 일종의 교환행위이며, 이러한 정치적 교환과정에서 정치가가 극대화하고자 하는 것은 공익이 아니라 사익에 불과하다고 본다.

④ 오스트롬(Ostrom)은 시민의 다양한 요구와 변화하는 환경조건에 부응하기 위해서 중첩되는 관할권과 권한의 분산을 주장하였다.

03 Ⅰ 신제도주의   정답 ②

정답 분석

ㄱ. 합리적 선택 신제도주의는 개인이 합리적이며 자기 이익을 추구한다고 가정하며, 개인의 선호는 선험적으로 그리고 제도와는 무관하게 외부에서 주어지는 고정된 것으로 본다.

선지 분석

ㄴ. 역사적 신제도주의는 특정한 시점에서 필요에 의해서 생성된 제도는 더 효율적인 제도가 존재해도 쉽게 변화하지 않으며, 외부적인 충격이 있을 때 변화한다고 본다. 이는 환경변화와 제도변화의 괴리, 역사의 비효율성과 의도하지 않은 결과인 우연성을 강조하는 것이다.

ㄷ. 사회학적 신제도주의는 개인의 행위가 고립된 상태에서 선택되는 것이 아니라 사회적 관계 속에서 지속적으로 맥락지어지는 것이라고 보았으며, 방법론적 전체주의 접근을 통해 연구한다.

04 Ⅰ 행정의 특징   정답 ③

정답 분석

ㄴ. 현실의 행정은 정치적 환경에 민감하다. 행정은 정치적 기능을 수행하고 있으며 정치적 지지를 얻어야 하고, 정책의 단순한 집행을 넘어 정책형성에 커다란 영향력을 행사한다.

ㄷ. 행정주체는 공권력을 가진다. 행정객체에게 반대급부 없이 권리를 제한하거나 의무를 부과하기도 하고 일방적으로 강제·구속할 수 있는 힘을 가진다.

선지 분석

ㄱ. 행정은 환경과 상호작용을 하며 환경과는 분리될 수 없는 체제적 특성을 지닌다.

ㄹ. 행정에도 목표달성을 위한 인적·물적 자원의, 합리적·기술적 관리라는 점에서 관리적 특성이 적용된다.

05 Ⅱ 정책집행의 상향적 접근방법   정답 ④

정답 분석

④ 상향식 접근방법은 일선공무원들에게 권한과 재량이 주어지기 때문에 대리비용의 문제가 발생한다. 결정자와 집행자 간의 정보격차로 인한 대리손실, 오류 등을 방지하기 위한 감시와 교정비용이 수반될 수 있다.

선지 분석

① 상향적 접근방법은 현장에서 일어나는 문제점을 파악하는 것을 중시하기 때문에 분권화와 구성원들의 참여를 통해 관료의 재량권을 인정한다.

② 상향적 접근방법은 공식적 정책목표 달성에 중점을 두는 것이 아니라 집행문제의 해결에 중점을 두기 때문에 정부와 민간 프로그램의 의도하지 않은 효과를 분석할 수 있게 되며, 집행관료와 대상집단 간의 전략적 상호관계가 어떻게 형성되고 변하는지 알 수 있다.

③ 상향적 접근방법은 실제의 정책결정은 일선집행권자의 집행과정에서 구체화된다고 보기 때문에, 결정과 집행 간의 엄밀한 구분에 의문을 제기한다.

정답 분석

④ 단기적 예측일수록 이론적 예측 등 계량적 기법을, 장기적 예측일수록 직관적 예측 등 질적 예측기법을 각각 사용하는 것이 효과적이다.

선지 분석

① 이론적 예측이란 이론적 모형을 통한 인과적, 연역적 예측방법을 말한다. 이론적 예측의 예로는 일차함수를 이용하여 제약조건 하에서 생산량을 극대화 하는 선형계획, 통계적 확률이 적용될 수 있는 신뢰구간을 측정하는 구간추정분석 등이 있다.

② 연장적 예측이란 추세연장이나 경향분석 등을 통한 귀납적 예측방법을 말한다. 과거의 변동추세를 연장하여 측정하는 시계열분석, 시간을 독립변수로 예측하는 선형경향추정 방법 등을 사용한다.

③ 직관적 예측은 주관적 견해에 의존하는 판단적, 질적 예측을 말하며 대면적 접촉하에 의견을 교환하는 브레인스토밍, 전문가들의 의견을 익명으로 수렴하여 합의를 도출하는 전통적 델파이 방법, 일반전문가 뿐만 아니라 식견 있는 다양한 정책관계자가 참여하고 의견차이나 갈등을 부각시키는 정책델파이 등이 있다.

🔖 **이것도 알면 합격!**

던(Dunn)의 미래예측의 유형

구분	개념	기법
이론적 예측	이론적 모형을 통한 인과적, 연역적 예측	선형계획, 투입산출분석, 상관분석, 구간추정, 이론지도 등
연장적 예측	추세연장이나 경향분석 등을 통한 귀납적, 보외적 예측	외삽법, 시계열분석, 구간추정, 선형경향추정 등
직관적 예측	주관적 견해에 의존하는 판단적, 질적 예측	브레인스토밍, 전통적 델파이, 정책델파이, 교차영향분석 등

정답 분석

① 살라몬(Salamon)은 정책수단을 직접성의 정도에 따라 분류하였는데 경제적 규제는 직접시행, 보험, 공기업 등과 함께 직접성이 높은 정책수단에 해당한다.

선지 분석

② 후드(Hood)는 정책수단의 유형을 통치자원에 따라 조직, 재정, 정보자원, 법적 파워로 분류하였다.

③ 정책수단을 목표·수단의 계층을 기준으로 구분할 경우, 실질적 정책수단과 실행적 정책수단으로 구분된다. 실질적 정책수단은 규제, 유인, 자원을 투입하는 것이고 실행적 정책수단은 집행기구, 인력, 예산, 순응을 확보하는 것이다.

④ 정책수단을 강제성과 정부관여의 정도를 기준으로 구분할 경우 강제적 수단, 자발적 수단, 혼합적 수단으로 구분된다. 시민단체, 시장경제 등의 민간부문의 자율적 활동은 자발적 수단에 해당한다.

🔖 **이것도 알면 합격!**

직접성 정도에 따른 정책수단 분류-살라몬(Salamon)

저	보조금, 지급보증, 바우처, 정부지원기업, 불법행위책임
중	조세감면, 계약, 사회규제, 라벨부착 요구, 교정조세, 부과금
고	직접시행, 경제규제, 보험, 직접대부, 공공정보, 공기업

정답 분석

ㄴ. 정치학자들이 중시하는 설명적, 서술적 모형으로서 정책과정에의 참여자로서의 권력성을 중시하는 모형이다.

ㄹ. 국가주의(조합주의), 다원론(집단모형), 엘리트모형, 체제모형 등은 과정지향적 모형에 속한다.

선지 분석

ㄱ. 반대로 설명되어 있다. 과정지향적 모형은 정치학자들이 중시하고 다루는 모형이다. 행정학자들은 산출지향적 모형에 관심을 갖는다.

ㄷ. 규범적·이상적 모형은 산출지향적 모형이다. 산출지향적 모형은 규범적·이상적인 반면에 과정지향적 모형은 설명적·서술적인 모형이다.

🔖 **이것도 알면 합격!**

산출지향적 모형과 과정지향적 모형

산출지향적 모형(합리성 모형)	과정지향적 모형(권력성 모형)
• 합리포괄모형: 완전한 합리성 • 만족모형: 제한된 합리성 • 점증모형: 정치적 합리성 • 혼합주사모형: 합리+점증 • 연합모형	• 국가주의(조합주의) • 다원론(집단모형) • 엘리트 모형 • 체제모형 • 게임이론

정답 분석

③ 월드컵 16강 진출의 목표가 8강 진출로 조정된 것은 목표의 확장에 해당한다. 목표의 확장은 기존 목표에 같은 종류의 새로운 목표가 추가되거나, 목표의 범위가 넓어지는 것이다. 목표의 다원화는 같은 종류의 목표뿐만 아니라 이종의 목표도 추가되는 것이다. 16강 진출의 목표 외에 '선진축구기술의 터득'이라는 목표가 추가되는 것이 목표의 다원화이다.

선지 분석

① 목표의 비중변동은 여러 개의 목표를 가지고 있을 때 우선순위나 비중이 변하는 것이다. 조직 내 집단 간의 세력변화, 최고관리층의 교체, 환경적 압력 등 여러 가지 경우에 야기된다.

② 목표의 승계는 조직 본래의 목표가 완전히 달성되었거나 달성이 불가능한 경우 조직이 다른 목표를 내세워 정통성을 확보하는 것이다.

④ 목표의 대치는 본래의 조직목표가 아니라 수단적 가치를 종국적 목표로 인식하는 것이다. 규칙이나 절차에 대한 집착, 하위목표에의 집착 등으로 인해 목표의 대치가 발생할 수 있다.

10   Ⅲ 상황론적 리더십이론   정답 ②

정답 분석

ㄱ. 통로목표이론은 리더의 행동이 부하의 성과에 영향을 미치지만, 그 과정에서 부하의 기대감(목표달성 확률), 수단성(보상받을 확률), 유인성(보상의 가치)을 명확하게 해주어야 부하의 성과를 높일 수 있다고 본다.

ㄷ. 상황론적 리더십이론은 리더행동의 효율성이 부하의 특성(능력, 욕구 등), 과업환경(과업의 특성, 작업집단의 특성 등) 등의 상황요인에 따라 달라진다는 입장을 취한다.

선지 분석

ㄴ. 허시(Hersey) & 블랜차드(Blanchard)의 3차원모형은 부하의 성숙도에 따라 지시형, 설득형, 참여형, 위양형의 효율이 달라진다는 이론이다. 참여형, 지원형, 지시형, 성취형의 네 가지 리더십 유형은 하우스(House) & 에반스(Evans)의 통로목표이론에서 제시된 유형이다.

ㄹ. 피들러(Fiedler)의 상황적합성이론은 상황이 유리하거나 불리할 때는 과업지향형이 유리하지만, 중간 정도일 때는 인간중심형이 효과적이라고 설명한다.

11   Ⅲ 동기부여이론   정답 ②

정답 분석

② 과정이론의 일종인 로크(Locke)의 목표설정이론은 목표의 난이도와 구체성을 강조했다. 즉, 목표가 어느 정도 어렵고 구체적일 때 동기부여의 효과가 높다고 보았다.

선지 분석

① 엘더퍼(Alderfer)의 ERG이론에 해당한다. 매슬로우(Maslow)는 낮은 차원의 욕구가 만족되면 상위욕구로 진행해 간다는 '만족-진행 접근법'을 주장한 반면, 앨더퍼(Alderfer)는 상위욕구가 만족되지 않거나 좌절될 때 하위욕구를 더욱 충족시키고자 한다는 '좌절-퇴행 접근법'을 주장했다.

③ 허즈버그(Herzberg)의 2원론에 해당한다. 허즈버그(Herzberg)는 인간의 욕구를 불만과 만족이라는 이원적 구조로 파악하여, 불만을 일으키는 요인(불만요인·위생요인)과 만족을 주는 요인(만족요인·동기부여요인)은 상호 독립적이라는 욕구충족요인 2원론을 제시하였다.

④ 브룸(V. Vroom)의 기대이론에 해당한다. 기대이론(expectancy theory)은 욕구충족과 직무수행 사이의 직접적이고 적극적인 상관관계에 회의를 표시하고, 욕구와 만족·동기유발 사이에 기대라는 요인을 포함시켜 동기유발의 과정에 대해 설명하고자 하는 이론이다.

12   Ⅲ 조직의 원리   정답 ③

정답 분석

ㄴ. 계층제의 원리란 직무를 권한과 책임의 정도에 따라 수직적으로 등급화하고 상하 간에 명령복종관계를 확립하는 것을 말한다.

ㄷ. 명령통일의 원리란 누구나 한 사람에게만 보고하고 명령을 받아야 한다는 원리로, 조직 내 혼란을 방지하고 질서를 유지하기 위한 원리이다.

선지 분석

ㄱ. 통솔범위의 원리란 조직 전체가 아닌 한 사람의 상관 또는 감독자가 효과적으로 직접 감독할 수 있는 부하의 수에 관한 원리로서 통제의 폭을 의미한다.

ㄹ. 전문화의 원리란 직무를 성질과 종류별로 나누어 구성원에게 가급적 한 가지의 주된 업무를 분담시킴으로써 조직의 능률을 향상시키려는 원리를 말한다.

13   Ⅳ 교육훈련의 특징   정답 ③

정답 분석

③ 현장훈련(OJT)은 피훈련자가 직무를 수행하는 과정에서 현장에서 직접 감독자 또는 선임자로부터 훈련을 받는 것이다. 신규채용자훈련이나 재직자훈련에 흔히 활용되고 있다. 가장 오래되고 널리 활용된 방법으로, 다수의 인원을 대상으로 똑같은 정보를 가장 효율적으로 전달해 줄 수 있는 대표적인 훈련방법은 강의이며 현장 외 훈련이다.

선지 분석

① 교육훈련을 통한 지식과 기술의 축적으로 민간과의 경쟁에서 생존하기 위함도 교육훈련의 의도 중 하나이다.

② 지식의 축적을 위한 훈련방법에는 독서, 강의, 토의, 시찰, 사례연구 등이 있다.

④ 기술의 연마를 위한 훈련방법에는 시범, 사례연구, 토의, 진보, 연기 등이 있다.

📖 이것도 알면 합격!

현장훈련(OJT)의 유형

실무지도	일상 근무 중 상관이 부하에게 실무능력을 가르치는 것
직무순환	여러 분야의 직무를 경험하도록 순환하는 것
임시배정	앞으로 맡게 될 임무에 대비하여 잠시 배정하는 것
인턴십	전반적인 업무를 간단히 경험하는 것

14 Ⅳ 실적주의 정답 ④

정답 분석

ㄷ. 지나친 신분보장으로 인해 관료의 특권화와 보수화를 초래할 수 있다.

ㄹ. 관료가 되고 나서는 보수화가 될 우려가 있지만 관료가 되기 위한 임용 시에는 공직임용의 기회균등을 통하여 민주적 평등이념을 실시할 수 있다.

선지 분석

ㄱ. 재무성의 인사권 강화를 주장한 제도는 영국의 추밀원령이다. 팬들턴(Pendleton)법은 독립적인 연방인사위원회의 설치를 주장하였다.

ㄴ. 공무원의 당파성을 중시한 것은 엽관주의이다. 실적주의는 공무원이 당파성을 떠나 어떤 정당에도 치우치지 않아야 한다고 본다.

15 Ⅳ 공무원의 사기 정답 ③

정답 분석

③ 6급 이하 공무원의 경우 각 부처에 설치된 보통고충심사위원회가, 5급 이상의 공무원의 경우 중앙고충심사위원회가 고충처리를 담당한다.

선지 분석

① 사기란 자발적 협력성에 기인한 지속적인 근무의욕이며, 단순한 개인적 만족감의 총합이 아닌 그 이상의 단체성과 협동성을 가진 창의적인 근무의욕이다.

② 제안제도를 통해 공무원의 의견 및 아이디어를 상사가 채택하고 존중해 줌으로써 자아실현의 욕구를 만족시켜주고 감정을 정화하여 참여의식을 고양시킬 수 있다.

④ 제출된 제안은 30일 이내에 채택여부를 결정하도록 하고, 채택제안에 대하여는 3년 간, 불채택제안은 2년 간 관리한다.

16 Ⅴ 희소성의 유형 정답 ③

정답 분석

ㄴ. 가용자원이 증가분을 충당하지 못하는 상태에서 예산관련 기획은 거의 없으며, 관리상의 효율성을 새롭게 강조하는 상태는 급성 희소성이다. 만성적 희소성은 공공자원은 기존 서비스의 비용만큼 증가하기 때문에 계속사업에 대해서는 자금이 충분히 있지만 신규사업에 대해서는 자금이 충분하지 못한 상태이다.

ㄷ. 가용자원이 정부의 계속사업을 지속할 만큼 충분하지 못한 경우는 총체적 희소성이다. 급성 희소성은 이용 가능한 자원이 사업비용의 점증적 증가분을 충당하지 못할 경우에 발생한다.

희소성의 상태와 예산의 특징

구분	희소성의 상태			예산의 특징
	계속 사업	증가분	신규 사업	
완화된 희소성	○	○	○	• 사업개발에 역점 • 예산제도로 PPBS를 고려
만성적 희소성	○	○	×	• 신규사업의 분석과 평가는 소홀 • 지출통제보다는 관리개선에 역점 • 만성적 희소성의 인식이 확산되면 ZBB를 고려
급성 희소성	○	×	×	• 비용절감을 위해 관리상의 효율 강조 • 예산 기획활동은 중단 • 단기적·임기응변적 예산편성에 몰두
총체적 희소성	×	×	×	• 비현실적인 계획, 부정확한 상태로 인한 회피형 예산편성 • 예산통제 및 관리는 무의미, 허위적 회계처리 • 돈의 흐름에 따른 반복적 예산편성

17 Ⅴ 전통적 예산의 원칙 정답 ①

정답 분석

① 통일성의 원칙은 특정한 수입과 특정한 지출이 연계되어서는 안 된다는 원칙이다. 즉, 국가의 모든 수입은 일단 국고에 편입되고 여기서부터 모든 지출이 이루어져야 한다. 이는 목적구속금지의 원칙에 해당하며, 직접사용금지의 원칙과도 관련된다.

선지 분석

② 단일성의 원칙의 예외로는 특별회계, 기금, 추가경정예산 등이 있다. 목적세, 수입대체경비는 통일성의 원칙의 예외이다.

③ 완전성의 원칙은 모든 세입과 세출이 예산에 명시적으로 나열되어 있어야 한다는 원칙이다. 예산과 결산이 가능한 한 일치하도록 하여야 하는 원칙은 정확성의 원칙이다.

④ 양적 한정성의 원칙의 예외로는 예비비, 추가경정예산 등이 있다. 이용과 전용은 질적 한정성의 원칙의 예외이다.

정답 분석

④ 병역자원의 관리업무 등 주로 국가적 이해관계가 달려있는 사무는 단체위임사무가 아닌 기관위임사무에 해당한다. 단체위임사무는 지역적 이해관계와 국가적 이해관계가 공존하는 사무의 특징을 가지고 있다.

선지 분석

① 지방자치단체의 사무는 지방자치단체가 자기 책임과 부담 아래 자주적으로 주민의 복리증진을 위하여 처리하는 사무인 자치사무와, 국가 또는 다른 지방자치단체로부터 위임받아 처리하는 위임사무로 나눌 수 있다.

② 지방자치법 제13조 제2항에서 지방자치단체의 사무를 예시하고 있으나 법률에 이와 다른 규정이 있으면 그렇지 않다는 단서가 존재한다.

③ 시·도자치경찰위원회는 위원장 1명을 포함한 7명의 위원으로 구성하되, 위원장과 1명의 위원은 상임으로 하고, 5명의 위원은 비상임으로 한다(국가경찰과 자치경찰의 조직 및 운영에 관한 법률 제19조).

관련 법령

지방자치법상 지방자치단체의 사무

제13조【지방자치단체의 사무범위】① 지방자치단체는 관할 구역의 자치사무와 법령에 따라 지방자치단체에 속하는 사무를 처리한다.
② 제1항에 따른 지방자치단체의 사무를 예시하면 다음 각 호와 같다. 다만, 법률에 이와 다른 규정이 있으면 그러하지 아니하다.
1. 지방자치단체의 구역, 조직, 행정관리 등
2. 주민의 복지증진
3. 농림·수산·상공업 등 산업 진흥
4. 지역개발과 자연환경보전 및 생활환경시설의 설치·관리
5. 교육·체육·문화·예술의 진흥
6. 지역민방위 및 지방소방
7. 국제교류 및 협력

---

19 **Ⅰ** **신공공관리론(NPM)** 정답 ②

정답 분석

ㄱ. 신공공관리론은 국민을 정부의 고객으로 인식하고 이들에게 선택권을 부여해 정부의 필요가 아니라 국민의 필요에 따라 서비스를 제공해야 한다고 본다.

ㄹ. 신공공관리론은 행정서비스에 경쟁을 도입하기 때문에 공사행정일원론에 가깝다.

선지 분석

ㄴ. 신공공관리론의 이론적 배경은 신보수주의 철학과 신제도주의 경제학이다.

ㄷ. 신공공관리론은 관리자들의 책임성을 강조한다. 관리자들에게 운영상에 있어 자율적 권한을 부여하되, 성과를 통해 확보되는 책임성을 강조한다.

---

20 **Ⅰ** **행정학의 발달과정** 정답 ②

정답 분석

ㄴ. 미국의 3대 대통령 제퍼슨(Jefferson)은 정치권력의 근원을 국민으로 보고, 해밀턴(Hamilton)의 연방주의를 반대하며 지방분권을 강조하였다. 제퍼슨(Jefferson)의 사상은 19세기 말 민주주의와 진보주의 운동, 1960년대 참여를 강조하는 신행정학에 영향을 미쳤다.

ㄷ. 미국의 4대 대통령 매디슨(Madison)은 사적 이익집단 간의 갈등이 정치과정의 핵심이라고 보고, 사회 내의 다양한 이익집단들 간의 견제와 균형을 통하여 민주주의가 구현된다고 주장하였다. 또한, 민주주의가 구현되는 과정에서 다양한 이익집단의 중재자로서 정부의 역할을 강조하였다.

선지 분석

ㄱ. 행정의 대응성과 민주성을 강조하면서 엽관주의를 공식적으로 표방한 것은 잭슨(Jackson) 행정부이다.

ㄹ. 정치권력의 근원을 국가로 보고 강력한 연방정부(중앙정부)의 역할을 강조한 사람은 미국의 초대 재무성장관이었던 해밀턴(Hamilton)이다.

이것도 알면 합격!

미국 행정학의 사상적 기초

해밀턴주의	책임을 분산하지 않고 연방정부(중앙정부)에 집중시키는 통합된 행정
제퍼슨주의	지방분권과 민주성을 강조
매디슨주의	사적 이익집단 간의 갈등을 정치과정의 핵심으로 보는 다원주의
잭슨주의	행정의 대응성과 민주성을 강조하는 엽관주의

---

21 **Ⅳ** **근무성적평정의 방법** 정답 ③

정답 분석

ㄴ. 대인비교법은 평정요소를 선정하고 평정요소마다 등급을 정하며, 각 등급마다 비교의 기준이 될 대표인물과 평정대상자를 비교하는 방법이다. 평정기준으로서 구체적인 인물을 활용한다는 점에서 평정의 구체화가 가능하고 평정의 조정이 용이하다.

ㄹ. 체크리스트법은 직무와 관련된 일련의 항목을 나열하고 그 중에서 평정대상자에 해당하는 항목을 체크하는 방식으로 대체로 평정항목이 너무 많아 행정업무의 과중을 가져온다.

선지 분석

ㄱ. 서열법은 피평정자 간의 근무성적을 서로 비교해서 서열을 정하기 때문에 작은 규모의 집단에 사용하기 용이하고 특정 집단 내의 전체적인 서열을 알 수 있다.

ㄷ. 도표식평정척도법은 첫 번째 평정요소에 대한 평가가 그 다음 평정요소에까지 파급되어 나타나는 연쇄효과의 오류를 범하기 쉽다.

22 　Ⅶ　지방자치의 유형

정답 분석

③ 단체자치는 일반적으로 기관대립형 형태를 가진다. 기관대립형은 권력분립의 원칙에 입각하여 의결기관과 집행기능을 분리시켜 견제와 균형의 원리를 추구하는 형태이다.

선지 분석

① 주민자치는 국가 이전에 지역공동체 생활이 선행하였다는 점을 중시하여 자치권의 본질을 국민이 향유하는 당연한 권리로 본다.

② 주민자치는 지방사무에 있어서 고유사무와 위임사무를 구별하지 않는다.

④ 단체자치는 정치를 중앙정부가 하는 것으로 본다. 따라서 일정한 범위에서 자치를 허용하는 것도 지방주민이 국가를 위해 정치의 일부분을 담당하는 것으로 본다.

23 　Ⅱ　비용편익분석
정답 ②

정답 분석

② 비용편익분석은 어디까지나 참고기준이지 공공사업 채택을 위한 최종적 도구나 기준은 아니며, 자원의 제약 여부 등 의사결정상황에 따라 적용기준이나 부의 편익 문제 등을 선택적으로 고려하여야 한다.

선지 분석

③ 비용을 측정할 때는 매몰비용(회수불능비용)은 무시하고 미래비용만 고려해야 한다.

④ 편익은 소비자가 지불해도 좋다고 생각하는 금액과 실제 지불한 금액과의 차이를 뜻하는 소비자잉여의 개념을 사용한다.

24 　Ⅲ　조직의 유형
정답 ②

정답 분석

ㄱ. 호혜적 조직의 주된 수혜자는 조직의 구성원들이다. 호혜적 조직에서 가장 중요한 문제는 구성원의 참여와 구성원에 의한 통제를 보장하는 민주적 절차를 조직 내에서 유지하는 것이다. 호혜적 조직의 예로는 정당, 노동조합, 전문직업단체, 종교단체 등이 있다.

ㄷ. 기업조직의 주된 수혜자는 기업의 소유주이며, 가장 핵심이 되는 문제는 경쟁적인 상황 속에서 운영의 능률을 극대화하는 것이다.

선지 분석

ㄴ. 블라우(Blau) & 스콧(Scott)은 조직의 목표가 아니라 수혜자가 어느 집단인지에 따라 호혜적 조직, 기업조직, 봉사조직, 공익조직으로 분류하였다.

ㄹ. 사회사업기관이나 학교, 병원 등은 봉사조직의 예에 해당한다. 봉사조직의 주된 수혜자는 고객집단이며, 고객에 대한 봉사와 서비스를 중요하게 여기는 조직이다.

이것도 알면 합격!

블라우(Blau) & 스콧(Scott)의 조직유형

구분	중점	수혜자	예
호혜조직	구성원의 참여와 통제에 의한 민주적 절차	구성원	정당, 노조
기업조직	능률의 극대화	소유주	기업체, 은행
봉사조직	고객에 대한 봉사와 서비스	고객	병원, 학교
공익조직	국민에 의한 외재적 통제를 위한 민주적 절차	일반 국민	행정기관

25 　Ⅵ　행정개혁의 특징
정답 ④

정답 분석

④ 행정개혁은 단기간에 효과를 기대하는 단발적, 단속적, 즉흥적 변화가 아니라 다발적, 지속적 변화이다.

선지 분석

① 행정개혁의 효과나 변화가 정착되기 위해서는 그 결과에 대한 지속적인 평가와 환류가 필수적으로 진행된다.

② 행정개혁은 성공여부에 대한 불확실성과 위험 속에서 새로운 방법을 고안하고 실천하여 불확실한 미래에 대응하려는 동태적·행동지향적 과정이다.

③ 행정개혁은 내재적인 요인(가치관, 행태)과 외재적 요인(국민적 지지)뿐만 아니라 조직개편, 정책이나 절차 등의 개혁이 포괄적으로 포함되어야 한다.

MEMO

MEMO

해커스군무원 army.Hackers.com

군무원 학원 · 군무원 인강 · 군무원 과목별 무료 특강 · OMR 답안지 · 합격예측 온라인 모의고사

해커스공무원 gosi.Hackers.com

모바일 자동 채점 및 성적 분석 서비스 · 해커스 매일국어 어플